阅

阅读成就思想……

Read to Achieve

BEYOND ADVERTISING

REATING VALUE THROUGH ALL

USTOMER TOUCHPOINTS

广告的未来

全接触点价值创造

[美] 约瑞姆·杰瑞·温德[Yoram (Jerry) Wind]
凯瑟琳·芬迪森·海斯（Catharine Findiesen Hays） 著
粟志敏 译

中国人民大学出版社
· 北京 ·

图书在版编目（CIP）数据

广告的未来：全接触点价值创造 /（美）约瑞姆·杰瑞·温德，（美）凯瑟琳·芬迪森·海斯著；粟志敏译. -- 北京：中国人民大学出版社，2020.1
ISBN 978-7-300-23924-8

Ⅰ. ①广… Ⅱ. ①约… ②凯… ③粟… Ⅲ. ①广告学 Ⅳ. ①F713.80

中国版本图书馆CIP数据核字(2017)第007929号

广告的未来：全接触点价值创造

[美] 约瑞姆·杰瑞·温德
凯瑟琳·芬迪森·海斯 著

粟志敏 译

Guanggao de Weilai: Quanjiechudian Jiazhi Chuangzao

出版发行	中国人民大学出版社		
社　址	北京中关村大街 31 号	**邮政编码**	100080
电　话	010—62511242（总编室）		010—62511770（质管部）
	010—82501766（邮购部）		010—62514148（门市部）
	010—62515195（发行公司）		010—62515275（盗版举报）
网　址	http://www.crup.com.cn		
经　销	新华书店		
印　刷	天津中印联印务有限公司		
规　格	170mm×230mm　16 开本	**版　次**	2020 年 1 月第 1 版
印　张	17.5　插页 1	**印　次**	2020 年 1 月第 1 次印刷
字　数	245 000	**定　价**	75.00 元

Beyond Advertising

本书赞誉

《广告的未来》这本书的核心理念就是“一切皆可进行沟通”。广告业曾经是市场营销人员和广告代理机构的天下，而现在已经变成了核心业务战略，企业必须打破创新、客服、声誉管理和更多领域之间的壁垒，进行协调组织。作者们提出，当今的品牌价值就在于不断地变化。如果品牌所说与所做之间有些许偏差，顾客就会将品牌当作垃圾股抛售。唯一的方法就是以顾客为本，而《广告的未来》将会教授你方法。

约翰·吉泽玛（John Gerzema）

BAV 咨询公司（BAV Consulting）董事长兼首席执行官

《广告的未来》对未来的市场营销工作进行了全面地探讨，观点强劲有力，令人信服，实属罕见。当你对新的模式、新的媒体和新的品牌管理方法持开放态度，就会从那些每天迎接和推行变革的全明星人物身上发现创造性的观点和活跃的思维。

大卫·塞布尔（David Sable）

扬罗必凯广告公司（Y&R）全球首席执行官

商界人士必须拜读一下《广告的未来》，因为它给我们现有的心智模式带来了冲击，让我们警醒，推动我们去开拓新的思路。

里沙德·托巴科瓦拉（Rishad Tobaccowala）

阳狮集团（Publicis Groupe）首席战略官

传统的大众营销就是集体自杀。《广告的未来》为我们描绘了一条清晰的道路，指导我们如何去吸引处于超链接时代的、得到赋权的消费者。这套方法从整体出发，考虑周到，充分考量了我们与品牌、公司、社交圈、媒体和预测数据等之间的众多交道。

吉姆·斯派洛斯（Jim Speros）

富达投资集团（Fidelity Investments）企业传播服务执行副总裁

《广告的未来》为行业内所有正努力应对前方挑战的人提供了宝贵的实用指导，帮助大家为未来做好准备。

凯特·施金（Kate Sirkin）

SMV 集团（SMV Group）全球数字化、数据和分析总裁

我们过去习惯性地认为广告业是从不同的角度去全面地看这个世界。但目前这种情况已经发生了改变，广告变得越来越个性化，也越来越无处不在。你可能不喜欢这种变化，但最好为此做好准备。

查克·波特（Chuck Porter）

CP+B 公司董事长

《广告的未来》介绍了很多简单易懂的框架和案例。作者强调了讲故事的重要性，并且全书都采用该方法来阐述要点，便于市场营销领域内所有希望引领科技潮流的人能轻松地学以致用。

索尔·贝尔曼（Saul Berman）

IBM 公司首席战略官、副总裁、互动体验合伙人

我们现在无疑正经历着广告和市场营销领域历史上最大的变革。本书将帮助所有市场营销从业人员、所有广告 / 公关专业人士，当然还有所有执行层高管们去了解他们必须掌握的种种变革。

久保明彦（Akihiko Kubo）

奥美广告日本公司董事会主席、集团代表

终于对品牌未来的发展道路有了一个全面的视角。沃顿广告业的未来项目在业内早已经拥有巨大的影响力，而《广告的未来》综合了该项目多年的经验所得，内容丰富，让人沉浸其中。

巴里·瓦克斯曼（Barry Wacksman）
R/GA公司全球首席战略官

所有对企业而言重要的消费者行为都正在受到影响，公司因此不得不重新思考所有的市场营销工作。新领域看起来在不断地变化，颇具挑战性，但幸运的是，《广告的未来》这本书为我们提供了安全前行的路线图。

吉安·富尔戈尼（Gian Fulgoni）
comScore公司联合创始人、荣誉董事长

杰瑞和其团队第一次告诉我们为什么要改变自身的思维模式以迎接市场营销的未来，也告知了我们如何来改变。他们分析了各种数字变革，并且提供了整体框架，帮助未来的市场营销人员重新定义自己的角色，洞察未来如何能取得成功。

谢利·帕尔默（Shelly Palmer）
地标风投公司（Landmark Ventures）数字媒体集团总经理

我们这个行业的变化步伐越来越快，《广告的未来》这本书提供了绝妙的路线图，帮助我们迎接前方无限的机会。

大卫·摩尔（David Moore）
Xaxis公司董事长、WPP集团数字业务投资部门总裁

古腾堡的印刷术曾经让所有抄写员失了业。自那之后，媒体一直面临着有史以来最大的危机。沃顿商学院的杰瑞·温德和凯瑟琳·海斯为此撰写了这10年来最出色的市场营销书籍，分析了广告业所面临的严峻问题，并且解释了问题的应对方法，令人难忘。

柯克·谢菲茨（Kirk Cheyfitz）
Story Worldwide公司联合首席执行官、首席故事讲述师

我们的身边到处都在发生改变，而且变革的复杂程度在加剧，速度也在加快。能得到贤人杰瑞、战略家凯瑟琳和200多位项目参与者的建议和指导，《广告的未来》的确值得一读。

菲尔·考德尔（Phil Cowdell）

竞立媒体（Mediacom）北美区首席执行官

《广告的未来》这本书将迫使大家反思公司的运营方式、公司激励和鼓励员工去冒险和变革的流程，以及如何来确保公司与新一代消费者培养关系。新一代消费者习惯于按自己的方式和时间来消费，如何同他们建立联系是最重要的。

史蒂文·罗森布拉特（Steven Rosenblatt）

Foursquare 公司首席营销官

好清新的空气！《广告的未来》不是在警告广告商们要不调整要不灭亡，而是乐观地介绍了广告业内越来越多的机会和日趋的多元化，让大家充满信心。

谢丽尔·伯吉斯（Cheryl Burgess）

蓝色光标传播集团（Blue Focus Marketing）首席执行官兼首席营销官

随着数字民主的崛起，广告业已经迷失方向。幸运的是，《广告的未来》让我们看到了曙光。它是指引我们走向未来的地图。

约翰·温莎（John Winsor）

Victors & Spoils 公司首席执行官

《广告的未来》探讨了广告业正经历何种颠覆，以及我们这个行业可以如何避免被优化。书中的视角相当敏锐，是我们期盼已久的内容。这本书同时也相当务实，为新品牌–客户关系的建立提供了指南。

基普·沃特科（Kip Voytek）

Rumble Fox 公司首席执行官

在《广告的未来》中，作者杰瑞·温德、凯瑟琳·海斯和其他沃顿团队成员并不只是给大家畅想了一番正等待着我们的美好未来，同时还为大家描绘了清晰可行的道路，指引我们走向未来。

马克·伯吉斯（Mark Burgess）
Blue Focus Marketing 公司总裁

广告和市场营销行业目前风起云涌，这是众所皆知的。《广告的未来》揭露了组织和市场营销工作进行转型所面临的主要障碍，但更重要的一点在于，该书所推荐的应对方法眼光独到，而且相当务实。

理查德·史密斯（Richard Smith）
Kitewheel 公司数字广告代理合作副总裁

杰瑞·温德和凯瑟琳·海斯来自沃顿广告业的未来项目。他们已经在新书《广告的未来》中找到了通往未来的市场营销的道路，即在制订突破性的市场营销计划的时候，去探索和发现那些在当前看来尚且属于秘密的制胜战略。

斯科特·古德森（Scott Goodson）
StrawberryFrog 公司创始人兼首席执行官

我们所了解的市场营销正在走向终点。但一如既往，结束的同时也是新的开始。《广告的未来》本书将帮助你弄懂未来的市场营销，也就是未来的广告业将是什么样的，我们又可以如何来应对这种发展。

马丁·尼切（Martin Nitsche）
DDV 公司总裁、Solveta GmbH 公司管理合伙人

打造一个品牌，在每个接触点都能真诚地讲述品牌的故事，这是一种新的艺术和科学。本书提供了非常出色的框架来开展这项工作。

乔治娅·盖瑞诺伊斯–美能凯多（Georgia Garinois-Melenikiotou）
雅诗兰黛公司市场营销高级副总裁

“我们一直是那样做的”，不管是在哪种语言环境下，这都是最危险的一句话。杰

瑞·温德和凯瑟琳·海斯为大家提供了通向未来的路线图，帮助市场营销人员（和广告代理机构）从销售变为提供服务，与品牌建立有意义的联系。

丽莎·科兰图诺（Lisa Colantuono）

AAR 合伙人公司（AAR Partners）联合总裁

历史上从未有过如此让人惊奇的时刻，世界变化如此之迅猛。不管你是在制定新发展方向，还是用文字来分享创意，目标已经设定，未来的战略也已经被找到，这些将不断让读者为新事物而兴奋激动。

迪安·科拉奇菲尔德（Dean Crutchfield）

Amy J Wiener LLC 公司顾问

《广告的未来》是一本最全面、最深刻的书籍，它解释了广告商的角色如何发生根本性的变化，详细探讨了如何来定义品牌的理念和相关性、如何创造内容、吸引人们参与、通过各种媒体进行互动、从强行推销变为分享价值、创造增强情感的体验，以及培养长期的关系。

比尔·哈维（Bill Harvey）

TRA 公司联合创始人、战略顾问

《广告的未来》这本书的诞生恰逢其时，具有重要的意义。杰瑞·温德教授和执行主任凯瑟琳·海斯阐述了为什么广告业的未来在于超越广告领域，纳入顾客与公司打交道的方方面面，同时也介绍了如何做到这一点。

厄尔·泰勒（Earl Taylor）

美国市场营销科学研究院（Marketing Science Institute）首席营销官

杰瑞和凯瑟琳指导大家如何来驾驭动荡的市场力量，并且提供了行动框架。

布莱恩·信（Brian Shin）

Visible Measures 公司创始人兼首席执行官

《广告的未来》这本书既介绍了全球商业领域当前面临的变革背景，又明确了通过哪些具体的行动来抓住新机遇，必须拜读。本书提供了丰富多样的观点，而其中最重要的观点当属我们这个行业拥有巨大的机会，可以通过目标导向的行动来改善这个世界。

吉莉安·格雷厄姆（Gillian Graham）

多伦多传播机构协会（Institute of Communication Agencies）首席执行官

我喜欢《广告的未来》，因为书中的内容实用性和可行性非常强。科技已经让这个世界可以看到品牌建设中的所有“骨折”处。这本书告诉市场营销人员如何来修补这些“骨折”，而不是去修改 X 光照片记录。

MT 卡尼（MT Carney）

Untitled Worldwide 公司创始合伙人兼首席执行官

《广告的未来》这本书大力号召市场营销人员率先行动起来，洞察新的发展动态，紧跟时代潮流，通过创新型的方法有效地吸引公众共同参与，创造可持续的成功。

鲍勃·坎特（Bob Kantor）

MDC Partners 公司首席营销官和市场拓展官

既有大师们的声音，又有自己的深思，全书意义深远。《广告的未来》汇聚数百名市场营销专业人士的集体智慧，从他们多年的经验中提炼出清晰明确的行动方案，为下一代市场营销人员指明了方向。

埃里克·波雷斯（Eric Porres）

Sailthru 公司首席营销官

这个世界科技正在飞速变化，也为颠覆提供了更快的机会。广告业和品牌又回到了原点，进入了一个全新的、更加个性化的时代。我们必须去重新思考、重新发现和重新分析品牌对每个人的内在价值。本书证实，每家企业都必须进行跨职能部门的协作，利用每个接触点来创造价值。

桑迪·豪（Sandy Howe）

艾锐势公司（ARRIS）高级营销副总裁

温德和海斯携手每个学科的专家们，帮助大家去了解和把握当今的情况，同时告诉大家如何去应对广告和市场营销领域当前和未来的变化。文字生动明了，真是一场及时雨。

托马斯·拉姆索伊（Thomas Ramsøy）

神经元公司（Neurons Inc.）创始人兼首席执行官

全球化、地方化和个性化的同时发力正在冲击着我们的商业版图。本书提出必须树立全新的思维模式，并帮助大家了解该新方法，不得不读。

拉里·莱特（Larry Light）

Arcature 公司首席执行官

《广告的未来》从传播学的角度探讨了波及所有组织的变革的深度和幅度！凯瑟琳和杰瑞准确地指出，要走近消费者，就必须从整体进行思考，并建立灵活的架构。

迈克尔·勒波维茨（Michael Lebowitz）

Big Spaceship 公司创始人兼首席执行官

序言

谁应该读这本书

如果你意识到广告和市场营销领域正在不断经历着翻天覆地的变化，而且热度不减，如果你感受到这些根本性的改变业已影响到其他很多行业，如果你希望引领潮流，不再被动地做出反应，或盲目跟从的话，那么这本书正是为你准备的。同样，如果你感受到企业所销售的产品和服务与目标人群之间的关系正在发生着天翻地覆的变化，那这本书也是为你准备的。在商业模式的运作中，无论企业、组织还是个人，都希望通过广告能够让人们去考虑、尝试、购买或是推荐他们的产品、服务或者观念，甚至一种理念。正是在这样一种背景下，我们联合那些率先尝试新方法的人、那些为更理想的未来而披荆斩棘的人，以及那些早已经在最新领域开拓并积累了丰富经验的人，整合了最新领域的最新资讯，共同写作了这本书，以引领我们走向一个充满创新和未知的未来。

全球各行各业数百名创新人士和远见卓识者为我们提供了信息资源。我们在此基础上收集整理了大量革命性的概念，就算不是从明天早上就开始付诸实践，这些概念也值得大家去加以细细考量。在这本书中，我们大量引用了这些合作者们的经典言论，并在正文中将所有引用的文字以黑体字和楷体字的形式加以标识。另外，读者还可以在我们的网站 wfoa.wharton.upenn.edu 上找到完整的相关内容，希望大家能充分学习和利用那些思想、观点和建议。

我们通过观察发现，**市场营销、媒体和广告界专业人士们已率先感受到五种重要的驱动力所带来的影响，这五种驱动力将相互影响，并不断地发展演变**。我们将会在第一部分详细介绍。因此，我们为这些最具创造力和远见卓识的观点提供了一个指南，以引导人们去驾驭那些变革力量，充分抓住机会，创造影响。

我们的这些研究结论都源自广告和市场营销领域，那为什么其影响范围超出了这个领域呢？因为冲击广告和市场营销领域的那几股变革力量引起了企业执行高管层的注意，波及了各个组织，也影响到了他们的利益相关人群。我们在本书中呈现的这些新概念不仅适用于大企业和小公司，也适用于任何希望了解并驾驭这些变革力量的人……或者其他有可能被他们所取代的人。就算目前尚未进入职场，这些研究发现也会对他们有所帮助，而他们也可以在未来的尝试中纳入全新的思想。

事实上，在与产品和服务的潜在和当前供应商打交道时，以及在看到广告时，我们都会希望它们不要那么自以为是，不要让人烦心和厌恶，不要让人摸不着头脑，觉得毫无意义。如果你也有同感的话，那么这些概念同样适用于你们。

许多企业高管对广告的重要性依然不屑一顾，认为广告就是一种马后炮，是为了卖出东西而进行的最后的“粉饰”。在一些业务部门领导人的眼中，市场营销只会花钱，而且效果未知。他们并不认为市场营销是一种投资，毕竟投资的回报应该是可以测量的。很显然，要获得他们的注意，这种观点是主要的障碍之一。但这也是广告一直以来给人们的印象，让人们觉得广告本应如此，对吗？rekap Inc. 公司创始人兼首席执行官凯文·艾伦（Kevin Allen）就此发表了自己的观点：

> 到 2020 年时，广告将不是“来买吧”，而是“来参与吧”。广告不再是被用来说服他人，它将致力于传播品牌公民的信仰系统，认真倾听他们的声

音，为他们提供信息和娱乐，积极地去支持和鼓励与受众不断进行对话，由此公司及其品牌将通过这种社区来保持“繁荣发展”。因为这个社区认识到，公司和品牌是在真诚地维护它们的利益。产品将会变成价值体系的标志和表达，并被视为坚持维护公民利益和提供服务的保证。品牌公民将会通过购买行为来奖励这种真诚和可靠。他们也会通过放弃购买来惩罚企业自私和掠夺性的行为。因此，在广告机构的走廊里，人们的谈话再也不能愚蠢地围绕着广告整合和以数字化为中心进行了，而必须有所提升。事实将证明，广告与所有专业都存在关联，而且必须找到渠道，利用各专业来宣传品牌与品牌公民之间深远恒久的关系。

广告商是品牌公民重要的倾听者、信息提供者和表演者，为他们提供服务，让他们感到满意。这点听起来很是吸引人，同样也是在大家的能力范围之内。**越来越多的证据显示，这种非同凡响的场景正在快速成为现实。但研究也证实，企业高管们认为他们的组织尚未做好准备来应对不断变化的市场环境**。2010 年，IBM 公司针对全球 1500 名首席执行官进行了调查。每十位首席执行官中就有八位表示，他们主要的挑战就是事情的复杂程度在不断加大，而且变化速度也在不断加快，而半数以上的人认为他们尚未做好应对准备。此后，在 IBM 公司进行的每次针对执行高管层 CXO[①] 的调查中，这种情况始终存在。2013 年，IBM 公司的研究发现，82% 的首席营销官认为“针对数据爆炸的准备不足”。而在 2011 年的调查中，该比例仅为 71%。由此可见，在他们的需求和现实情况之间存在着差距。

这种准备不足的感觉不仅仅针对所谓的“大数据”，同时还涉及所有关键的市场营销成功因素。经济学人集团情报部（Economist’s Intelligence Unit）在 2014 年的调查发现，全球超过 80% 的市场营销高管们表示需要对市场营销工作进行重组，29% 的高管们称目前变革的需求迫在眉睫。

---

① CXO 中的“X”代表了未知，也就是惊喜的意思，是电子商务领域出现的一种新职业。——译者注

本书的深刻见解为大家提供了一个路线图，告知大家如何来解决这些问题，帮助首席营销官和整个组织做好迎接正在发生的变革的准备，然后继续为可见的未来做好准备。

针对整个组织的深刻见解

放眼可预见的未来，建立一个统一的、引人注目的品牌主题，并通过所有接触点（包括个人与品牌打交道的每次互动）来树立该品牌的形象。这项工作显然会影响到组织的三重底线（The triple bottom line，TBL或3BL）①，因此不能被简单地归为单纯的广告和市场营销工作。它需要组织内各部门和最高层管理者们的共同参与，甚至包括那些在广告和营销传统视线范围之外的人。从产品开发到包装和开箱设计，从线下到线上零售体验，从面对面销售到客户服务，从企业高管的博客运营到员工的社交媒体等方方面面，一切都应该被包括在其中，进行统一协调。

为什么组织的各个部门都将受益于本书的深刻见解，而不仅仅是领导层呢?其中主要有以下五方面的原因。

第一，公司要想让自己的产品或服务取得成功，了解市场动态和不断变化的顾客行为是关键所在，而广告商和市场营销人员都将从书中了解到这方面的精彩见解。

第二，我们认为，有效的广告和任何信息传递，就必须是持续到达所有的接触点的。而许多接触点都是在广告和市场营销职能的控制范围之外。

① TBL是由英国学者约翰·埃尔金顿（John Elkington）提出的，意为在扩展或获取资源和经济价值时，要兼顾环境和社会的和谐统一，即经济、社会、自然环境三方面的和谐统一。TBL是一个衡量组织或社会成功的新价值标准——从经济、生态和社会意义三方面对组织或社会的行为进行综合考量，也就是说组织或社会的发展要兼顾自身、社会大众和自然环境的利益，要具有可持续性。——译者注

第三，随着数字化、大数据、预测性分析、认知计算［如IBM公司的沃森计算机（Watson）］和人工智能（如谷歌公司的DeepMind）的发展，组织的各个领域都需要进行协作，开展让整个公司受益的创新实验。

第四，有效的“广告”如能充分发挥作用，可以让所有的利益相关者（员工、供应商、销售商、投资者、合作伙伴和顾客）树立起统一且强大的公司形象，这点与组织内外都息息相关，也必将鼓舞组织内外。

第五，变革的速度、幅度和相互关联性要求组织必须具有创造力，而且反应敏捷。单靠广告和市场营销是无法设计和建立起这种组织的。它必须得到组织各职能部门的协作。

要想在今天取得成功，就要为迎接明天做好准备，组织的每个人——从产品开发、销售、客户服务、人事，到首席信息官、首席财务官、首席执行官以及各事业部总裁等都必须全力支持，向根深蒂固的思维模式发起挑战，并去尝试新方法和新路径。我们从众多新头衔就可以看出关注重点的变化，比如首席体验官、首席洞察官、首席客户官和客户体验架构师等。在这种变幻莫测、极具挑战的环境中，如何吸引和培养那些成功所必须拥有的能干的人员，是各个组织目前面临的一项挑战。

相对于改善外部的反响，组织内部各层级的人员对品牌的支持影响更大。基于可靠信息和真实身份的品牌形象，对于留住员工和吸引新的人才，变得越来越至关重要。正如邓肯品牌公司（Dunkin’ Brands Inc.）全球营销和创新总裁约翰·科斯特洛（John Costello）所说的：“**品牌几乎不可能说一套做一套，社交媒体的爆炸式发展已经扼杀了那样做的可能性。市场营销不仅仅是盯着消费者，还要瞄准潜在的和当前的员工，这点至关重要。**”打造品牌，通过各种接触点来加以验证，让公司内部的所有人都理解和真正相信该品牌，并真诚地想去为它进行宣传，这是一项持续不断的工作，需要市场营销部门和其他部门之间的紧密合作。

适合所有人的深刻见解和启发

你是否认为广告可以做得更好，也能做得更好？你是否认为自己与品牌之间将会出现一些强有力的新联系？你是否发现品牌建设工作要想取得成功，社会商品正在成为品牌迈向成功越来越重要的因素？你是否注意到，广告不仅仅是那些令人眼花缭乱的电视广告或广告牌，而且消费者对其的控制力也越来越强？当今，在人们的生活中，品牌无处不在，就算不是市场营销领域的人也能观察到上述现象，就算不是市场营销领域的人也能从本书中获益匪浅。

我们希望能吸引各个年龄层次、各个专业和各个地方的人，只要他们觉得有很多机会在品牌、消费者和社会之间牵线搭桥并充分利用这些桥梁。本书的概念也将吸引那些拥有好奇心和开放的心态，以及希望创造美好未来的人。**所以，如果你认为广告可以做得更好，也能做得更好，如果你身处领导岗位并希望了解如何来抓住一切可能的机会并懂得各种需求，如果你致力于变革并且需要一些启发、语言和框架来推动整个组织参与变革，那么请阅读本书。**我们希望你能从本书中获得启发，并且访问“2020 广告项目（Advertising 2020）”网站来了解那些鼓舞人心和具有真知灼见的贡献者们的完整观点。

我们更希望这些洞见能赋予你力量，帮助你采取行动去联合创造一个更理想的未来，将品牌、品牌管理者和消费者的利益联合在一起，在每个接触点为社会带来积极的影响。

AD

Beyond Advertising

目 录

第三部分

如何做好准备迎接并共同创造未来

AD

Beyond Advertising

第一部分

变革的动力

Creating Value Through All Customer Touchpoints

如果你想对广告业的未来进行预测，那就想象一下把一个瓶子丢入大海里……许多权威人士指出，看着海浪起起伏伏，思考着瓶子会漂向哪个方向，这就像是市场营销和广告业的“未来”。短期来说，这种方法是有用的。但如果你有一个更加长远的目标，那么更实用的方法就是不要盯着海浪，而是去关注哪些力量可能以哪种意想不到的方式来决定未来的走向。我们都知道潮汐让大海不停涨涨落落，同样我们也非常清楚哪些力量决定着广告业的未来。但问题在于，我们是否了解这众多力量究竟会发挥哪些影响力以决定未来。

克里斯托弗·肯特（Christopher Kenton）

SocialRep 公司创始人兼首席执行官

AD

Beyond A

是的，你感受到的那些变化是真真切切存在的。传统的广告和市场营销行业正受到前所未有的冲击，不得不逆风前行。这也是第一个明显的指标，从中我们可以窥见即将到来的变革的规模、范围和速度。尽管这么说，但我们尚未见到任何实质性的东西。如果我们了解了这些变化，并留意它们的影响，那么我们就还来得及纠正方向，从容应对。其他人早已在驾驭这些新力量，发现新的北极星（我们将在第二部分介绍），并且创造出更敏捷灵活的团队和组织（我们将在第三部分探讨）。

为什么我们必须花大力气进行改革？变革的动力来自何方？那五股变革的力量将如何加快世界前行的脚步，颠覆传统的思维模式和方法，并且提供前所未有的动力来推行所需的新方法呢？

在第 1 章中，我们将深入探讨全球的五大变革力量。这五大变革力量正在影响我们对企业和组织应该如何与顾客进行沟通联系的传统观点（参见图 I–1）。简单而言，这五大变革力量就是：

1. **科学和技术领域获得迅猛的突破性发展**。这些突破性发展是什么？驾驭它们的力量是什么？
2. **媒体版图被瓦解、被重新定义并得到强化**。如何分配资源以赚取最大的回报？
3. **人们被赋予一定的权力，同时对众多事物持怀疑的态度**。如何来吸引和留住那些已经建立联系和尚未建立联系的“人才”与“消费者”？
4. **文化、社会、环境和地缘政治都面临根本性的挑战**。全球性的挑战变得越来越显著，越来越持久，那么品牌在其中扮演着什么角色，又承担着什么责任呢？这些和广告业又有什么关系呢？
5. **颠覆性的、令人信服的商业模式和营收模式出现**。当颠覆是无法避免的时候，有哪些方式可以让企业和组织生存下来？

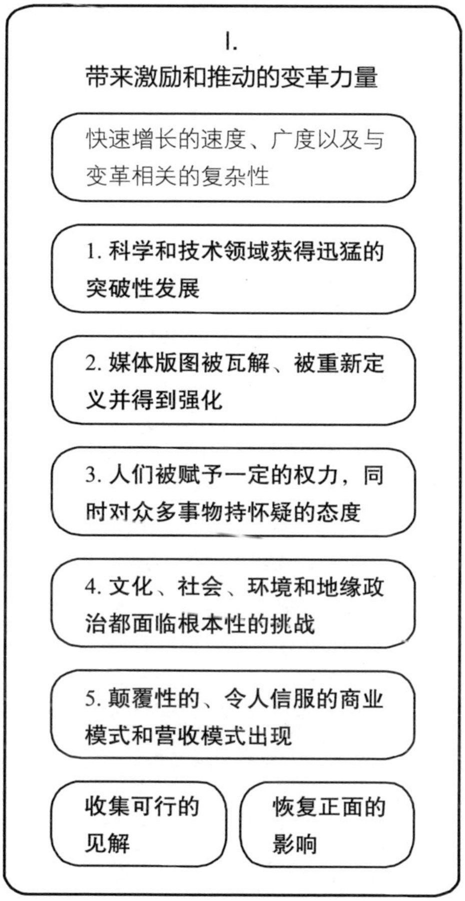

图 I–1　五大变革力量

变革的速度在加快，幅度在加大，复杂程度在加深，而且彼此相互关联，而要驾驭未来，最重要的工具……

多数情况下，这个行业一直在坚持沿用 50 余年前的概念框架。事实上，这些框架中的很多概念不仅仅是错误的，同时还存在严重的误导性，通常会导致不太理想的结果。这些结果与市场营销团队所希望和所想要的结果完全就是南辕北辙。

马克·汤姆布林（Mark Tomblin）

TAXI 公司首席战略官

如果你认为自己早就清楚需要做什么，或者说知道其他所有人需要做什么，那么你可以通过这本书来确认自己的观点是否正确，或者说拒绝接受书中与你的观点相悖的看法。我们曾与最具远见卓识的人进行过交流，并从中发现，一些根深蒂固的想法，或者说希望自己的观点得到肯定，这些都是相当危险的行为。因此，在进一步探讨应对这些挑战的模式之前，请先让我们问一个问题。事实上，大家都必须先思考这个问题，因为如果你坚持过去的思维方式，那么我们在第二部分所介绍的模式将会毫无意义。**在阅读本书下面的内容之前，请花点时间放下你当前的观点、心态，以及过去数年里一直为你带来成功的那些思维模式。**

在第 2 章中，我们将带领大家探讨如何克服变革中最大的障碍物，也就是在过去曾经帮助大家取得过成功的那些思维模式。因为未来的现实情况会发生改变，所以我们必须对这些过去的思维模式进行质疑。

例如，我们应该不再使用“消费者”这个词语，因为“消费者”这一名称缺乏远见，它只是基于他们消费了什么、消费了多少来定义的。如果你要改变这种思维方式，就不应该把消费者当作“他们”，而是以“我们”来加以考虑，并把其当作可以通过我们拥有更加丰富多彩的生活的人。这些都是初学者必须知道的。

现在，让我们开始吧。

Beyond Advertising

AD

第1章 推动变革的五大力量

> 要迎接未来，就必须懂得发展进步最大的威胁来自无法预见未来，不能尊重过去，以及不愿意认识到过去成功的方法放到未来并不能奏效。
>
> 托马斯·哈里森（Thomas Harrison）
>
> 宏盟媒体集团（Omnicom Group）多元代理服务系统（DAS）荣誉主席

为什么广告领域需要突破

当我们请“2020广告项目”的参与者谈谈他们认为未来会是怎样的，以及应该是怎样的时候，他们会结合自身的专业，从全球的角度来审视整个广告业，然后得出结论。他们认为在此后的短短几年里，各种趋势将会以极快的速度发展，而且这些趋势将会出现前所未有的趋同性和相互融合。此外，我们还将看到极具颠覆性的观点的诞生，以及各种新能力的快速涌现。

米瑞姆公司（Mirum Agency）首席营销官约翰·M.贝克（John M. Baker）指出：**“预测未来的挑战就像撰写一部科幻小说，抛开其正确性不说，最难的是确保人类现有经验与科技变革步伐二者之间的平衡。”**通过对广告未来的追寻和探讨，我们对于未来的理想性追求更甚于未来的准确性。通过询问各行各业的专家，我们找到了平衡现有经验和未来变化的最佳观点和办法。我们得到的结论便是：最近几年，在世界范围内发生了很多戏剧性的变革，而这些变革将会影响到我们过去对于企业和客户之间的沟通机制的看法。**最初，这些因素被视为市场营销和广告界规则改变的推手，但它们正迅速地、并且不可逆转地改变着各个领域企业管理层的结构（特别是当他们的角色正在被重新定义和重新组合时），并渗透到他们的组织中，向根深蒂固的假设、思维方式和方法发起挑战。这些影响是不可逆转的。**

来自全球B2B传播专业公司多里默斯（Doremus）的执行创意总监伊夫林·尼尔（Evelyn Neill）、总裁兼首席执行官霍华德·谢尔曼（Howard Sherman）和首席创新官马修·唐（Mathew Don），为我们描绘了一幅未来的蓝图：

> 科技就是全球性的（技术在全世界得以分享）；
>
> 可持续性发展更加有效（环保更经济）；
>
> 人人都享有权力（更自由地高飞，更自由地坠落）。
>
> 这些显而易见的观点简要地为我们呈现出了一个令人惊叹的未来：互联网驱动的解决方案无处不在，高科技技术崛起，而且推动技术发展的燃料成本高涨。科技的发展让个人的声音得以放大，因此个人的声音有了更大的影响力。慈父般的雇主和蓝筹股般的安全性全部被颠覆，取而代之的是得到赋权的、易变的、注重创业的、全球化的、摆脱了约束的，以及没有了保护的个体，他们在这个世界里寻找着自己的出路。这是一个充斥着危机和挑战的奇妙世界。狄更斯（Dickens）小说中的世界真正变成了现实。

我们与参与广告行业的未来项目研讨会、杰瑞的沃顿研究院项目的高管们，以及我们的学生们都进行了交流。在交流中，我们发现大家似乎都低估了这些力量及其关联性将如何改变既有的方法。同样重要的是，它们提供了巨大的变革资本，能够解决商业领袖们目前面临的一些最棘手的问题。

也正是出于这个原因，“2020 广告项目”中的 200 余名参与者的远见卓识可谓至关重要。从他们那里，我们提炼出了五个关键主题，帮助大家集中思考，激励大家采取行动（如图 1–1 所示）。

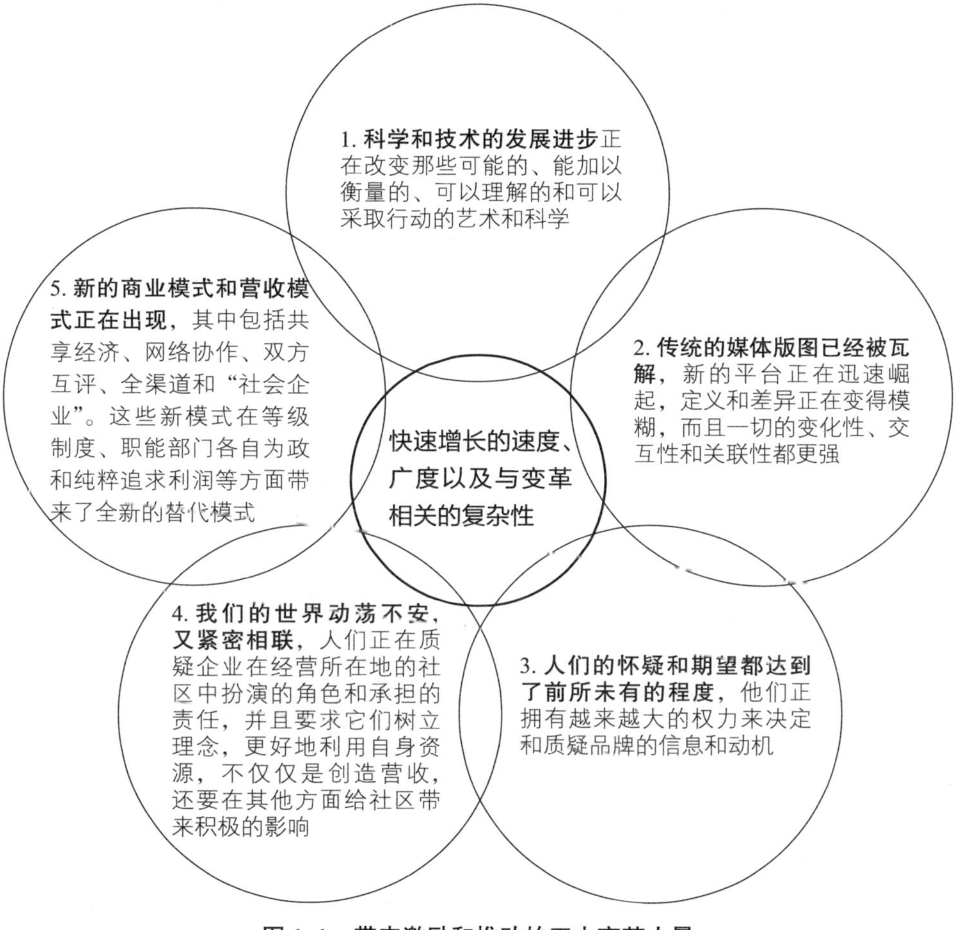

图 1–1　带来激励和推动的五大变革力量

这些力量从本质上来说是革命性的。除此之外，指数般的变化速度、巨大的变化幅度，以及变化的复杂性和相互依存性，这些更增强了其变革性。全球品牌打造专家托马斯·伯克哈特（Thomas Burkhardt）巧妙地解释了这点：“有一句话说‘未来早已经到来，只是时隐时现’。按照这句话来说，我们现在早已经看到下一个十年的初期什么会变得更为重要、更加流行。”

在“来自 2020 年的两封信”中，AWE 公司执行董事鲍勃·格林伯格（Bob Greenberg）生动阐述了这些观点。

未来

致：品牌和他们的广告代理机构

Beyond Advertising

我出生于 2000 年，现年 20 岁，刚刚大学毕业，开始独闯天下。今年我第一次在总统选举中投出了自己的一票。这太让人兴奋了！

我是伴着移动设备长大的。你们习惯于称它们为“智能手机”，真奇怪！

我口袋里就有一部手机，同 IBM 沃森计算机一样聪明。10 年前，IBM 沃森计算机曾经在电视智力竞猜节目《危险边缘》（*Jeopardy*）中打败布拉德·鲁特（Brad Rutter），让他蒙羞。

如今，我身边的一切，从建筑到包装，到图片，到产品，再到其他东西，现在都在讲述着它们自己的故事。喜欢哪辆汽车？哪条狗？哪个人？我拿出移动设备，点击一下就可以了解到它们的所有情况。我的口袋里就装着一家我最喜欢的公司。

拥有这家公司就像拥有业内的朋友一样。它们会根据对我的深入了解，来为我提供建议和意见，与我商量。它们不是谁的同伙、少数派或特殊利益群体。

只要它们能预测我的需求，为我提供服务，让我的生活变得更加轻松，就会一直是我的最爱。我没有电视机。不管怎样，没有我老爸的那种电视机。

是的，我有显示器，大的、薄的、轻型的、平价的、智能的。当然，我也有小显示器。这些显示器在我口袋里、手腕上、眼镜上，以及我的汽车里。

我从来没有硬盘录像机。

一切东西都在空中等待着我，只要我需要它们，便触手可及。我说的是一切东西。电视网络是一段正在逐渐模糊的记忆。

现在有了数百个“网络”，但它们不再进行“电视广播”。它们是在“定制广播”。我已经全天候地对自己的内容进行了完完全全的个性化了。

现在，360 度的影像让我可以控制自己的观点，而不是网络的观点，是我自己的！事实上，它们不再是真正的“网络”，它们是“服务器”，从各个意义上来说都应该这样称呼。

而现在，我已经成了“制造商”。

我正在下载“产品访问密钥”。它们可以让我在家使用自己的 3D 打印机“制造”东西。3D 打印机就像是祖父的传真机，只是它能“打印”服装、珠宝和家电等各种各样的东西。现在 3D 打印机就放在我的客厅里，可以快速打印，不用等待。

我不再使用鼠标。不管怎么样，不再像我妈妈那样去使用鼠标。

我们是和人打交道，面对面！不一定是有血有肉的人类，而是遇到我的活人。有些只是看上去像是活人，但它们有所有的答案，所以这有什么区别呢？

我不再去访问什么“www”。

你们曾经称为“应用”的东西现在已是全面开花，成了“服务站点”。例如，我有一个旅行应用，可以在我的整段旅程中为我进行“思考”。从叫早服务到交通，再到酒店房间的屏幕上应该播放什么，出租车预订、餐饮、购物、观光、夜生活等，一切的一切！它们“有赞助商”吗？当然有，就是我所选择的服务提供商！

隐私，没有隐私。

早在 21 世纪 10 年代，GPS 就已经能告诉你们我的位置了。但你们一直想对我有更多的了解。停止猜测吧。我早已告诉你们我希望得到什么，而且想购买什么。但你们滥用了那些信息，所以后果自负。

代价就是相关的信息外加观点、奖项、认可、现金……再刺激你们一下，我值得那些东西！而且我也不再去商店购物了，除非亲自去商场购物能够让我感到刺激、有趣，而且很酷。我不需要去检测什么商品……除非它们出点什么岔子。

事实上，很多地方可以让你去“感受”屏幕上的一切。比如说“亲自动手”的体验！现在，我的朋友和我会说：“不要对我狂轰滥炸，直接用 Skype 与我联系。”所以你们的现在和 2020 年之间有什么区别？差别就在态度上！

我估计你们想着到 2020 年还有一段时间。但我猜，主要问题在于，你们在从现在到未来的这段时间里能安然活下来吗？

此致

敬礼

一名顾客

致：所有广告代理机构和客户

Beyond Advertising

伙伴们，这是一个完全不同的世界呀！2020 年太棒了！超市都与千家万户的冰箱联网了。医生现在也可以马上跟踪病人在数年里的生命体征信息！

保健、健身和康乐的数字化“连通性”简直太棒了。一切都可以进行远程“求助”诊断。我们的身体、机器、家电、汽车，等等，只要你能说出来的都可以！

说到汽车，它们已经成了移动的、联网的市场营销平台。它们实际上是自己在驾驶……你们可能都难以相信！

如今，面部识别、声音识别和手势识别，以及触觉技术让人们能够以难以想象的新方式与机器进行沟通。

现在，我们对每位顾客多维的、时时刻刻在变化的生活有了更清晰的了解。我们意识到大数据并不是让你当上老大哥，而是成为你的大帮手。

关键在于我们现在能够去预测顾客的需求和愿望。这不是说我们有选择，而是我们不得不如此！

我们最大的领悟就是“一经出售概不负责”已经有了180度的大逆转！现在，这种情况真的就是“卖方小心”。

2020年将是一个全新的时代，顾客不再是老大。现在，他们是至高无上的神。品牌掌握在他们的手中。他们只要敲打一下键盘就能够帮你树立声誉或摧毁你的声誉。他们不仅仅参与提升我们公司的形象，同时也会参与创造我们的商品和服务。

这听起来很可怕，是吗？其实不然。但我们必须对自身进行反思。我们现在是一个新型服务社会里的服务提供商。

如果不学会如何以这种方式去对待自己的顾客，那我们就永远完蛋了！品牌最重要的就是信任。现在我们已经有了必要的资金和动机来真正地说到做到。去解释、去调整、去提供建议、去教育、去服务，以及去激励。为我们的顾客提供统一标准的服务和解决方案。

此致

敬礼

你们中的一员

所有这些力量将会以什么样的方式来进行融合和相互影响呢？**科技的发展、移动设备的力量以及不断涌现和发展的社交媒体平台，它们已经让人们有能力去争取与公司和组织同等的地位。这些公司和组织宣传和销售其产品和服务，并且为它们所在的社区承担明确的责任**。但这种赋权科技同时也会让人们产生怀疑之声。从我的移动设备和在线行为中收集到的所有私人数据会如何被使用和得到保护？这种谨慎也促使人们在满足对科技的需求的同时，不断改进科技的标准。

亚历山德拉·拉露（Alessandra Lariu）是 SheSays 组织的联合创始人、青蛙设计公司（Frog Design）的执行创意总监。她是这样说的：**“很多层面的事情必须得到确定：透明度（用户能够看到谁可以了解自己的信息）、使用权（用户拥有一份自身的数据），以及控制权（用户个人拥有自身数据或相关权力）。”**接着她指出，逐渐出现的新商业模式和营收模式必须满足以下这些需求：

> 给予用户更多的透明度、访问权和控制权，这种要求正在逐渐形成。一些公司已经开始让个人完全来控制自己的数字行为，而这些数字行为能够为广告业的发展带来巨大的影响。Tent、Kinetx 和 Gluu 等项目让其服务只有在可以得到个人信任的时候才能访问个人的数据。这些双向合同意味着用户可以与维萨（Visa）、苹果和百思买（BestBuy）等公司进行谈判，找到对双方都有利的条款。这就是权力的转移。

在这个喧嚣的世界里，人们渐渐明白了自身对产品和服务提供商有何期望。他们对这个世界的理解也正在慢慢趋同。这一趋势对未来的广告业和商业战略整体来说无疑是至关重要的支柱。正如哈珀柯林斯出版社（HarperCollins Publishers）的产品经理亚希尔·德汉侬（Yasir Dhannoon）所说：**“占领华尔街、‘黑人的命也是命’等运动（谁知道以后会出现哪些运动）都简单地证明了社会正朝着精通数字化的媒介公民方向发展。”**

2014 年，埃德曼信任度晴雨表（Edelman Trust Barometer）调查发现，不管是现在还是未来，企业重新定义价值创造的最佳方式之一就是通过解决社会问题来实现。埃德曼公司指出，这样做的好处在于，可以使顾客和员工的忠诚度、参与度和热情得到提高，从而让企业和品牌声誉得以提升。显然，这正是许多人目前的诉求所在。此外，来自其他意想不到的细分市场的顾客也正关注这一现象，并在不断提高他们对品牌和产品 / 服务提供商的期望值。

埃德曼公司接着指出，在考虑“如何”发挥社会影响力时，仅仅依靠标准的做法或组织内部各自为政是不够的，必须实现大范围的统一并付出加倍努力，从战略角度来选择问题并加以解决。企业集团可能非常冷漠，没有人情味，而且只是将非常少的收益捐给慈善事业。相对于购买它们的产品，得到赋权并持质疑态度的个人可能更愿意花钱去购买那些具有责任心和良好记录的品牌的产品或服务。多维咨询公司（Dimensions Consultancy）创始人兼董事、作家、专栏记者卡米尼·邦高（Kamini Banga）也曾简要地概述道：

> 如今很显然，品牌不能仅仅停留在卖产品、以实现基本对话的目的层面上，它们必须拥有自己的观点、价值观和它们所支持的信念。这就要求公司不是打造一场宣传活动，而是要发起一场运动，例如，多芬的“真美行动”或马莎百货的“看看标签背后”的运动。这些运动彰显了企业的产品在采购和制造时对伦理道德的重视，让公司以最有责任感的零售商的身份脱颖而出。

尼尔森（Nielsen）公司针对 56 个国家的 2.8 万在线被调查对象进行了调查。调查发现，全球 66% 的人喜欢在那些开展项目和活动、并为整个社会谋福利的公司消费，46% 的人愿意为了支持上述公司而多花钱。但并不是所有的社会事业都得到了同样的支持。在尼尔森公司的这次调查研究中，多数具有社会意识的人认为环境的可持续性、STEM（科学、技术、工程、数学）教育的改善，以及扶贫和消除饥饿等是在公司行善方面排名前三的必选项。正如 ISP 数字咨询委员会（ISP Digital Advisory Board）委员玛丽亚·路易萨·弗兰科利·普拉萨（Maria Luisa Francoli Plaza）所说：“**媒体和品牌再不能忽视消费者对企业承担更多社会责任的要求。在未来，取得成功的公司将会在其媒体和市场营销战略中承担更多的社会责任和消费者福祉，同时帮助消费者在其社会和社会事业中扮演更积极的角色。**”

哈瓦斯传媒集团（Havas Media Group）针对 34 个国家 12 个行业中的 1000 个品牌进行了年度调查，被调查者达 30 万人。集团根据调查结果编写了《非凡意义的品牌》（*Meaningful Brands*）报告，衡量了品牌在改善我们的福祉和生活质量方面潜在的商业效应。其 2015 年的报告称：“人们希望品牌能改善自身的生活，以及他们在乎的人的生活。如果品牌能关注如何改善社会，以及如何让人们的生活更加轻松和健康，则能提高品牌在人们生活中的存在感，获得人们更高的信任度和参与度。”

该报告发现，意义最大的品牌也能收获巨大的商业效应。而意义的衡量标准就是个人的福祉、集体的福祉以及市场份额。

> 通常，这些品牌都会关注其市场营销的关键绩效指标（KPI），而那些鲜有影响力的品牌往往会忽视这一点。品牌绩效每提升 10%，那么相应地，消费者对于品牌的认知度就会上升 2.5%，对品牌的整体印象就会提高 4.9%，购买率将会提高 6.6%，老客户的回购率会有 3.2% 的提升，对品牌的拥护度也会提升 4.8%，同时品牌的溢价能力也会提升 10.4%。这些品牌平均可以将其钱包份额提高 46%。价值品牌在股票市场的业绩表现超过了 133%，而排名前 25 名的品牌每年的股票回报率达到近 12%。

我们要感谢这些品牌及其合作者，他们的理念令人信服，通过一个个奇迹般的故事让他们的理念成了现实。今天，我们会为大家讲述星传媒体集团（Starcom Mediavest Group）前首席执行官布鲁斯·尼夫（Bruce Neve）的故事，希望他的思想能给予我们启发。下面的短文便是他对于未来的想象，让我们一起随之遨游吧。

Beyond Advertising

未来平常的一天

当我走进浴室时，身体扫描仪上的传感器告诉我，我昨晚睡得不太好。果然，照照镜子，里面正播着泰诺（强效药）的广告，并作为赞助商，它自动插播到了我每天早上必看的体育节目里，当然，这样的节目赞助商让我无法拒绝。此外，（浴室镜子上）显示了一张纳伯咖啡的优惠券，还有我的日程安排，我将它们下载到了自己的移动手表上。

出门前，我的全自动家庭系统已经连上了谷歌的自动驾驶系统，为我叫了一辆车。上个月，我在社交活动中积累了 1000 多积分，因此，我收到一份来自赞助商蒂姆·霍顿斯（Tim Hortons）公司的邀请，让我试吃其提供的三种新式早餐中的任意一种。同时还提醒我“请在社交网络上分享你对我们蟹饼三明治早餐的试吃感受”。当我的自动驾驶汽车到来时，它顺带也将早餐带给了我。我搭乘该车进城，坐在后座上开心地享受了那份高脂肪的早餐，顺便在车上拍了张进餐照片上传分享。

当我望向窗外时，空中出现了各式各样的个性化广告，并随着我的行车时间和地点的变化而进行定制化的推销。我有些后悔，不该将个人数据资料（购物、偏好、地理位置、所消费的内容、实时身体监测）的访问权共享，但是我的的确确又需要参考这些广告宣传。

选择一首舒缓的音乐能够让我的车程不再乏味，毋庸置疑，这些曲目的赞助商也是来自我平时的 SPA 和瑜伽坊。而且你知道吗？如果我在播放音乐的一小时内，将它们推荐到我的朋友圈，我还会得到两周的特价优惠。

到达办公室后，我同另外五位同事一起登录谷歌协作平台。在与一支全球团队（另外还有 12 人）联网后，我们通过声音、手势和触屏技术来分享、交流，就 2028 年多伦多奥运会奥林匹克体育场馆的创意、设计和模型（使用 3D 打印而成）进行互动讨论。

在下班回家的路上，我接到了多份邀请，它们根据已知的我的个人偏好、昨天的就餐情况、今天的身体情况，以及社交圈内的评价情况等让我顺道去某家餐馆吃晚餐，或者是从某家餐馆叫外卖回家吃。我选择了外卖（面条）。到家后，我想要好好开心一下，于是让我的虚拟视频管家找出过去 10 年里所有获得奥斯卡奖的喜剧片，此外还有朋友们的评分，并请管家帮我找找看是否有人愿意晚上和我一起看今晚的大片，彼此联系一下。

我被体育头条新闻所吸引。当时正在播放高山滑雪的结果，我灵机一动，点击链接进入一家当地的网上滑雪店，订了一双上好的滑雪靴，上面还有一位参赛者使用后的感言。毫不意外，下一份广告就是抢购翠湖山庄（Mount Tremblant）的滑雪票，同时有视频链接可以看到滑雪场的实景，还有周末在度假村演奏的乐队的音乐视频。我立马点击手机中的“我的钱包”订购，并且分享了我的计划，想看看是否有别的朋友愿意一起去（就在那一个小时内，已经有三个人完成了预订）。

我一边看喜剧片，一边上 Twitter，然后就收到了有人赞助的 Twitter 喜剧短片；这些恰好都是从我正在看的这部电影中，以及电影中演员的其他作品中截取出来的片段。

晚上睡觉前，我在床上阅读了几页电子书，一天就这样结束了。睡前，韩泰（Channook）冬季轮胎为我分享了明天的天气预报——又是整夜的大雪。天美时提醒我注意日程上的重要会议。

在布鲁斯所描绘的“未来平常的一天”中，最有趣的当属在他描绘的场景中，大多数科技技术如今已经存在，而且正在测试、评估和进行应用，以帮助各行各业的市场营销人员将传统方法的效力水平提升到新的高度。

同样吸引人的还有他让我们从主人公而非品牌的角度来看未来。他没有去介绍品牌将如何通过各种方式去向受众传递信息，而是让我们先从他个人的生活、头脑和所思所想以及所感受的东西开始。最重要的一点是，这种关注点的转移不只是一种叙事技巧。美国西北大学（Northwestern University）麦迪尔新闻学院荣誉教授唐·E. 舒尔茨（Don E. Schultz）解释道：“到 2020 年……广告商将从说变为听。听顾客说什么将会比设计突破性的创意更重要。回答顾客的问题，满足顾客的需求。现在就做，不要等到明天。”布鲁斯的描述充分体现了这一点。这段故事是从个人的角度来阐述的。我们看到主人公“始终在线”，他有能力来与品牌进行价值交换或共享，让它们了解自己当前和未来在做和想做的事情，同时根据自己的需求和想做的事情来确定它们的递增价值。

想想看，在消费者一整天的生活里，你的品牌在与他打交道的过程中能够通过哪些方式来创造价值？让我们来仔细分析一下布鲁斯在上述专栏中所描述的种种情形。

“当我走进浴室时，身体扫描仪上的传感器告诉我，我昨晚睡得不太好。”

2015 年 1 月，未来网站（The Next Web）报道称：“移动扫描软件制造商 Itseez3D 公司已经发布了其最新的 3D 扫描应用，它可容纳所有的 3D 模型。通过结合 Occipital 公司的结构传感器设计，现在该公司能够通过 3D 扫描帮助 iPad 创建了仿真人体模型。然而此前，它只能扫描头部和肩部。”目前，这款应用程序可以在 iTunes 商店免费下载。**“想象一下这项技术能为你们的产品或服务带来什么？”**华通明略（Millward Brown）南非公司非执行主席埃里克·杜·普莱西斯（Erik du Plessis）提出这样的问题，将引导我们在此方面进一步思索。

“果然，照照镜子，里面正播着泰诺（强效药）的广告，并作为赞助商，它自动插播到了我每天早上必看的体育节目里，当然，这样的节目赞助商让我无法拒绝。”

通过不断改进的人工智能和认知计算工具，市场营销人员现在能够根据客户常用的地理位置和喜好的内容，来为客户提供个性化的服务，包括视频定制内容。他们还可以根据与天气、新闻、文化背景等相关的环境信息来提供精准的内容。“在过去的一两年中，程序化广告被过度炒作，但公平地来说，拒绝参与炒作的人其实只是例外，”eMarketer 网站分析师劳伦·费舍尔（Lauren Fisher）说，“2014 年已经被证实是至关重要的一年，大部分基础设施现在正在进行建设和测试，从 2015 年到 2016 年，我们已经看到程序化广告的投入激增。”同时，它也仍在不断地发展，虽然目前只是在美国中西部发展，但是东海岸的市场开拓也已经准备就绪了。

你能很好地利用自动化、程序化和人工智能吗？可以更好地与你的顾客和客户联系吗？

“此外，（浴室镜子上）显示了一张纳伯咖啡的优惠券，还有我的日程安

排，我将它们下载到了自己的移动手表上。”

随着苹果手表的发布，可穿戴技术成了主流。尽管这个领域才刚刚开始，但各大公司一直在坚持对这种可穿戴技术的实验，力求为人们提供实时、场景化的信息。那么什么是场景信息呢？我们这里所说的一系列场景信息包括了佩戴者的生物测定指标（心率、情绪）、面部和语音识别技术、社交网络中的数据，以及其他公开分享的数据。这些信息通过人工智能分析后，从中提取重要信息，然后通过增强现实技术来传递相关信息和/或甚至触发其他额外的行动。现在，这一切都是可行的。技术未来主义者谢利·帕尔默对未来的想象是这样的：

> 按照雷·库兹韦尔（Ray Kurzweil）对生物种类的划分，我们将会被分为三个新亚目，分别是全原生人类、半数字合成人类，以及数字合成人类。

不管这种情况是否会变成现实，我们似乎正在朝着那种可行性前进。

有趣的是，应用最频繁的反而是在 B2B 方面。虽然在 2014 年中，谷歌眼镜已经停止了出售，但它从未停止过与镜片供应商的合作。根据 Marketing Land 的报道，第一批公开的供应商有以下几家。

- **APX 实验室**。APX 实验室创造了用于谷歌眼镜的顶级商业软件——Skylight。该软件无须手动操作，就能够为工人实时提供工作所需的企业数据以及动作所需的专业知识。Skylight 目前已用于遍布多个行业的 500 强企业中。
- **Augmedix**。每天，医生们都会花费三分之一以上的时间在电子健康记录中查找和输入患者的信息。而 Augmedix 能让医生们节省出这段时间去做更重要的事情——患者的护理。
- **CrowdOptic**。CrowdOptic 软件可以从移动设备和可穿戴设备中发现具有重要意义的新闻事件，然后为实时广播提供爆点新闻，并为人们提供有关体育、娱乐、建筑/安全和医疗行业等方面的场景应用。
- **GuidiGO**。GuidiGO 的使命是鼓励人们利用移动设备，通过收听能激发人们兴趣的故事来了解文化和艺术。让我们每一个人随时随地都能访问博物馆和文化中心。

- **可穿戴智能设备**（Wearable Intelligence）。可穿戴式智能为能源、制造、医疗保健等领域的世界级知名企业设计了可穿戴眼镜，从而使这些企业的工作流程、通信和培训数据能够被轻松访问。

伴随着苹果手表的出现，可穿戴设备的发展正成为主流。对此，斯泰勒斯媒体集团（Stylus Media Group）的海莉·阿德（Hayley Ard）在《连线》（*WIRED*）杂志中写道：

> 智能手表将既有技术引领到一个新的世界——从口袋式到手腕式，甚至是模拟皮肤设备，如嵌入式、服用式和听觉式可穿戴设备。灵活的技术被植入了我们的肌肤中；通过眼睛运动传感器可以控制相应的设备；耳机能对我们的心率做出测量和回应。这些技术是科技创造生活的一部分，将科技与我们的生活深深地交织在一起。在我们的生活中，这些设备几乎是隐形的，但又十分重要。

可穿戴设备和其他新兴技术将会给你的品牌带来哪些新的价值创造机会呢？

“我的全自动家居系统已经连上了谷歌的自动驾驶系统，为我叫了一辆车……在下班回家的路上，我接到了多份邀请，它们根据已知的我的个人偏好、我昨天的就餐情况、今天的身体情况，以及社交圈内的评价情况等让我顺道去某家餐馆吃晚餐，或者是从某家餐馆叫外卖回家吃。”

未来，应召服务专车将自动载你毫无压力地到达目的地，同时还可以减少碳排放。那么，你在这段旅程中需要什么或想要什么呢？娱乐节目？更新今日事宜？进行决策，还是帮助爱人查找其所需的信息？

2015 年 1 月，在《连线》杂志上一篇题为《消费者将体验车联网带来的便利》（*Comsumers Are in the Connected Car's Drive Seat in 2015*）的文章中，作者阐

述了“车联网”的重要性日渐突出：

汽车制造商和技术公司正竞相提供汽车作为物联网基础设施重要组成部分的最佳解决方案。事实上，最近的一份报告显示，到2020年，90%的车辆会形成互联。

仅今年一年，微软、谷歌和苹果三大巨头公司都宣布它们即将推出“互联汽车”平台。它们的目标是把终端移动设备的功能和汽车控制中心联结起来。在不久的将来，我们就会知道谁将成为这场竞赛的赢家。

这不单单是一个移动设备，我们可以把它看作一个不断增长的市场，包括资讯娱乐设备、专为汽车设计的App、数字诊断程序等，还可以为新手司机提供监控服务、增强版的导航系统以及其他服务。这些项目的估值预计将从现在的470亿美元增长到2020年的近2700亿美元。我们可以拭目以待在未来一年内即将发生什么样的变化，但是，请放心，消费者的需求还是最重要的。

从联网家庭到互联网的医疗健康，再到联网城市，联网将为我们开辟一个充满机遇的世界，并恰逢其时地为人们提供有价值的通信和体验。而你的产品和服务将如何融入未来这个万物互联的世界呢？

“上个月，我在社交活动中积累了1000多积分，因此，我收到一份来自赞助商蒂姆·霍顿斯公司的邀请，让我试吃其提供的三种新式早餐中的任意一种。同时还提醒我‘请在社交网络上分享你对我们蟹饼三明治早餐的试吃感受’。”

这是一个游戏。PHD媒体（PHD Media）公司全球战略与规划总监马克·霍尔登（Mark Holden）这样解释道：

“游戏”的概念使现实世界与游戏之间的界线变得模糊。最后，深入互联的社交网络将引发“游戏化”。全球研究小组成员高德纳（Gartner）公司预测，50% 的企业在管理创新和研究方面将会采用某种游戏方式来激励消费者的参与和购买力。例如，早先的例子可以通过 Extraordinaires 这样的公司得以证明。该公司会通过积分奖励的形式来鼓励人们为应对来自外部公司或组织的问题献计献策。一个来自美国本土的例子则是指导人们如何通过游戏的方式，为自己随身携带的心脏除颤器进行拍照和定位，以便在需要紧急服务的情况下找到最近的急救中心。在英国，《卫报》也采取游戏的方式，让人们能够轻松地查阅国会议员几十万的开支，并对其进行分类。

除了采用比较实惠的经济奖励以外，游戏机制也极其有用，而且参与方式更加多样化。游戏中的博弈也可以被用于重要的任务。事实上，维基百科就是目前世界最大的游戏体系，它以基本的游戏机制为基础。可以说，在某种程度上，开发前端和玩“开心农场”一样有趣，只是与游戏不同的是，我们的行为会给世界提供更实际的用处。

堪称“游戏化”革命界的“马克·扎克伯格”的是一家名为“SCVNGR”（这个词的发音有点类似英文中的拾荒者）公司的 CEO——年仅 20 岁的塞思·普瑞巴石（Seth Priebatsch）。SCVNGR 公司想要建立一个世界顶层的游戏圈，开启“游戏化”营销的模式。它开发的网站和应用程序能够帮助小企业客户在其实体店设置一些挑战任务，例如发推文或拍照等，目的是使顾客能够获得免费提供的产品，进而增加企业的关注度。

到 2020 年之后，很有可能大部分人都离不开游戏。由此为企业所带来的生产力是非常可观的，它不仅促进了公司和品牌的发展（而对于消费者来说，将会获得更多免费的产品），还会对人类文明做出巨大贡献。

游戏化是如何提高你与当前和潜在顾客之间的互动的？

“当我望向窗外时，空中出现了各式各样的个性化广告，并随着我的行车时间和地点的变化而进行定制化的推销。”

对于个性化的渴望和追求一直是我们“2020 广告项目”发起者的主流观念之一，同时也是杰瑞从 2001 年起就一直在推广的概念。杰瑞一直致力于将营销和消费者赋权融合在一起的研究。

埃德曼美国公司首席执行官罗素·达尼尔（Russell Dubner）认为，尤其是在客户服务方面，会更倾向于个性化和定制化："新一代的消费者会对品牌寄予全新的期望，包括期望品牌能够根据其需求提供个性化和定制化的支持……谷歌公司的 Helpouts 和亚马逊的 Kindle 又把消费者的期望提升到了新的高度。到了 2020 年，品牌和企业将会把与客户的直接互动作为其营销战略的核心。"

或者正如 72andSunny 广告公司市场传播协调员安纳利斯·拉普（Anneliese Rapp）所说的：

> 个体正在成为自我身份和线上、线下形象的塑造者。这绝大部分要归功于品牌树立身份象征性的方式的激增。
>
> - 她是一位时事评论员，在过去的播报中，她通常是以独白的形式进行，无人与之互动。
> - 她就是自己的专家，当自己不明白时，她很有可能去咨询另一位被称为权威的人士。
> - 她是一名内容程序员，她会选择她所想要的、什么时候要以及如何去要。
> - 她是自己所拥有的各种内容的创造者和发布者，同时也是大大小小、独特的以及放荡不羁的观点所组成的微观网络的缔造者和传播者。
>
> 换言之，她不再是媒体的消费者，而是成了一种媒介——通过最令人信服、最具个性化的渠道，让内容能够被创造、流动、重塑，并呈现在世人面前。

麦肯世界集团（McCann Worldgroup）执行董事阿洛克·拉尔（Alok Lall）认为：

> 广告的高度个性化将会进一步赋权消费者，但同时也有可能将广告从其

难以逃脱的厄运中拯救出来。

今天，谷歌已发展成了一个平台，在这里，几乎一切都能找到答案；Facebook 网站已成为一个结界，在这里，人们可以以自己理想中的形象生活。因此，为了促进广告品牌未来的发展，就有可能会出现“需求吧”。“需求吧”对于每一个消费者来说都是个性化的，以便他在任何时候都能找到自己所需要的一切。而这也会导致品牌不仅会存在于消费者的生活当中，而且会通过变化来迎合其所有的需求。例如，桑杰正在办公室里办公，他想要从附近的餐厅中订午餐，但他的预算又有限。那他要做的就是在他的“需求吧”中输入自己的需求，接下来他将会看到所有符合他预算要求的午餐推荐。

这种个性化还会进行自我进化。迈阿密大学的名誉教授沃尔特·麦克道威尔（Walter McDowell）认为：**“未来的广告将不可避免地吸收更多从理科衍生出来的消费知识，如生物学、化学、物理等，并以诸如心理学与社会学的文科知识为补充。”**

“选择一首舒缓的音乐能够让我的车程不再乏味，毋庸置疑，这些曲目的赞助商也是来自我平时的 SPA 和瑜伽坊。而且你知道吗？如果我在播放音乐的一小时内，将它们推荐到我的朋友圈，我还会得到两周的特价优惠。”

这种愿景从另一方面体现了对整个传统媒体行业的颠覆、进化与整合。举个例子，在未来，如果第一档电视节目是“肥皂剧”，那么与之相匹配的广告赞助商就有可能是一家洗涤剂公司。越具有诱惑力的电视内容就越能吸引到金主。毫无疑问，在这种情况下，很显然，针对相关的、场景化内容的需求，价值交换已能够与之相匹配。包括通过特定的激励，让消费者不断重复地与他人分享自己的美好体验，这样一来，就能扩大信息反馈的相关性、覆盖范围和价值。

随着自媒体的普及［从《经济学人》（*The Economist*）杂志到 Instagram，再到 HBO 台］，co:collective 公司战略总监汤姆·莫顿（Tom Morton）指出，年轻人和有钱人已经从传统的付费媒体中消失了。那为什么其他人仍会被传统的付费媒体所束缚呢？原因很简单，或许是因为他们在弃用令人厌恶的、不相关的、入侵式的、不尊重人的信息面前，毫无技术或经济的选择余地？也或许正如观察所显示的，他们当中的一小部分人为了提升其绩效考核结果，只能屈从于传统媒体。然而，在我们思考广告的本质应该是什么时，这种不可一世的、污染生态系统般的做法注定会失败。AAR 合伙人公司联合总裁丽莎·科兰图诺解释道：**“大多数消费者声称不希望有人操纵他们每天所接触的媒体。他们希望能够掌控自己想看到的内容以及什么时间收看。消费者需要更多的自主权，希望能与品牌建立起有价值的联系。”**为了实现这一人类的“基本愿望”，我们将先进技术的交互作用、媒体的改革以及消费者的赋权和质疑相融合，力图创造出一个双赢的局面来。

> **“到达办公室后，我同另外五位同事一起登录谷歌协作平台。在与一支全球团队（另外还有 12 人）联网后，我们通过声音、手势和触屏技术来分享、交流，就 2028 年多伦多奥运会奥林匹克体育场馆的创意、设计和模型（使用 3D 打印而成）进行互动讨论。”**

布鲁斯在这里提到了五种驱动变革的力量中的一种——新兴商业模式及营收模式；反过来，这种作用力又催生了新的协作技术，并着眼于全方位的产品服务体验。这对社会公益变革来说，具有极大的潜力。

让我们回到新兴商业模式及营收模式上来。想象一下，布鲁斯和其他五个人在 Peerspace 的办公室里开会（共享模式），而他所描述的全球团队是专门为奥组委这个客户而设立的（客户驱动 / 全方位模式）。如果他们来自不同的公司（网络协同组织模式），那每家公司都要严格遵循社会标准和环境绩效，并具备一定的责任心和透明度（B 类认证）。如果全球团队是由通过专业资源平台（开放式创新模式）找到的、来自完全不同行业的独立成员、参加奥运会的运动员和粉丝（联合创造模式）所组成的，那他们将通过被其称为“弗洛伦斯”的认知计算系统来进行实时语音交互和可视化呈现。再加上他们能利用在新兴市场所孵化的创新方法（节约型创新），来不断强调这种基于赛后客户的反馈和认可（消费者奖励模式）的观念的优势、奥运场馆财务运营的成功，以及在奥运会举办之前、举办当中以及举办之后对整个多伦多市所产生的社会和文化影响（基于影响的模式）。

或许你当前的经营方法要么正在被那些采用新型商业和营收模式的人所颠覆，要不你就是那些采用新方法的人，而更加传统的方法正被甩在后面。这具体就取决于你的选择了。

你会如何学习和利用新的商业模式和营收模式来尝试创造性的新方法，迎战那些让你彻夜难眠的问题的挑战，创造更多双赢或减少劳而无功的结果呢？

> **“晚上睡觉前，我在床上阅读了几页电子书，一天就这样结束了。睡前，韩泰（Channook）冬季轮胎为我分享了明天的天气预报——又是整夜的大雪。天美时提醒我注意日程上的重要会议。”**

当布鲁斯躺在床上，我们发现他所憧憬的未来是多么令人信服和鼓舞人心。事实上，品牌需要消费者，消费者也需要品牌。在未来的日子里，布鲁斯的生活将会因那些希望他购买其产品和服务的公司而变得更美好。大家普遍认为，正确的信息在正确的时间里被传达，并且以一种易于操作的方式进行价值交换。虽然它并不全面，但在未来的愿景中，它将帮助我们开始拥抱驱动变革的五种力量，从而使我们理想中的未来不仅变得更加令人满意，而且也让我们的未来拥有无限可能，甚至触手可及。而这些变革的力量的影响力正在显现，正如 Teamstream 制作公司总裁兼首席执行官基思·布兰查德（Keith Blanchard）所指出的那样：**“到 2020 年，大多数广告商将完成从比邻（接近消费者的需求）到干扰（阻碍消费者的需求）再到内容营销的自然进化（成为消费者的需求）。”**

如果我们能让消费者与品牌的关系变得更好一点，或者至少能够变得积极一点，那为什么不试着建立一种相互认可的双赢方式呢？如果不是为了一个更美好的未来，那改革又有何意义呢？

布鲁斯的故事让众多新理念变得栩栩如生，而这些新理念也正是我们“2020广告项目”团队成员所强调的，认为它们将成为推动广告界改革的力量。它们能够帮助我们摆脱目前的思维方式、规划、战略制定和执行等。我们还想强调的另一点是，由伟门（Wunderman）公司的 NextGen 团队、新加坡的林鲁思（Ruth Lim）和陈凯辉（Kai Hui Tan）带给我们的精美的视觉、独特的创意以及激动人心的有利观点。他们描述了在未来的广告中如何利用科技的进步去开发一种新媒介，从而赋权消费者通过使用一种新的商业模式与世界进行联结，如图 1–2 所示。

Beyond Advertising

超级豆荚的诞生

2020 年，全球变暖，气候变化日益严重。夏天更加炎热，冬天更加寒冷。洪水、荒漠化、自然灾害等，待在户外几乎让人无法忍受。对于人类来说，寻找一种方法去适应恶劣的自然环境成了当务之急。

伴随超级豆荚（Pod）的出现，户外广告将会实现高度个性化和物质激励。

由于豆荚能够检测到用户的脑电波，因此广告商们不仅能够针对消费者的人口统计特征，还能够针对消费者的心理现状、情绪和需求等来提供有个性化的广告。

随着人们越来越多地生活在网络空间里，那些能够让我们的数字设备变得更加强大的能源对我们的日常生活而言，将比以往任何时候变得更重要。因此，广告会吸引消费者自己找上门来，例如，为消费者提供免费的电源来为他们的豆荚充电。正如林鲁思和陈凯辉所描述的：“收看可口可乐最新的饮料广告，可以为你的超级豆荚赢得 10% 的电量。”

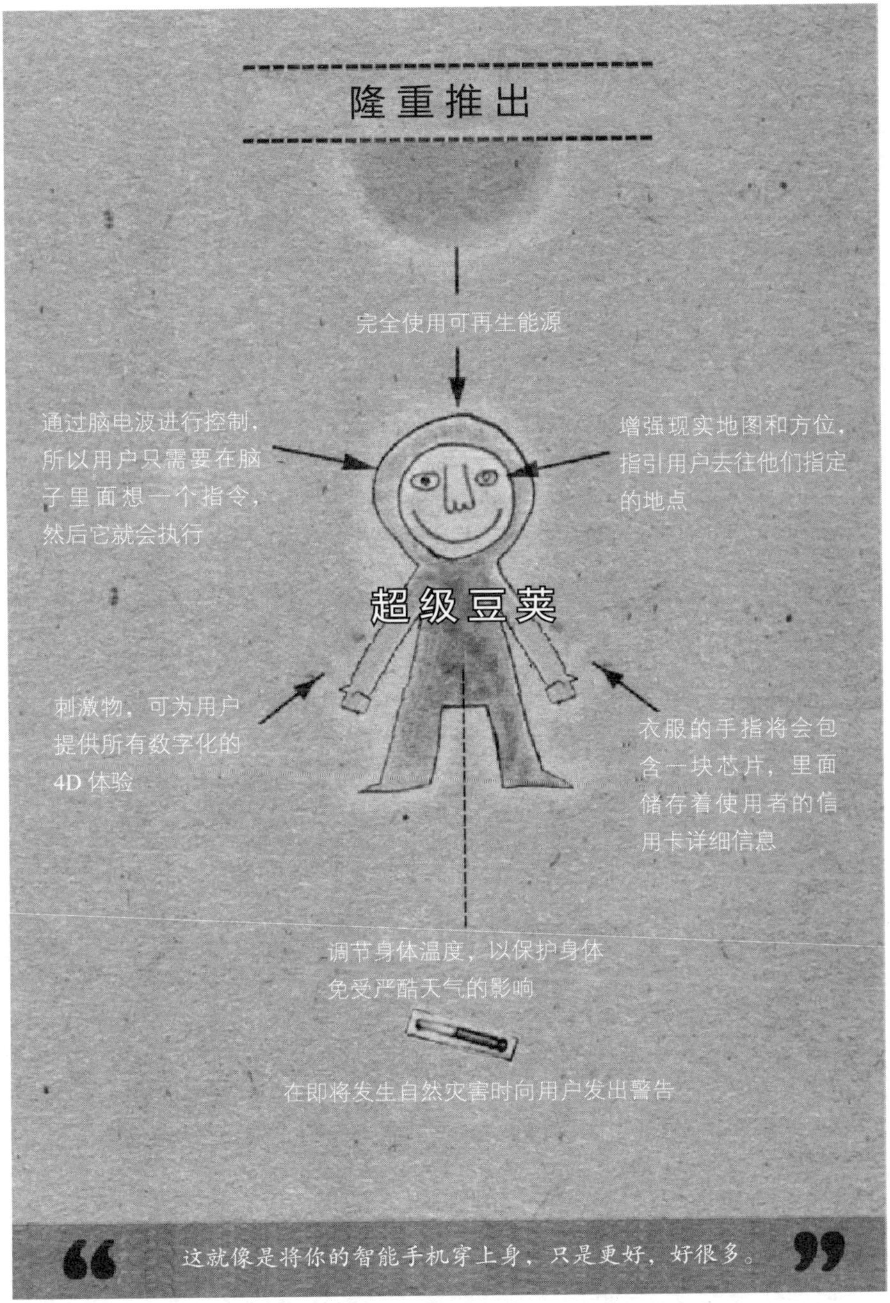

图 1–2　林鲁思和陈凯辉设想的超级豆荚

林鲁思和陈凯辉还描述了超级豆荚与未来环境相互作用的许多特征，包括：增强现实地图、用数字化手指替代信用卡，以及沉浸式的户外广告体验。这能够让人们通过他们的超级豆荚传感器“看到、听到、闻到，甚至感受到广告的信息”。

超级豆荚图中的第二部分可以回答目前的一个问题：“我们现在在做什么？”他们抓住了千禧一代的敏感性，将“可持续”的广告创作放到了优先的位置：**“尽管气候变化是一个全球性的危机，每天大量的自然资源都会因为广告而被浪费掉……但是对于广告商来说，现在正是通过生产更多环境友好型、可持续性的广告来减少对环境资源的浪费的最佳契机。”**

除了强调优化环境外，林鲁思和陈凯辉还建议增强数字化体验，将服务整合到消费者的生活方式中，并建立一个购买闭环：**“消费者的时间越来越少，因此广告商需要思考如何让消费者的购买流程更加顺畅，并要让消费者从品牌意识到真正购买的这段过程尽可能地便捷。”**

我们强调这一点有几个原因，其中最重要的是它所体现出的精彩创意和设计元素。首先，林鲁思和陈凯辉所提出的建议和那些前沿的、最令人信服的研究密切相关，比如品牌与企业和消费者之间的交集为什么会有强大的影响力。总之，未来的消费者比以往任何时候都会受到更多的时间限制，他们将会把重心放在更多更有意义的消费上。除非品牌在每一个接触点的内容都变得更加有意义，否则，很难再引起消费者的注意。

其次，他们提议通过这样的方式来为多方创造价值，比如创造者、品牌、代表品牌工作的人们、消费者以及其所处的文化和社会环境等。

这些变革的力量正在颠覆整个广告界，这将预示着作为个体的我们以及我们所生活的社会将会有美好的未来。品牌可以借鉴凯瑟琳·克莱因（Katherine Klein）副院长所领导的沃顿商学院社会影响力项目（Wharton Social Impact

Initiative）的理念——“沃顿商学院致力于成为世界上最优秀的商学院，为全世界服务”。我们应吸引并培养那些希望通过努力实现上述这两个目标的领导型人才。从品牌的角度来看，现在是时候认识到，即使我们可以鼓励更多的人去做对企业有利而损害个人利益的事，我们也必须停止这种行为，并找到更好的方式。

正是因为有这样的挑战，科技和心理的力量才变得比以往更重要。我们希望能从这个观点出发，放眼世界，去发现与我们想法相似并且能够协同工作的人，通过共同努力来改变我们不喜欢和不想要的东西。正如 MakeLoveNotPorn、IfWeRanTheWorld 以及 Behance 三家公司的创始人兼首席执行官辛蒂·加洛普（Cindy Gallop）所写到的：**“我们（必须）想办法，将社会责任融入我们的日常工作中去，让它成为未来发展和利润增长的关键驱动力。我相信，未来的商业模式就是共享价值观，外加共同行动，最后共享收益，包括社会收益和经济收益。”**

关于变革的五大力量，我们“2020 广告项目”的参与者发表了大量的深刻见解，以上的介绍仅仅是浅尝辄止。PHD 英国公司战略与规划总监马克·霍尔登表示：

> 观察不同时代的技术，我们可以看到进化的动力源于将人类从物理和时间约束中解放出来。也就是说，如果你向前推进，那就意味着你可以让你的基本原则和观点变得更加丰裕。假设这是我们发展的终极目标，那在某种程度上，任何技术都能促使我们向前迈进，以达到我们想要的那种理想状态。

TapGoods、MEplusYOU 公司首席执行官和 Conscious 资本公司董事会主席道格·莱维（Doug Levy）认为：

> 2020 年，我们将进入一个全新的时代。我相信在这个新时代里，那些抱着“操控市场”心态去做生意的公司将会变得无关紧要，并将被那些秉承“关系时代”理念的公司所取代。作为引领关系时代的中坚力量，我相信营销人员将不再是令人讨厌的小人物，而是创造真诚人际关系的伟大专家，能

够为商业带来新的价值。

我们在此也必须同时介绍那些持怀疑态度的观点。下面的观点同样来自谢利·帕尔默：

> 当财富500强公司的营销部门将超级计算机充分应用于商业的各个领域时，半数字合成人类、数字合成人类的群体该如何来保护自己？这场战斗注定不公平，比当今更不公平。

谢利·帕尔默还提醒我们，这五大变革力量既可以给我们带来机遇，也可以带来负面影响。现在，我们希望通过本章内容，能够说服你和那些你认为有必要去说服的人明白，这个世界已经发生翻天覆地的变化，我们必须超越广告本身。这意味着什么？“超越”的最大障碍是什么？就是那些限制种种可能的、根深蒂固的思维方式。在下一章中，我们将了解广告是什么，必须是什么，而不是它应该是什么。

实践案例

五大变革力量与机遇

郁闷的波多黎各之旅
代理商：智威汤逊公司 波多黎各分公司
戛纳国际创意节：2015 推广与活动类金奖

目标 / 待解决的问题

2015年3月，一位男子获得了一次免费的波多黎各旅行，但是他的家人却不被允许一同前往，于是他就在Reddit上上传了一系列的吐槽照片，并命名为“郁闷的波多黎各之旅”。这位男子在各种热带背景里摆拍的悲伤面孔引发了网友们的疯狂转载。

解决方法

为了回应这件事并不再让这些滑稽的照片破坏波多黎各的世界形象，智威汤逊公司波多黎各分公司让波多黎各旅游局给这位男子报销了旅行中的所有费用。之后，此人带着自己的妻子和孩子重返此地，重新拍了一系列开心的照片。几个小时内，这些照片又一次占据了Reddit上的热点位置。

结果

这个帖子受到了 200 万人的关注并获得了效果明显的媒体传播，波多黎各旅游局仅为此事投资了 8000 美元，无任何媒体宣传费投入。而这 14 张照片所产生的效应却为波多黎各旅游局带来了 1500 万美元的收入，而且还重塑了波多黎各旅游局积极向上、愉悦人心的形象。

经验总结

通过观察人们在现实中的体验，我们可以迅速识别提供价值的机会并采取相关的行动。这五种变革力量的全球属性以及日益递增的速度和复杂性，就像一种潜在的病毒破坏着社会媒体，如果我们能有效地利用这些因素，那将有可能获得一个具有创造性的、值得让人们回味无穷的效应。

引自：2015 年戛纳国际创意节获奖作品

关键点

Beyond Advertising

Creating Value Through All Customer Touchpoints

今天唯一能确定的是改变。我们既不能预测未来，也不能控制它，但我们能够想象和渴望未来的某一个场景。而变革是可以也必须被引导的。

技术的进步正在影响着我们的社会结构，同样地，社会的期望也引导着技术的发展：这是一个强大的互动圈。

伦理和效用越来越具有同等的价值：没有真实身份的识别，再新的技术也意味着什么也不是。

联结是关键：平台之间、组织内部以及跨领域的联系。最重要的是，这些联结必须是技术性和情感性的。我们可以让这个世界更人性化，而不是变得更冷淡。

Beyond Advertising

AD

第2章 挑战广告的固有思维模式

> 广告的未来不在于创建新的技术平台或是取缔App，而在于行业心态的转变。也就是说，人们应拓宽自己的集体意识。
>
> **雅各布·科莫菲尔德（Yaakov Kimelfeld）**
>
> 默克尔公司首席研究员

如果问世界上大多数人如何理解广告，他们多半会认为目前广告正处于低迷期——“广告喜欢操控消费者，经常打扰人们的正常生活，很烦人，内容普遍水准较低。”实际上，广告有那么糟糕吗？当然，人们的这些不满和抱怨是可以理解的，因为这也在很大程度上道出了消费者和广告之间目前的关系状况。

比如，那些点击后就不会消失的弹窗标语广告，还有那些甚至没点开就突然开始大声插播视频的广告——人们基本没办法正常上网，于是不得不反反复复观看同一则广告。当消费者购买某种产品之后，也会随时出现类似的广告；还有体育节目插播的那些攻击性广告，家长真心不愿意自己的孩子们看到；深夜，床垫经销商还在持续不断地通过广告向消费者呐喊宣传；你不得不将收到的垃圾电子邮件直接扔进垃圾箱里。即便这样，还有一些垃圾信息让你没办法避免，例如，中介的客户服务电话一直在尖声尖气地向你解释他们的优势所在。就广告而言，你还有什么糟糕的体验吗？为什么广告商认为消费者可以接受这种强迫的、恼人杂乱的广告体验呢？他们 / 我们为什么不在意这种铺天盖地的宣传呢？他们 / 我们为什么不能摆脱这种浪费时间和精力的行为呢？ Dstillery 公司数字智能部高级副总裁布莱恩·德亚历山德罗（Brain d'Allesandro）写道：

> 要详细阐述这个观点，让我们先来快速回顾一下事件的状况。虽然不再出现弹窗（谢天谢地），但商业广告仍铺天盖地占满整个屏幕，恼人的声音不厌其烦地骚扰着消费者。而移动广告则不断改变显示的位置，设法欺骗我用自己胖胖的拇指点开它。毫无疑问，尽管广告商拥有最新的信息传递技术、锁定目标以及测试手段，但是它们给人这样一种感觉，它们做这一切都是为了自己的利益而服务的，并非为了给客户提供更好的体验。

从传统的角度，营销人员及其所属公司对此均持消极态度。正如 Creative Orchestra 公司联合创始人兼创意总监克里斯·阿诺德（Chris Arnold）所说：

> 一代又一代投身于广告行业的人都接受了现状规则。只有其中极少数敢于挑战现状的人会赢得个别支持者。正如人性使然，大多数人都愿意接受已经成型的事物。

媒体和其他广告供应商已经成了一根绳上的蚂蚱，把广告业当作人们生活的必需品，但是它们忽视了，只有为消费者提供他们真正需要的广告和美好体验，才能吸引潜在用户。雷行公司（Thunderhouse）创始人之一的亚瑟·托德（Arthur Tauder）精准地抓住了事物的本质，他写道：

> 数百年来，广告业大多是单一思维模式——向观众“推送”信息。人们付出极大努力去预测评估接收广告的目标对象。为了实现推送信息的定位，广告业在驱动技术的复杂性方面突飞猛进的发展，以至于有些人认为，广告商和媒体都已经越界侵犯到了消费者的隐私。
>
> 如今，消费者仍然是广告的被动接受者——没办法自主接受感兴趣的信

息和产品。从而导致的结果就是：很多消费者认为广告极具危害性，即使他们想选择，也不得不尽量避开。久而久之，消费者对这种科技导向的营销方式反应非常强烈。到2020年，消费者自己就会提出需要什么类型的广告，通过什么样的媒体宣传更好。这种平衡关系将更倾向于“拉动”而非“推送”。

对于我们而言，所有这些负面影响都已足够促使我们去创建更好的广告了。假设广告变得特别吸引人，人们都能爱上并积极欢迎所有的广告，那该是一种什么样的情景啊？

尽管广告留给人们各种负面印象，但当被问及最喜欢的广告时，大家会怎么说呢？大多数人会滔滔不绝地跟你分享，因为他们认为这是一件很有意义的事情。他们会告诉你他们目前关注哪些品牌，以及他们从该品牌所说所做中获得的价值。他们还期望该品牌传递出更多的信息。他们之所以能够记住那些留给他们深刻记忆的品牌，是因为有些内容确实值得纪念。同时，他们也想获得更多资讯——既不简单也不烦琐的资讯。他们有购买欲望，但其购买体验是否也能跟得上呢？他们会试用各种产品或服务，无论有效或无效的，他们也会与卖家联系，但之后发生的事情可能符合该广告宣传所承诺的，也可能不符合。

想象一下，如果营销人员及其公司把市场营销和广告预算当作一种投资和价值创造引擎，而非费用挤榨，会怎么样呢？再想象一下，如果品牌不仅带来广告收入，而且还能为传媒公司和渠道提供有价值的内容，又会怎么样呢？

想象一下世界上那些活跃在广告、媒体、数字、创意公司等，以及代理商、科研公司、高科技公司、赞助商和品牌植入公司中的天才们，他们具备创造性、善于分析并富有策略，还有那些从“广告”中获利的玩家们，共同被给予鼓舞人心的信念——在提高销量过程中成就一个更美好的世界，那么我们没准就可以自豪地告诉你的家人，是因为我们的帮助创造和改变了世界。帮助改变我们所有人、我们的思维和我们的语言，那么我们的行为就会发生意想不到的奇迹。

想象一下，如果这一社区群体扩展到了那些其行为有可能会影响到品牌和消费者的人士，这其中不仅仅包括那些传统的股东，还有那些有潜力以一种更具创新、更有影响力的方式去提升品牌价值和品牌体验的人。

如果将品牌概念全方位地潜移默化到潜在消费者和当前消费者的日常生活中去，并相应地分配资源，那会怎么样呢？

如果全球 5000 亿美元广告支出中的每一分都得到妥善使用，那不仅会提升销量和利润，而且还会对社会和文化产生积极的影响。除此之外，那些参与其中和受其影响的人们的生活也会发生积极的改变。

有何不可呢！

如果有如此好的潜力的话，那为何大多数广告还是会陷入一场零和游戏呢？本书第 1 章阐述了相互融合与关联的五大变革力量，既说明了变革的必要性，又为变革提供了新的可行性方法，那么到底是什么阻碍了我们前进呢？

“2020 广告项目”给出的首要答案是：根深蒂固的观念以及传统的商业模式和盈利模式。宏盟传媒集团（Omnicom Group）DAS[①] 商务拓展和客户关系全球总裁萨利·威廉姆斯（Sally Williams）解释道：“**现代市场营销与过去大不相同——这一点是很明确的。2020 年马上就要到来，我们如何才能做到与众不同？首先，我们得承认这跟以前的商业模式完全不同。其变化之快意味着我们需要一个完全不同的思维模式。**”

有了这样的认知后，我们再利用杰瑞多年来关于领导力变革的思维模型，找到广告从恰当时机获益的关键一步。他的研究以及与许多企业高管多年共事的结果表明，如今我们对广告的看法正是我们进行全面变革的最大障碍。

---

① 宏盟传媒集团拥有三个全球运作的广告公司——BBDO、DDB、TBWA 以及由业务多样的代理商组成的多元代理服务系统 DAS（Diversified Agencies Services）。——译者注

阿尔伯特·爱因斯坦有一句名言："如果我们的思维模式不发生转变，那我们就无法解决现有思维模式所导致的问题。"①

如果我们不改变我们自己的思维模式，那我们的反应和理解方式就很难发生变化，并会在寻求变革的海洋里苦苦挣扎。

思维模式的作用和潜力

思维模式是什么？思维模式为什么这么重要？为什么思维模式要不断更新？

麻省理工学院斯隆商学院的组织型学习中心主任彼得·圣吉（Peter Senge）认为："思维模式已深植于入我们内心、赋予我们世界如何运转的想象，但一定程度上也限制着我们的思想与行为方式。通常，我们并不能有意识地察觉到自己的思维模式及其对我们行为所产生的影响。"**换句话说，思维模式是一种自我解释、简化和预测世界的方式**。

如果我们处于静态的环境中，那我们的思维模式会运转得很好。但是，如果是在转型环境下，例如，我们在第 1 章中所描述的，在现实情况下，现有的思维模式可能会妨碍我们对所观察到的事物的反应，也可能会阻碍我们抓住瞬息万变的商业机会，甚至有可能使我们忽视商业和现有思维方式中所存在的潜在威胁。我们关于广告的大多数思维模式都是在"狂人时代"建立的。威廉姆斯认为：

> 广告产生于不同的时代——来自不同的媒体世界。它是针对大规模生产产品的市场的大众传播。广告之所以很有效，是因为这是消费者获得信息的唯一途径。在信息受限的世界中，"内容"具有特殊的权利。广告不仅是一种传播方式，还是文化、社会和世界运转方式必要的替代品。

我们还在考虑传播有限信息的大众传媒吗？它是如何限制我们抓住新媒

① 从技术角度来讲，爱因斯坦并不是我们"2020 广告项目"合作者之一。

体的?

尽管世界固有的现状不至于颠覆我们的思维，但我们却忽略了与我们期望和假想不相符的一些重要细节和趋势。杰瑞在其《超常规思维的力量》（*The Power of Impossible Thinking*）一书中揭示了老旧城区的观念。想象一下：如果有人问我们是否愿意投资老旧城区，那大多数人可能会拒绝，因为这有可能会牵扯上国内犯罪、贫穷和毒品。但是，若有人建议我们投资“新兴的国内市场”呢?无疑“新兴的国内市场”抓住了与新型市场相关的所有可能性和机会，但是它与“老旧城区”在本质上却无任何差别。除了我们的感知之外，任何事情都没有发生改变。

再举一个例子，想一下罗杰·班尼斯特（Roger Bannister）在 1954 年所取得的壮举——4 分钟跑完大约 1.6 千米！在他打破纪录之前，4 分钟跑完 1.6 千米被认为是人类身体的极限。然而，一旦班尼斯特打破了该纪录，在 46 天之内，他又再次打破自己所创造的纪录。同一年，不同的运动员也多次打破了该项纪录。可见，人类的生理机能并没有发生翻天覆地的改变，而是关于可能性的思维模式发生了改变。

对于一些人来说，下面的例子显得更有意义。假设你正走在一条黑暗的城市街道中，走向远在几个街区之外的停车场。此时，你听到了身后的脚步声，但是你没有回头，而是加快了脚步。因为你想起了几星期前在街区发生持刀抢劫的事件。于是你加快了步伐，然而你身后的脚步也随之变快——这个人正在跟踪你！在街角末尾的路灯下，身后的脚步声变得越来越清晰。你突然转身，认出这是你熟悉的同事，正朝着同一个停车场走去。于是你松了一口气，你们相互打了声招呼，并继续一起走下去。

在这些例子中都发生了什么?现实并未发生改变，唯一改变的是我们身处事件中的思维。我们的思维模式有助于理解世界，同样也可能对真实性产生负面影响。

当然，这些思维模式与我们在第 1 章所述的五大变革力量紧密相关。变化一直在发生，促使我们不断审视自己的思维模式，质疑大众曾经深信不疑的这些观点。当我们解放了自己的思维模式后，奇迹就会发生。在广受关注的《持续的幸福》(*Flourish*) 一书中，马蒂·塞利格曼（Marty Seligman）推翻了心理学的传统目标——把人类从痛苦的感受中解脱出来，反之，他认为应该通过积极心理学，聚焦于探索个人的态度和目标，从而改善人类的现状。事实上，他的见解深深影响到了“广告的未来”的基调和蓝图。

从品牌的角度来讲，我们以 R/GA 国际广告代理公司为味好美食品公司（McCormick，一家生产辣味品的公司）所做的近期策划为例。像味好美这类如此平凡而实用的产品似乎不会受到技术革新的影响。R/GA 公司业务转型部总经理克里斯·斯图曼（Chris Stuzman）认为：“味好美食品公司是一家掌控辣味品细分市场的巨头，但是我们该如何让其参与到这个互联时代中去呢？”R/GA 公司提供了以下方案——口味印章（FlavorPrint）①。这是一项数字服务，该系统能根据你以及你的每一位家庭成员的口味喜好，推荐数以百计的食谱，从而帮助做饭的人摆脱每天吃什么的困扰，鼓励消费者去尝试最新的“味好美”调料，进而在消费者之间建立共享品尝体验的联结。它将传统产品与数字时代相融合，就如同挑战“互联网＋伞”② 的思维模式一样简单。

休息一下：现有的广告思维模式

为了改变自己的思维模式，我们首先要明确它们是什么。你最好从以下方面入手：将你所考虑的或“不证自明”的内容作为“既有资源”，花点时间来摘

① FlavorPrint 是一项电子服务技术，能使你或家人成员的美食体验变得更加个性化。——译者注

② 互联网＋伞：通过互联网分享安全、智能、亲情、时尚的用伞理念，促成一级、二级消费。——译者注

记一些关键点，或画出一些图表，或选择一个歌名，或选择一个具有象征性的事物，或用其他方式来表达你目前对广告的看法［参见表 2–1（a）］。

假设没有一种描述必须是真的呢？或许，你可以选取你最喜欢的部分？想想第 1 章中所描述的变革的力量以及你对未来的见解，什么样的广告是你心目中最好的呢［参见表 2–1（b）］？不论我们是否在广告界，我们或多或少都会受到广告的影响，鉴于此，任何人都有权从任何层面上说明广告能够 / 应该是什么样子，无论是对广告所有体验的人，还是在日常生活中和品牌互动的人。

表 2–1（a）

广告是
对象：
内容：
时间：
地点：
原因：
方式：

表 2–1（b）

广告能够 / 应该是
对象：
内容：
时间：
地点：
原因：
方式：

“广告的未来”思维模式的基础

数字广告阐述了间断平衡①的概念，该理论起源于进化生物学。间断平衡假定进化是一个缓慢的过程，除非重大环境事件才能导致生物发生变化。如同生命形式进化的星星之火，互联网改变了传统广告业的构架和方式。

罗伯特·莫里斯（Robert Morais）

美国费尔蒙·施内·莫里斯公司（Weinman Schnee Morais）总裁

我们正在经历前所未有的变化，所谓的“间断平衡”可能会阻碍广告的“既有资源”？在更美好的未来，为了取得成功，我们应该储备什么样的最新模型？

纵观“2020广告项目”合作者的共同愿景——广告能够/应该成为什么样子，我们认为将现有或以往的思维模式的基本构架，与那些承载着我们未来所期望的、所设想的以及有能力去重塑的思维模式做比较，是很有益处的。我们用“对象/内容/地点/时间/原因/方式”这样的模块来构建思维模式的基础（如图2–1所示）。针对每一项，我们都简化了什么是广告的“既有资源”，我们还共同提出了新的思维模式，以能够有效地应对诸如“如果”“为什么不去尝试一下呢”这样的新挑战。

值得注意的是，并非所有现有的思维模式都是错误的、需要改变的。一些现有的思维模式具有一定的价值，而且可以与新的思维模式和谐共存。但需要注意的是，要确保我们的思维模式是基于对现在和未来理解上的自主选择。我们将在下一章中对比传统和新的思维模式之间的差别，但是事实上，这些差别都是随着时间的推移而发展变化的。

---

① 间断平衡理论（punctuated equilibrium）是由美国著名古生物学家史蒂芬·杰伊·古尔德（Stephen Jay Gould）提出的一种有关生物进化模式的学说，即一个系谱长期所处的静止或平衡状态被短期的、爆发性的大规模进化所打破，从而产生大量新物种。——译者注

II.
对固有思维模式的挑战

最佳的思维模式可能 / 应该是

贯穿所有职位、角色和专家

	现有	目标
对象	营销人员和机构，覆盖媒体，确定目标人群	多样化协作发展
内容	广告策划	创造价值的接触点
时间	频率	“何时”满足需求并被重视
地点	实现目标	“何处”满足需求并被重视
原因	推销和说服	多赢
方式	广告活动	整体动态生态系统

语言的重要性：创造新词汇

图 2–1　对固有思维模式的挑战

思维模式 1

原因：销售要从推销和说服向多赢的结果转变

旧的广告模式是进行推销，但是新的思维模式意识到，维护品牌、消费者和社会这三者之间可持续的三赢关系，具有巨大的潜力。

广告为何存在？如果随机问一下街上的行人，他们可能会这样说："是为了劝说我们买一些我们并不需要或承担不起的东西。"呵呵，这既不令人愉悦，也不鼓舞人心。没有什么值得骄傲的。这也并不是我们所设想的样子。

诚然，只要有企业存在，就必然会进行营销。但是一定要把门槛定得这么低，范围定得这么窄吗？鉴于广告和品牌对消费者生活和世界的影响力，人们如今对广告的期待和要求也越来越多了。这将超越和颠覆"广告需要产生成果"的观点。但是，如果广告是各方自愿的价值互换，我们就需要重新定义广告。我们将在下文深入讨论这一概念。**新的思维模式需要我们重新思考关于"广告的目标仅在于尽快尽早地卖出去尽可能多的产品"的观点，这种观点缺乏研究基础，相对来说比较短视和狭隘**。变革的五大力量能够使广告新的目标实现多赢，而非零和游戏。谢丽尔·伯吉斯认为：**"单向广告模式从来都不是最完美的，如今还有可能立刻崩溃。今天的广告将会通过更透明和真诚的交互来构建更多的关系。"**

对广告"目标"的探索仍在持续。在广告商看来："既然我已经支付了，你们就必须忍受我给予的任何东西。"但转念一想，难道仅仅是因为我支付了约会的费用或晚餐，我就有权利对我的约会对象做任何想做的事情了吗？当然不是。

品牌与消费者的目标、需求和愿望应当保持一致。新的思维模式是非对抗性的——鉴于我们所处的动荡时代和所面临的来自文化、社会和经济的挑战，我们有可能抓住互利共赢的机会，来寻求共同点。广告可以且应该符合多方的底线：品牌的实际回报——所有品牌创立人都应积极回报他们所希望服务的对象和社会。正如沟通代理机构研究所 CEO 吉莉安·格雷厄姆（Gillian Graham）所言：**"未来广告会引领创新、文化和社会责任。"**

沃顿商学院广告业的未来项目让我们强烈认识到，我们的确处在一个关键的引爆点上并时刻准备蓄势待发，那里似乎蕴藏着一些具有重大意义的举措，暗示着在未来的广告世界中，“为什么”正在成为变革的关键因素。在传统的广告和营销领域中，抓住机会利用自身强大的天赋和乐观精神对其产生意义深远的影响，这或许就是关键点所在。

以下是生态系统中来自三个不同阵营的案例：品牌高管、广告代理机构创新者和新生代。

企业领导力

安永灯塔研究所（EY's Beacon Institute）于 2015 年在达沃斯创建，目标是“通过科技改变商业”。他们通过各项活动、思想领袖和社区建设，来支持并促进企业创新，即“协调客户、员工和股东之间不断变化的期望值”。各行业的商界领袖认为：“最有效的执行团队能够心怀目标，通过战略构架、企业文化和领导力以及技术工具等，来革新商业中的所有要素。”

代理机构创新者

智威汤逊和红蜂媒体公司（Red Bcc Media）的前策划人乔纳森·怀斯（Jonathan Wise）和人类学家艾拉·塞尔特玛施（Ella Saltmarshe）于 2015 年 6 月在伦敦创办传媒实验室——“帮助广告公司做有益的事”。塞尔特玛施认为：

> 广告代理的存在就是为了对世界产生积极的影响力。在过去，这些代理机构一直秉持道德中立，但如今这种观念已有些过时了。我们目前所看到的是这些机构在不同世界的运作发生了改变。

新生代

在最近一期的 MediaPost 出版物中，《卡桑德拉报告》（*Cassandra Report*）的编辑主任梅拉妮·谢弗勒（Melanie Schreffler）在解释兴起的新生代现象时说道：

> 青少年希望能被当作成年人对待，而青少年消费群体正日益壮大。对品

牌而言，应当尊重他们并像重视成年人群体一样重视他们。他们能够看懂那些营销手段，不喜欢一味推销的公司。反而，随着青少年在日常生活和工作中的不断拓展，他们需要进入成年人社会所必备的新技能，而此时，品牌的帮助似乎就变得至关重要了。

从赞助比赛到开设暑假班，再到雇用品牌拥护者，品牌对于青少年未来几年的前景与梦想具有深远的影响力。对于这些年轻的品牌拥护者来说，没有什么比在他们喜爱的品牌公司工作更好的了。这样会让他们认为，公司和他们重视的是同一件事情，从而进一步加深他们与公司品牌的联系，让他们了解到自己在为未来提前做准备的重要性。

这种想法简单吗？不简单。能快速实现吗？可能没那么快。是否会有一些人对此进行质疑？毫无疑问，会有。但是想象一下如果成功了呢？是不是可以有某种潜能来激励人们一起实现？

思维模式 2

内容：从广告策划活动到每个接触点的价值创造

原有的广告模式是单向传播，广告商和公司精心制作了一则信息并推送给消费者，试图尽可能多地实现信息传递。而新的思维模式则采用双向互动的模式，在每一个接触点上产生品牌价值，进而影响到互动的每一个阶段。谷歌公司全球广告发展部总经理塔拉·瓦尔珀特·列维（Tara Walpert Levy）这样描述道：

> “2020 广告项目”应该看起来像一份意外之喜。人们应该按照制作优质媒体和 App 那样策划广告，因为只有这样，这个流程才会变得简单而更加程序化，进而激发消费者极大的兴趣，广告内容也将变得更具情感性和实用性。

广告真的会给大家带来惊喜吗？这真的是我们一直在寻找的方向吗？也许这种思维模式还未得到广泛应用，但是“2020 广告项目”团队的成员已经开始在思索了。他们认为广告的内容应该是在每一个接触点上所发生的价值互换。**品牌**

和个人之间的每次互动都可以被看作一次合作或服务的机会，可能会实现真正的价值互换。比如，可以用你更多的关注去换取广告的娱乐性；用你的时间去换取消费者的订单；用你的反馈去换取产品质量的提升；用你的数据去换取对消费者的个性化定制。如果我们站在消费者的角度来看，就会关注到具有巨大潜能的价值互换与创新领域。

当各方都从价值交换中受益时，他们就更愿意加入进来。当广告的思维模式更注重积极向上的增值体验时，消费者就会改变对一则广告的整体看法，从认为广告不怀好意、令人不愉快，到认为广告更有价值，并想获得相应的产品。Brilliant Noise 英国公司品牌服务总监伊莎贝尔·奎维利（Isabelle Quevilly）认为：“**广告之前被认为是垃圾。如今，它已然成了一种沟通模式**。”实际上，我们无须关注如何去扩展客户、说服控制消费者或引起消费者的购买欲望，而是应该多考虑我们为消费者提供的实际价值，这样他们才会主动地接纳某一品牌——不论是暂时认可或是永久追随。蓝色光标传播集团市场部总监马克·伯吉斯是这样设想的：

> 在“2020 广告项目”中，消费者和广告商将形成品牌合作。这一模式不同于传统广告，它不仅仅是时髦的集客营销①，而是品牌去扮演值得信任的顾问的全新角色。这样一来，通过价值内容的共同创造，品牌就能赢得消费者的信任。

广告商该如何构建有趣而又实用的体验让消费者自愿参与其中呢？例如，在过去几年中，澳大利亚艺术连锁酒店发现，客户并不太喜欢在上午 11 点退房。于是酒店在想，如果等到下一位客户需要房间时再让这位客户退房的话，会怎么样呢？这个非同寻常的想法改变了长久以来的行业规定，但也相当地吸引人眼球。最终，这个创意转化成了实际价值：客人退房前在酒店住宿的额外时间为酒

---

① 集客营销（Inbound Marketing），是指让顾客自己找上门的营销策略，是一种“关系营销”或是“许可营销”，营销者以自己的力量赢得顾客的青睐，而非传统广告方式去吸引顾客。——译者注

店增加了 80 000 美元的费用预算，却为酒店在订房率和额外提供的服务方面换来了高达 359% 的收益率。这个例子说明了以顾客为中心的创新的成功以及沟通彻底改变了游戏规则。

再举一个关于共创价值的例子——瑞典宜家家居。2012 年，该家居行业的巨头提出“租赁”场地的想法，即在消费者的家里“租赁”一个地方摆放和展示它们的产品目录。而参与者被鼓励通过在家里一整年都陈列展示宜家的产品目录，来每月换取在宜家消费的租金支票。这样一来，在计划实施的前八周，尽管宜家共投入了 130 万美元，但同期的销售收益却激增到了 3950 万美元——回报率超过了 3000%。这种跨平台的营销活动抓住了消费者的眼球（“把我们的产品目录带回家吧，我们为您付费”），并吸引潜在的消费者花时间去慢慢认识和接受该品牌。可以说是，当消费者签收了产品目录后，就实现了品牌的关键选择。

总体而言，人们如今已不再相信广告。为什么呢？这是因为消费者被告知“广告是一种零和游戏”，广告商为了说服消费者去购买他们的产品而夸大其词；尽管消费者获得了“免费的内容”，却也留下了不好的感受体验；**另外，消费者还被告知，广告的目的在于降低成本，增加公司利润，而消费者仅仅是活动的对象，他们的反应不会取得其他人的信任。但是果真如此吗**？当广告真的能实现价值交换时，消费者就可以自行判断是否要参与其中。品牌若要发展，就必须获得消费者的深入参与。

这也就是广告需要保持透明的原因。消费者不再接受那些虚假、没有事实依据的内容，或是那些用粗鄙的内容来博人眼球的做法。这类广告涉及的不仅仅是道德的问题，它们还无法在数字信息时代占据一席之地。正如作家兼企业家赛斯·高汀（Seth Godin）所说：

> 现今，不管企业想与不想，消费者都要知道真相。问题在于，企业对此是保密还是公开？我们相信，敢于公开透明的企业必将在这一方面做得更好。

我们认为品牌与消费者之间的沟通与联结应该是有趣的、积极向上的，具有很强的信用度，这样消费者才会自愿买单。

确实，在理想的世界中，品牌理所应当对其言行负责，应当通过共同协作来创造价值，从而获得一个积极的结果。而这就引出了下一个问题，“2020 广告项目”到底是 / 应该是什么，这里所说的“对象”又是谁呢？

思维模式 3

对象：从孤岛式的广告和营销到以人为本的多样化协作发展

过去所有涉及广告的制作、投放和接收都是有限的、固化的、孤立的。未来的广告将会实现跨领域的、以人为本的多样化合作。

我们之中有谁会成为未来解决方案的参与者呢？如果我们放宽视野（参见思维模式 2），那么问题也许就会变成我们应当不让谁参与进来？当目标和任务明确时，广告商在整个组织中不再是一个小小的单元。对于理想化的“广告的未来”而言，在链条的各个环节，各个领域的参与者都应当成为合作者而非对手。这也涵盖了现有和潜在的消费者，他们理应得到尊重和合理的对待。大卫·奥格威（David Ogilvy）讽刺道：“消费者不是傻瓜，你应该把他 / 她当作你的伴侣。”为扩展我们角色定位的思维模式，我们可以从摒弃只重视谁能创造价值的传统思维方式入手。广告的未来新模式应包括对所有参与者的个性化定制，而不是把他们一直当作达成目的的一种手段。要让消费者成为合伙人，比如，共同创造广告、一起策划、共同设计以及共同营销等，这对我们而言并不容易，因为我们早已习惯于在向消费者发布广告之前就将其加以润色直至完美。但我们也知道，这就是今天和未来现实的区别。伦敦 BBH 公司常务董事、BBH 实验室联合创始人梅尔·埃克森（Mel Exon）曾写道：

> 人人都是制片人。到了 2020 年，能够读写代码的一代人将成为主力军。虽然这不会颠覆我们对“有文化”的传统定义，但那些能够将信息（音乐、

新闻、小说、声音、视频和设计）转化为电子形式的工具将无处不在，并像黏土一样随意成型，容易操控，甚至可以进行3D打印，而且需要我们在一起共同完成。

要做到这一点，首先，我们应重新思考一些传统的概念，比如“创造性”。对于广告的未来，我们应认识到创造性想法和主动性可以来自任何地方，以促进其蓬勃发展。而来自不同领域的创造性团队是变革力量的基础。韩国最大的广告集团 Cheil Worldwide 的前创意执行总监托马斯·金弘泰（Thomas Hong-Tack Kim）认为：

创意执行总监需要和技术专家一样时时更新知识。我们必须转变最初由广告撰稿员和艺术总监搭配的这种组合，这样一来，每个人才能同时成为讲故事的人、媒体创造者和策展人。

在我们广播电台对话节目中，有一期是采访 R/GA 前全球首席创意总监尼克·罗（Nick Law）的，当他谈到关于耐克公司商业活动的创意时，他说道：“在公司的最高层面，R/GA 公司分为两大创意板块：讲故事板块和系统板块。”这两大创意板块是不可分割的，两者密切相联，把不同时空的人才聚集在一起，实现互利合作关系。

重新认识并评估那些固化的思维模式需要进行认真的自我反思。我们给各个部门起的名字是什么？它们如何创造收益？如果我们不考虑权益会怎么样？近年来，出现了很多新的职位名称，用以区分商业活动中出现的新角色，例如，首席敏捷官、首席内容官、首席体验官、首席创新官、首席成长官、机会创造者以及首席客户官等。但是即使是新头衔的出现，也不足以挑战传统的思维模式。

Vice 媒体集团旗下创意服务机构 VIRTUE Worldwide 首席运营官弗雷德里克·安德森（Frederik Anderson）写道：

当广告机构在采纳最新的创意方法（比如故事叙述法、内容创造、品牌建立、数字创新、产品和包装设计等）时，它们会让这一切去适应传统广告机构的组织构架和商业模式，一种分布在金字塔组织构架中、基于更小团队的模式。但这完全不是新的思维模式的运作模式。

能够在 2020 年获得成功的广告机构必定能够理解广告与创意之间的不同，并积极解决它们之间的异质性——要么是内容创新，要么制定新的规则。由于创新内容和重新制定规则之间完全不同，我们必须摒弃通用型的组织构架。这不仅仅约束创意团队如何协同工作，同时也会影响整个公司的组织构架和商业模式。

朗涛公司（Landor）前首席营销官、HA Roth 咨询有限责任公司负责人海斯·罗思（Hayes Roth），对观点进行了进一步阐述，他提出要挑战“广告代理商”这一传统概念：

如果广告代理商打算在未来的营销服务行业中保持领先地位——若非如此，它们必定远远落后——那它们现在就要重新考虑如何定位自己。“广告代理商”这个概念为人熟知，但也暗示它是单一业务，对于它们而言，市场营销的解决方案可能仅限于一份广告文案。但不幸的是，这往往是现今大多数广告代理商的真实想法。

因此，新的市场营销头衔和新的思维模式要求我们重新思考参与到广告生态体系中的每一个人的定位。**传统的传播模式不再存在，“广告商”“代理商”“媒体”或者“消费者”等术语也不再有效**。广告商曾经是所有信息的创造者，而如今及将来，“广告”的理念和内容将会来自各个领域的任何人。正如 Victors and Spoils 广告公司首席执行官约翰·温莎所说：“如今，网络联结的任何一个人都可以成为代理商、媒体公司，甚至只要有一台 3D 打印机，也可以成为生产商。”

如果一个人就能替代传统的传播模式，那么这对于定位品牌的新角色意味着什么呢？对于代理商、媒体公司和协作机构又意味着什么呢？**如果我们的产品研发团队包括参与者、支付方面的技术专家、社会人类学者和数据专家在内，那么**

我们的终端产品和接触点将会有多大的改变?

几十年来一直存在的称谓和头衔，或许已不再重要，实际上，这些传统的概念也会阻碍我们充分发掘创新潜能。

思维模式 4

地点：从实现目标到“何处”能够满足需求并被重视

“地点”通常是指通过有限的渠道获取尽可能多的客户。如今其意义已完全不同，品牌能够有机会被准确定位，去满足人们的需求，并最终被人们重视。

广告的未来中“地点”这个因素意味着人们有各种机会接触各种品牌，从而获得积极或消极的体验。这里涉及大量的接触点，不仅仅限于基本的媒介组合，如包装设计、客服中心、销售渠道以及产品本身。

在新的思维模式中，消费者可以以各种方式与我们接触，我们对消费者产生积极影响。**付费广告不应被排斥；不论广告和媒体付费与否都应是密切相联的整体**。正如马克·伯吉斯所说：“**到 2020 年，‘广告’将被重新定义，实现媒体的有偿、自有和盈利的真正整合。为了取得成功，这三个要素之间的区别不再清晰，各种因素都会融入新品牌中**。”我们应该扩宽思路、发散思维，帮助消费者认知某一品牌及其关系。

更重要的是，我们的世界是个互联的移动世界，“地点”不再是一个静态的概念。黑岩集团（BlackRock）总裁杰森·希尔（Jason Hill）认为：“**我们要为 2020 做好准备，品牌必须全球化——从战略规划到创意活动，再到如何策划购买媒体**。”我们将继续深化，把“无边界”的理念传播给消费者。这个因素需要考虑到消费者人群正迅速不断发展。也就是说，不管消费者在哪儿，业务流程接触点之间的结合都必须是持续不断的协同作业。那么，一个接触点如何无缝衔接地引发下一个呢?

技术的进步使广告的“地点”因素发生了变革。“移动”的概念帮助我们去思索，如何使坐在沙发上看电视的人去思考自己在日常生活中与他人相处的方式。这说明广告无处不在，越来越普及，也越来越智能。但是要超越现在，向人们展现未来的技术发展，我们需要暂时搁置“移动”这一思维模式，使“地点”这个因素的概念更加宽泛。

美国在线公司（AOL）近期的一项研究表明，营销人员倾向于把“移动广告”当作人们之间的联系纽带，包括工作中的人们、走在街上的人们以及旅途中的人们。然而，美国在线公司的研究发现，人们 68% 的移动时间都是在家里花费的，而他们花在其手机上的时间为 46%，即在家里或工作地点的“自我独处时间”。**当我们要睡觉的时候或者一觉醒来时，基本上都会查看手机。这就是我们所处的时代，人们的需求非常明确**。未来的广告中的“地点”因素跟“移动”的关系不大，更多的是关于现在和未来的多层面环境以及对实时位置的更深入理解。它们来自哪里？它们将要去哪里？为什么？在那里还会发生什么？

思维模式 5

时间：从频率到“何时”能够满足需求并被重视

“时间”因素这里指的是频率。目前的广告采用的是长时间“轰炸”，直到消费者最终能听进去一些，虽然这种方法确实能够展现广告商的成果，但是大多数情况下给消费者带来的负面影响会更多。奥美广告日本公司代表久保明彦认为：**“今天的消费者更擅长嗅出那些具有伪装性或自产自销的商业活动。这些活动会产生负面作用，实际上会导致品牌与消费者更加疏远。**”如果过于聚焦于某一事物，反而会产生较大的影响。

如今，广告的“时间”因素强调的是“时机就是一切”。时间一直是各类关系中的主导。但是它们背后的按需技术及其计算能力能够传递和参与到正确的时机中来，从而使得每个接触点的利润不断上升。这种模式在任何地方都是有用的。我们在世界各地的需求都会有了统一的标准。在另一些消费者期望获得持续满足的地方，也会存在相应的价值模式来实现需求和认可。随着时间的不断推移，良好的互利价值也会不断提升。

跟广告的“地点”因素一样，“时间”因素也需要对人们的喜好和倾向有一个透彻的了解，以便在“合适的时机”提供人们所需的信息和体验。传统的控制消费者的广告思维模式认为，广告具有入侵性和干扰性。在这种思维模式中，消费者不愿看到广告商推送的东西，所以，广告商要么通过欺骗的方式，要么强迫人们去看。圣约翰广告公司（John St. Advertising）总裁 / 合伙人亚瑟·弗莱施曼（Arthur Fleischmann）认为：

> 传统的广告以干扰重复性模式为基础。我们期待的是时机和覆盖面。传统的营销人员就像个任性的孩子，期望着如果广告发声的次数够多、声音够洪亮，就能够博得他人的关注。
>
> 如今，消费者在很大程度上会影响到企业营销活动的成功与否。消费者能够对品牌进行评论、创造和共享，并将信息通过各种媒介传播——从电视到视频网站 YouTube；从 YouTube 到交友网站 Twitter 或者短信——在信息传播过程中进行转化、优化甚至诋毁。

思维模式 6
方式：从广告活动到价值创造的整体动态生态系统

如果广告活动的目标过小或影响力较小，那么它将被通过网络协作持续进行创造、赋能和传播的基础设施所取代，那将会发生什么呢？简而言之，它会更加带有刻意性。因此，我们首先要考虑情商因素，然后再增加智商因素。我们周边有很多情商和智商都很高的人，我们只是没有去支持或鼓励他们罢了。

传统的广告“方式”只是所谓的成功的营销活动，通过媒介公司进行组织。**而广告未来的新“方式”则是在每一个接触点都能够成为实时获取信息的基础设**

施。这样，每个接触点既保持了各自的独立性，同时又能进行多方位（与消费者、品牌管家等）合作，甚至实现“病毒式传播”（赢得社交媒体的支持）。在理想状态下，它是通过几个相关维度相互作用而形成的：文化、社会政治、区域性、本地化、超本地化以及个体化。它既有基于持续不断完善的算法等自动化因素，又兼具创新、自主与协作等非自动化因素。Townsquare 传媒公司的马克·斯图尔特（Mark Stewart）写道：“**在 2020 年，广告从‘干扰消费者’发展到‘为消费者服务’，消费者的智能手机将集所有个人用户媒体、社交、位置、支付行为和隐私偏好于一体，通过所有的互联设备发送与商业信息高度相关的智能广告。**”

通过技术赋能、决策支持以及付诸行动实施设备，业务流程不再是由一个人（命令和控制模式）完成，而是由社群来共同完成，它们将以创建令人信服的品牌为目标，实时反馈消费者的信息和参数，以确保品牌的凝聚力和价值。Rocket Fuel 公司的艾斯沃·白兰妮（Eshwar Belani）解释道：“**实时智能将驱动消费者的每一次互动，以激发他们内在的兴趣和采取行动的渴望；并通过消费者与品牌跨渠道之间的互动，来持续改进双向对话的效果。**”

最后一点，也是最关键的，“方式”因素是**整个过程中最有创造性的**。它不是某一独立的准则或称谓，而是一种文化，能够让所有参与者一起来利用和分析数据互相告知、互相激发并超越彼此。邓肯品牌公司全球营销和创新总裁约翰·科斯特洛说：“我们正试着让创新融入每个人的工作中去，以营造出创意的工作环境，并鼓励人们勇于冒险，挑战极限。”

创意和数据是伙伴关系而非对手，公司的每一位成员都可以实现它。

科技的进步为我们提供了新的视野来观察人们的行为与目标是否一致。**对广告而言，应该基于这些整合理念来设计并构建共同创造的平台，以便不论它们何时何地出现，我们都可以培养和识别这种创造力和创新力。**这些我们也已经在前面的章节中详细地阐述过了。更重要的是，我们不得不接受传统的传播模式已经受到前所未有的挑战，不太可能在未来流行的事实。

新词汇：新对话和新步伐

当然，思维模式的强大作用并非在于其在我们头脑中的一成不变，而是在于它对我们的言语和行为选择的影响。不妨想一想，新词汇指导你的言语和行动，而你自己的思维模式同时也在渐渐塑造着别人的思想（如表 2–2 所示）。

表 2–2　“广告的未来”中的新词汇

从	至
活动	主动性
内容	内容实质
说服	激励与赋能
销售	服务
寻求忠实度	赢得信任
干扰	最佳 / 可选解决方案
特征与利益	品牌在人们生活中所扮演的角色
品牌差异	品牌特殊性
员工	品牌形象大使
人才	品牌管家
消费者（目光短浅）	人群（生活）
广告活动	价值创造主动性
直接反应	可操作交流
大数据	可操作见解
成功 / 失败	学习

当你开始朝着新的方向前进时，务必与现有的合伙人或潜在的合伙人一起“花点时间”，来评估思维的当前模式并预测其在未来的情况。在合作之前，务必要先讨论我们目前所采用的思维模式以及未来需要改变的可能性。

为了适应和利用快速发展的机遇和挑战，我们需要重新定义广告。当我们思维模式的“对象、内容、地点、时间、原因和方式”因素受到挑战时，我们就有必要一起开始设想并创造广告的理想化未来。

实践案例

挑战你的思维模式

聪明浮标——澳都斯（Optus）电信公司
代理商：尚奇广告有限公司（M&C Saatchi）
戛纳国际创意节：2015 技术创意应用金奖

目标 / 待解决的问题

澳都斯公司是澳大利亚最二大电信公司。为了提高消费者对其品牌的认知，澳都斯公司希望向消费者展示其利用互联网所能做的一切事，从而创造出奇迹。

方法

澳大利亚是世界上发生鲨鱼袭击人的事件最多的国家——是其他国家的四倍之多。其预防措施主要依赖于探测，但是现有的方法却收效甚微。在此背景下，澳都斯公司发明了“聪明浮标”——是一个利用澳都斯公司现有技术和人造卫星系统而制造的鲨鱼探测系统。当“聪明浮标”探测到鲨鱼时，澳都斯公司的电信网络就会及时通知提醒救生员。这些网络上的数据也可以与科学家和其他研究者一起分享。

经验和观察

澳都斯电信公司挑战了他们原有的广告的思维模式。利用自身的技术和产品给消费者留下了实用而又深刻的影响，为其品牌宣传实现了多赢的结果。

引自：2015 戛纳国际创意节奖项

关键点

Beyond Advertising

Creating Value Through All Customer Touchpoints

思维模式在我们的生活中不可或缺，帮助我们理解世界。但是思维模式也会阻碍、制约我们探索的勇气。

世界是动态的，不是一成不变的，我们的思维模式也应随之改变。当然，“改变”也并不意味着都是好的，但是，如果没有意识到这一点就贸然拒绝改变，那将会是很危险的。

传统的广告思维模式已达到一个临界点：世界科技和社会的发展已经超越了它们。如果不改变现状就意味着我们会让自己倒退。

挑战思维模式，我们必须反省自我并有所追求：我们必须忘掉那些“既有资源”，认为凡事皆有可能。未来的广告应该是相互协作、互相尊重、相互欣赏，有价值而又鼓舞人心的。

本章所提出的挑战思维模式的五大因素——“对象、内容、时间、地点和原因”帮助我们揭示了既定思维的本质。但是思维模式是属于我们自己的，能否继续超越取决于我们每一个人。

AD

Beyond Advertising

第二部分

突破广告业，创建新模式

Creating Value Through All Customer Touchpoints

到 2020 年，广告将从附加元素变为产品和服务体验中无形的、让人兴奋不已的，同时又不可分割的一部分。

卡尔·艾萨克（Karl Isaac）

Adobe 公司品牌战略和创新负责人

AD

鉴于改变的速度、幅度和影响力越来越大，广告商、市场营销人员及其同事，以及组织外部的合作伙伴（在第一部分中有介绍）都在寻找新的方式，以突破被动反应的模式。关键在于，我们不再关注当前的方法和参与者存在哪些错误，而是让我们沃顿商学院广告业的未来项目创新网络纳入“理想化设计”的实践当中。简单来说，就是我们请执行高管层、学术界、下一代和其他人共同来思考：**“根据你们对当前情况的了解，广告业在 2020 年应该 / 可以是什么样子的**？”

我们大家群策群力设想了一个未来。这个未来将拥有全新的思维模式和方法，可以帮助广告商、它们的组织、它们的合作伙伴以及它们的受众来创造更高效和更理想的结果。我们给这个设想取名为**“全接触点价值创造模式”**（All Touchpoint Value Creation Model），即**对企业及其网络内的人员、企业希望能覆盖和服务的人员，以及企业运营所处的社会和文化等之间的所有接触点的价值创造，进行不断地协调、组织和优化，让所有接触点都能协同发挥作用**。

如图 II–1 所示，全接触点价值创造模式共有四大核心要素。

欲创共赢，协作共享

对所有接触点进行协调组织的目的就是为**各方创造最大的价值，创造多赢的结果**。这个目标的重点在于它不是传统意义上的慈善，而是放弃部分利润。不过那种慈善方式可能仍然会是整体战略的一部分。当然，这一目标也没有忽视销量、营收和利润是成功的重要指标这一点。它只是指出，在新世界里，如果你要将成功的理念进行延伸，不仅仅包括利润和销量增加这些指标，那么你就可以为自己、品牌管理者，以及当前和潜在的顾客创造更大的价值。

成功意味着特定接触点和每个接触点之间的所有相关各方都能创造价值。

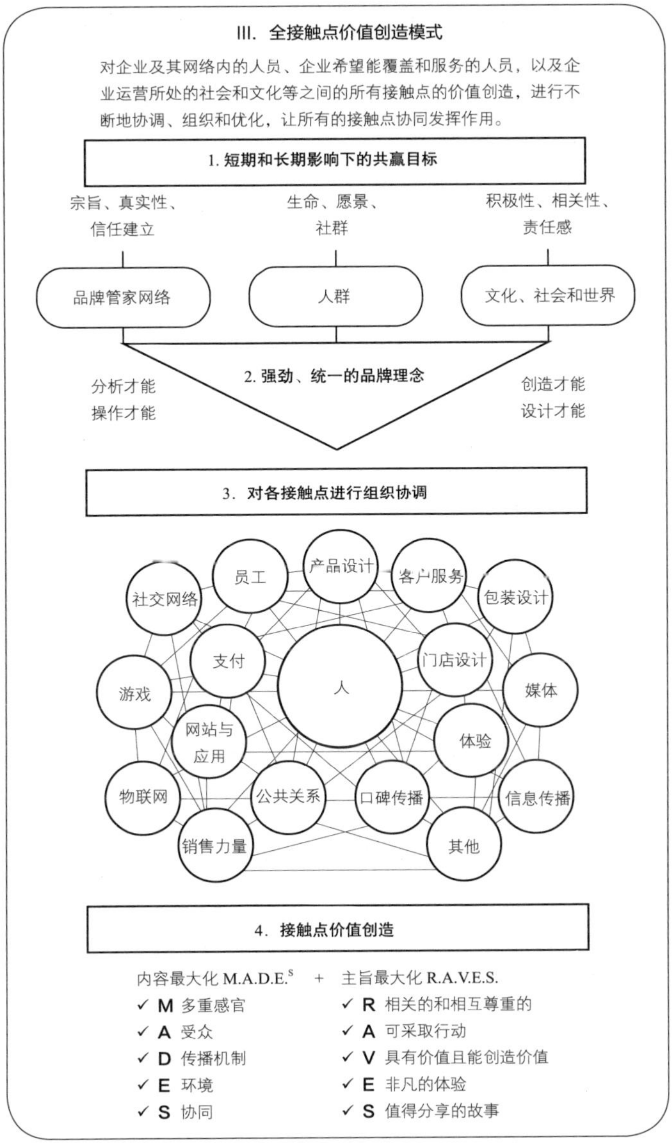

图 II–1　全接触点价值创造模式

协调组织各接触点之间的价值创造

为了能大幅提高效率，品牌应对各个接触点进行协调，合理分配资源。接触点是指个人与品牌打交道的每个地方，其中包括那些广告和市场营销范畴之外的地方。所有的接触点必须谱写出和谐的交响乐，但最重要的一点是，它们也允许并鼓励每个接触点进行即兴创作。整个组织必须拥有统一的目标。截至目前，耐克、苹果和沃比帕克眼镜（Warby Parker）等公司仍然是这种模式的先驱，它们拥有丰富的经验教训。不过，我们也提供了其他品牌精彩有趣的例子，供大家学习参考。

从本质上来说，接触点是一种互动，在这个过程中会存在信息流动，并会产生数据。这些数据有待捕获、利用和保护。接触点很少是单向的，而且单向的情况越来越少。人们都希望能根据每个接触点和接触点之间所发生的事情来加以学习和调整。

覆盖每个接触点的 R.A.V.E.S. 内容指南

我们在第 1 章中介绍了五大变革力量。正因为这五股力量，所有相关人员都应该确保每个接触点提供的内容是大家所希望的，也是大家所欢迎的。人们会选择性收看、收听或体验哪类内容呢？通过整理提炼我们“2020 广告项目”合作者的答案，我们制定了各接触点内容最大化的 R.A.V.E.S. 指南：品牌和人员的每一次交道都可以、也应该是相关的和相互尊重的、可采取行动的、有价值的且能创造价值的，并且能提供非凡的体验和值得分享的故事，参见表 II–1。

表 II–1　　　　　R.A.V.E.S. 内容指南

	内容最大化 R.A.V.E.S.
R	相关的和相互尊重的
A	可采取行动
V	有价值的且能创造价值
E	非凡的体验
S	值得分享的故事

赫德咨询（Herd Consultancy）公司顾问、战略家、作家马克·伊尔斯（Mark Earls）和 Smithery 公司创始人约翰·威尔希尔（John Willshire）共同描绘了广告业的未来，充分体现了上述思想。图 II–2 介绍了他们所描绘的未来。

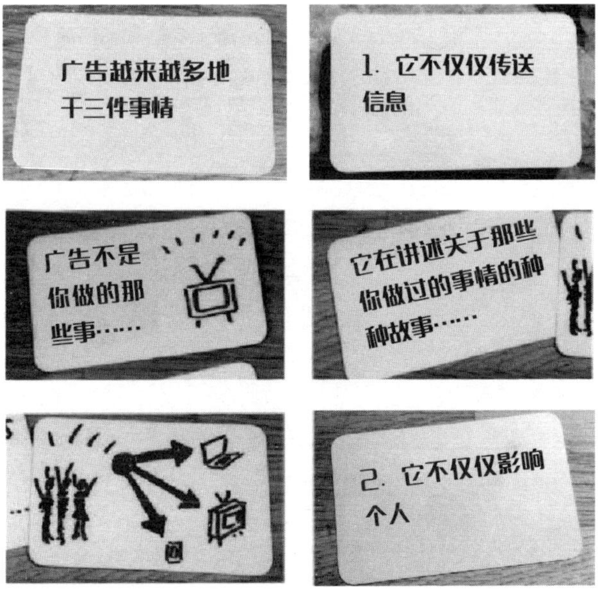

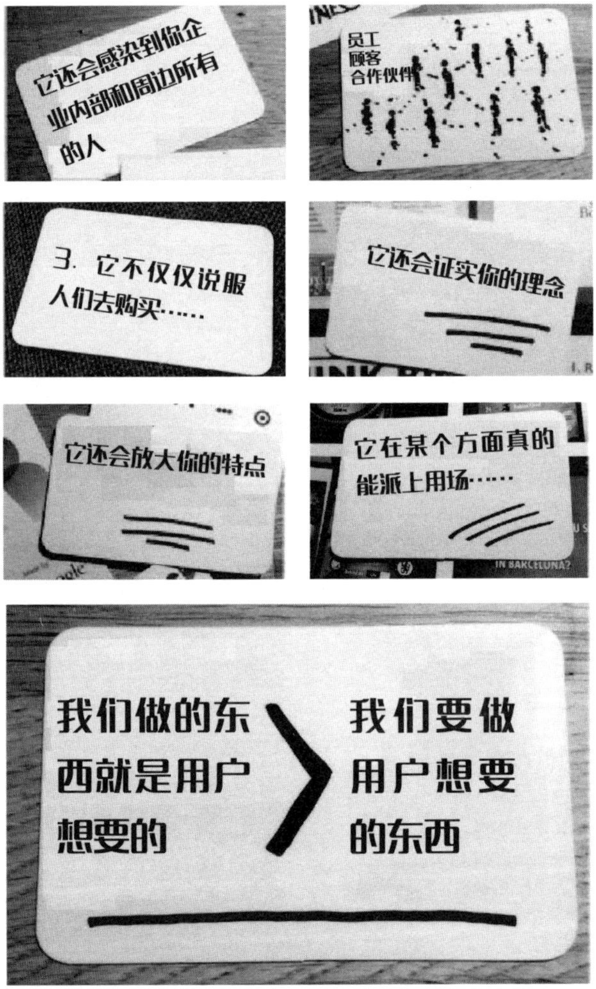

图 II–2　我们做的东西就是用户想要的 > 我们要做用户想要的东西

充分利用场景的巨大力量的 M.A.D.E.^{s} 指南

媒体的数字化转型和重新定义，移动和联网设备的广泛覆盖，平台不断更新的功能性，以及日益增加的强化体验的机遇，所有这些都让人们可以在对日益丰富的场景因素进行全面考虑后，再对每个接触点进行设计并加以利用。由此也就有了 M.A.D.E.^{s} 指南。我们之所以制定这个指南，是因为我们要为我们的项目参与社区提供指导（参见表 II–2）。每个接触点都有机会调动我们所有的感官，在情绪、模式和环境等方面赢得受众的共鸣，以契合其传播平台的特色和运用，融入或从不断变化的动态环境中脱颖而出，并协同强化其角色以及与其他接触点之间的关联度。

在接下来的章节里，我们将分析全接触点价值创造模型中的每个组成部分。正如我们所描述和宣传的这个未来愿景，每位读者必须针对自身的特殊情况和目标来对这些概念进行定制化，并且开始尝试这些创新方法。该模型的各个元素将会引导这些创新方法的实践和运用。

表 II–2　　　　M.A.D.E.^{s} 指南

	背景最大化 M.A.D.E.^{S}
M	多重感官
A	受众
D	传播机制
E	环境
S	协同

Beyond Advertising

AD

第3章

欲创共赢，协作共享

> 那种生产垃圾产品、对顾客大肆宣传的时代正在消亡。这类业务很快就将成为空间垃圾。
>
> **马克·波拉德（Mark Pollard）**
>
> *爱德曼国际公关公司纽约分部执行副总裁兼策划总监*

在这一章中，我们将为你呈现广告业未来五年内发展的最佳模式。我们的作者团队既要摒弃当下广告业专制、混乱的局面，同时也不能过于理想化，使得最佳模式看上去太不切实际。

如今，很多观点发生了根本性的改变。可以看出，很多人正在朝这个方向前进并进行投资；我们也有所耳闻，很多人正致力于分享和传播这种观念。比如，Genius Steals公司的创始人和负责人法瑞斯·雅各布（Faris Yakob）曾写道，未来的广告会：

1. 定义更加广泛；
2. 用创造性方法来解决商业问题；
3. 将创造力商业化；
4. 尽可能地拓展广度；
5. 不仅仅是针对现有商家的拓展与分布；

6. 有各种各样善于思考的人，有理念、善表达、能执行各种不同以往的概念；
7. 尝试战略性实验；
8. 清楚技术只是一种媒介；
9. 艺术品及其复制品并不是唯一的创意元素；
10. 自 Arduinos① 创建以来，它及其代码可以解决很多问题并获得关注；
11. 愿意去帮助他人，而非仅仅向他们兜售产品；
12. 尊重每一个人：顾客、客户、实习生，以及彼此；
13. 同时要期待着让企业文化增值；
14. 要时刻保持友善、执着、充满智慧、热情和好奇心，对他人礼貌；
15. 有大量的好创意和妙点子。

令人难以置信的是，我们作者团队中的大多数人都强调在人们的日常生活中以及世界范围内，品牌广告应该拥有一个全新的、更高的目标定位。**他们同时还强调了在品牌目标与那些寻找影响力的人的目标、文化、社会以及他们所生活的世界之间，加强合作的重要性**。当所有的接触点被等同起来时，这种预期的关系不仅会将广告行业联系起来，甚至还联结到了广告之外（如图 3–1 所示）。

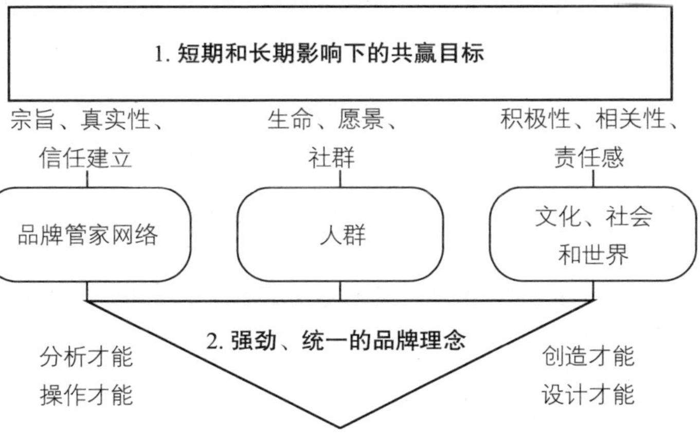

图 3–1 共赢的统一目标

① Arduino 是一款便捷灵活、方便上手的开源电子原型平台，其包含硬件（各种型号的 Arduino 板）和软件（Arduino IDE）。它适用于爱好者、艺术家、设计师和对于“互动”有兴趣的朋友们。——译者注

需要明确的是，这并不是某些利他人士所信仰的乌托邦式理念。不可否认的是，变革的因素正在刺激整个社会——正如本书第一部分中所说的那样。而创新模式如何面对当下巨大的挑战，本书有更多值得信服的论据加以支持。归根结底，就是要更好地理解他人、欣赏他人和尊重他人——不仅仅是“消费者”，也不仅仅是“人才”和“员工”，而是作为人类的我们。**如果我们能够找到具有深刻意义且值得信任的共同基础，那么世界将会融合进更多的美好，对于个人和企业来说，结果也将变得更好**。而这一结果就是：人们生活得更好，商业变得更强大。

伦敦 BBH 公司常务董事、BBH 实验室联合创始人梅尔·埃克森谈道：

> 共赢平台说来也很简单，就是品牌、品牌用户和第三方通过策划活动联结实现共赢。今后，类似三赢的品牌策划活动会越来越多，比如美国运通公司发起的“小商家的星期六”，谷歌公司发起的“未来会更美好”活动等。网络加速了这种良性循环，并将之进一步深化，比如协同消费和共享理念，由此而诞生的类似平台有 Spotify、奈飞公司、美国第二大团购网站 LivingSocial 、Airbnb 以及网上租车公司 Zipcar 等。毫无疑问，共享经济将会打破现有的商业模式和营销模式，或者说，至少为我们提供了更多的选择。
>
> 现在需要做的就是：重新构思品牌合作关系和产品的生命周期。我们的品牌和用户有没有很好地得到匹配？或者，我们能提供一种有偿服务，不直接兜售产品，而是帮助用户进行有效的分享或借贷吗？

合作共赢的需求也会随着那些拥有越来越多自主权和质疑权的人群而出现（我们在第 1 章中介绍过）。美国弗吉尼亚联邦大学品牌中心创意品牌管理教授兼主席凯利·欧基夫（Kelly O’Keefe）解释道：

> 到 2020 年，广告业将会更加令人尊敬、更加令人信服，更加注重品牌接触而非品牌声音。
>
> 如今的广告业正面临着重重挑战，充满质疑的客户单纯地认为广告行业

缺乏职业道德，与广告有关的工作都靠不住。而在整个广告界，我们经常不得不尴尬地面对业界给出的道德低分，但是，有些开明的商人无法忍受行业蒙羞，他们立志要采取一些行动来改写这一现实。到了 2020 年，我们将会看到商家与客户之间越来越多的直接和真诚的交流沟通；我们将会看到越来越多的品牌转向叙述真实的故事，传递有价值的体验；我们将会看到越来越多的商家在不断提升自己的道德底线。

所谓的“千禧一代”将从新兴代转变为主导（按理说已经发生了）。他们对于品牌的要求定位更高。他们信任 Airbnb 超过了希尔顿酒店；信任优步打车应用超过了赫兹国际租车（Herz）；信任众筹平台 Kickstarter 超过了花旗银行。甚至，婴儿潮出生的那一批人也开始追随千禧一代的步伐，像他们一样吃更多的有机食品，更愿意骑自行车，并在城市度过晚年时光。

正如 Dstillery 公司数字智能部高级副总裁布莱恩·德亚历山德罗所说的那样，我们生活在同一个生态系统中，呼吸着同样的空气，这是防治污染最有效的因素：“**在我读研究生时，我学习了动态生态系统的相关数学知识。通常得出的结论是，系统中各组成部分的目标越一致，系统就发展得越健康。到 2020 年，在最佳的广告生态系统中，供求激励将与消费者激励相统一。人们愿意拥有美好时光——广告生态系统将会提供这份美好。**”

品牌管家网络

这种模式新的统一目标在于，以一个更加全面的视角来看待品牌，品牌背后的机构（公司、政府、非营利组织等）及其管理者。我们选择“管家”这一词汇来代表这么一群人：他们服务于品牌，研究洞悉供应商；他们既可以是组织成员，包括员工、代理机构、媒体公司以及广告技术公司等，也可以是努力推进品牌发展的任何人。

Corktown Seed 广告创意公司联合创始人马尔科姆·罗伯茨（Malcolm

Roberts）从广告代理机构的角度谈道：

> 最终，最成功的传播代理当属品牌管家网络。它们将与所有的利益相关方建立起关系——无论是内部还是外部——都能保持一种深远且持久的关系。它们还将融合科学与艺术，去揭示其间深刻的洞见，进而深入且个性化地去与目标对接。当然，除了消息通知、娱乐休闲、意外惊喜以及激励措施等功能外，“管家”还设定了更高级别的功能，以满足未来的消费者越来越复杂的需求。最好的传播代理将会认识到品牌构成部分中不可避免的关联系统；它们将会放弃一己私利，而利用品牌的力量为全社会搭建便利之梯。

我们所描述的四种基本元素，是针对品牌本身以及那些正在打造品牌、宣传品牌的人们（员工、代理机构、合作者）：

1. 确立一个明确而始终如一的宏观目标。

> 企业应该如何为消费者提供服务？
>
> 马克·波拉德
>
> 爱德曼国际公关公司纽约分部执行副总裁兼策划总监

2. 建立可靠性和权威性。

> 品牌的可靠性取决于员工通过各个渠道来吸引新顾客，并影响现有顾客忠诚度的能力。不论是大型机构还是小型组织，非营利性组织或是私营、公共机构，其利益都将从其员工个人所传达的品牌信息中获益。
>
> 茱莉亚·格麦茨（Julia Gometz）
>
> 《品牌劳动力》（*The Brandful Workforce*）一书作者

3. 在思维、语言和行为方面建立信任。

> 信任决定一切。广告总是与信任紧密相关，当前，尽管营销者和广告商的某些行为有可能导致了广告行业的名声不佳，但不管怎样，游戏

才刚刚开始。社交媒体和实时联结已经推动了新时代的到来，新时代将围绕着价值观、激励、行为举止和规章制度而变得更加透明，更易于察觉。优秀的营销和广告就意味着，要承担其整个组织价值链中的责任，并尊重整个社群。

马克斯·卡勒夫（Max Kalehoff）

SocialCode 公司首席营销官

4. 与品牌管家同行。

品牌不再是我们“强推”的一件事物，而是由围绕某一共享价值体系而联结在一起的人们所组成的社群。我认为，广告商未来的工作将会是成为这些价值体系的代管人，并代表客户与这些社群建立起一种自然的关系。

凯文·艾伦（Kevin Allen）

rekap 公司创始人兼首席执行官

认识自己：确立一个明确而始终如一的宏观目标

清楚地了解品牌及其背后的公司代表着什么非常重要。MePlusYou 公司首席执行官道格·莱维（Doug Levy）提出：“自我反省很有必要。”

你公司的宗旨是什么？这不是一个快问快答，也不是随意喊个口号。为了挖掘品牌的目的，“品牌管家们”必须深入研究是什么激励着他们，以及他们在向世界推出的产品中扮演了什么样的角色。例如，家具巨头宜家家居公司表示，它的品牌目标是：“为大多数人创造更加美好的日常生活。”

Cole & Weber United 公司董事长迈克·多尔蒂（Mike Doherty）是这么形容的：

……在这个不断变化的世界，品牌必须非常明确并专注于自己的定位。

身处这个建立名望以及不断变化的世界中，品牌营销者及其代理机构在哪里和如何将自己的品牌带入人们的生活中，将迅速变得碎片化。如果一个品牌没有一个明确清晰的关注点，那么它就丧失了存在的意义。

在当今的音乐圈，同样可见一斑。今天 Lady Gaga 及其经纪人推广品牌的方式，跟麦当娜及其经纪人 30 年前创建品牌的方式完全不同。Lady Gaga 的团队不仅管理着她的音乐、影像、书籍、巡演、电视出镜、特别节目和电影，而且管理着 Born This Way 基金会①、品牌产品、Haus of Gaga②、合作品牌（宝丽来、尼克拉·弗米切提、巴尼百货、“魔声”有线产品）、网站、Facebook、Twitter 等领域。团队会在粉丝网站如 gaganews.com 发布一切跟 Lady Gaga 有关的日常内容，所有的这一切都专注于打造 Lady Gaga 的品牌。

有些东西很难改变，Lady Gaga 就是个很好的将创意思想转化成金钱的例子。要成为一名成功的营销者，不但需要智慧，还需要拥有犀利的眼光、巧妙的创意以及高度的执行力，这样才能将一切变为现实。而通常大家很难做到这些。

Big Spaceship 数字化代理公司品牌战略副总裁迈克尔·波拉德（Michael Pollard）说道：

企业应该如何为消费者提供服务？行为经济学家已经反复证明了一点，即有目标的企业做得比那些只关注于“股东利益最大化”的企业要好。如果一家企业的文化和宗旨就是为了赚钱，那么其品牌的核心和单一概念主张在公司信念和行为非常透明的世界中就显得毫无用处。

KIND 公司向全世界证明了目标明确清晰且始终如一的重要性。它们的宗旨很简单——“经营比利润更加重要”。善意得以以多种方式进行推广——从通过健康饮食善待自己的身体，到对待他人善良友好。同样，KIND 公司的经营也反

① Born This Way Foundation 是 2011 年由 Lady Gaga 及其团队成立的非营利性基金会。——译者注

② Haus of GaGa 是用来形容 Lady Gaga 的幕后创意团队的美称。——译者注

映了这一宗旨。在广播节目《市场营销实务》（*Marketing Matters*）中，我们采访了KIND公司执行副总裁丽萨·曼恩（Lisa Mann）。曼恩讲述了KIND公司在旧金山的一个区域营销案例，该团队在中心商务区搭建了一道鲜花墙。“我们给每个人分了两个KIND能量棒和一朵鲜花，”她说，“他们为自己保留一根能量棒，然后将另一个能量棒和那朵鲜花送给了别人。”**尊重人们的慷慨仁慈反映了一个品牌的核心价值，也可以看作一种首创精神的方式：人们面对面，以诚实、人道的态度相互交流**。而这种模式，不仅仅是一个广告宣传，不断鼓励消费者坚持“行善”，而且它更能反映出一家企业的真正价值。

可以看到，越来越多的公司开始将这些理念融入与消费者以及员工的日常关系中。拿B Corps公司来说，这是一家价值日益凸显的第三方非营利认证机构，它通过为营利性企业证明其社会记录以及环境责任与透明度，来为其颁发B Lab第三方认证。

做真正的自己：真实可靠、权威可信

旧的思维模式将广告和企业完全剥离。在过去，一提到公关部门，大家通常想到的是歪曲事实，不能披露内部运作的信息，等等。在走廊、会谈、大型会议和电话会晤中真正发生的事情，可能不同于它们所创建的公众消费形象。

相反，未来广告的新模式却有着非常明确的方向。不要试图掩饰你不能做的，或者至少让别人看出你在为之努力进取。不要用广告来粉饰你的实际作为和真实模样。**确保你所说的、所做的、所购买的和所支付的都很容易查到；确保可以拿出足够权威的证明文件**。事实上，你应该以自己为荣，以自己所做的事情、所提供的服务为荣——而不被外界干扰，不吹嘘夸大，也不会浮夸分心。

下面是“2020广告项目”合作者的一些看法和见解。

“真实性”通常是社交媒体的一项基本原则，网上人群能够很快嗅出任何虚假的事情。

约翰·M. 乔丹（John M. Jordan）

宾夕法尼亚州立大学斯米尔商学院供应链与信息系统系实习教授

当然，双方都有既得利益，但是，当双方取得信任之后，故事分享的确可以发挥最佳效果。

西蒙·道斯顿（Simon Dolsten）

Momentum Worldwide 公司文案撰稿人

今天的人们希望拥有自己的品牌，并将其作为自己身份的象征。而形象广告正在破坏这种真实性。

罗恩·沙哈尔（Ron Shachar）

以色列荷兹利亚跨学科学院（IDC）阿里森商学院教授

真实性作为一种商业价值正备受瞩目，也将持续受到人们的关注。在 WFoA 的每月广播节目《市场营销实务》2015 年 6 月的一期节目中，我们也和相关人进行了探讨，其中包括：希尔顿国际酒店商业服务部执行副总裁杰夫·迪斯金（Jeff Diskin）、邓肯品牌公司全球营销和创新总裁约翰·科斯特洛、TD Ameritrade 公司招聘与人才引进计划首席营销官丹尼斯·卡科（Denise Karkos）等。在整个谈话中，品牌真实性一直是大家热议的话题：每位首席营销官都认为“真实可信”对于品牌来说至关重要。这不仅仅是为了维系良好的客户关系，还关系到人才招聘：人们首先要信任自己公司的产品，才会信任自己工作的地方。

同样，商业的真实性近年来也是学术研究领域的一个热议话题，宾夕法尼亚大学的帕梅拉·提伽登（Pamela Teagarden）在其 2012 年的博士论文《真实的组织机构：进取型企业的原生文化之道》（*The Authentic Organization: The Tao of Positive Business in an Anthentic Culture*）中提道：“通过重建员工的参与度，推行原生文化，以公平公正的方式进行绩效考核，员工的积极性就会有很大的提升，自然也就带动了企业经营的蒸蒸日上。”

与“真实”如影随形的便是“权威”：你的品牌站得住脚吗？你能滔滔不绝地讲述自己品牌领域内可能涉及的知识、经验和专业技术吗？英美两国的网络广告监管局（Internet Advertising Bureau，IAB）对本土广告进行调查发现，在内容营销和本土文化中，“权威”是广大受众最认可的一项关键因素。很多 B2B 品牌通过展示其先进的技术以及专业策划和管理内容的能力，来吸引客户以及一些未来的员工和合作者。近来这样成功的案例有不少，例如：美国 GE 公司、美国 IBM 公司以及德国 SAP 软件公司等。

对待他人：构建信任

需要明确的是，真实并不意味着完美。我们当中有谁没有犯过错、没有缺点、没有失败的尝试、没有受过挫折呢？不但是人，企业也如此。这就是构建信任如此重要的原因。**事情需要我们一件一件花时间去做，绝不是空口说说而已。而信任的建立更需要我们不论身处顺境还是逆境，尤其是在压力和危机的时刻，更要坚持不懈地去努力、去坚守，才能达成。**坚持选择，坚持行动，然后一鼓作气去完成。毫无疑问，对于品牌管理人和为品牌服务的那些人的生活来说，需要将这种思维和文化从最基本的层面灌输给所有人。

“2020 广告项目”的许多合作者就构建信任分享了自己的看法。

> 我认为，在价值交换中，可持续的经济关系是建立在信任的基础之上的。我们曾试图通过控制经营过程中的每一个细节，以及只关注短期交易的总价值，来提高经济关系的效率。相互影响论在短期内的确有助于高效地实现这些，但最终还是要回归到发展信任的过程当中，而这一切则是以交换价值——人们的参与作为基础的。
>
> 克里斯·肯顿（Chris Kenton）
>
> SocialRep 公司创始人兼首席执行官

有些企业仍然深陷“消费时代”的观念中，它们常常把信任误认为是一种影响交易的因素。它们把信任当成达成目的的手段，甚至很多企业在信任刚刚开始积累的情况下，就迅速挥霍浪费了。

尼尔森的一项调查发现，92% 的人相信个人推荐，只有 29%～47% 的人相信广告。消费者之所以相信个人推荐是因为这种推荐是建立在人际关系基础上的。在“关系时代”，企业能够与客户建立起更深层次的关系，从而将信任提升至更高层面，实现更多的交易。

道格·莱维

MEplusYOU 公司首席执行官

一方面，随着公司越来越透明，公司的实际行动与其向外传递的信息经常会被人们拿来做对比：这就意味着，它们所做的变得和所说的同样重要。而且“行为”涉及的范围将会越来越广。例如，公司是如何对待员工的（苹果公司、耐克公司）？公司是如何对待环境的【美国孟山都公司（Monsanto）、英国石油公司】？公司的产品安全可靠吗【美泰公司（Mattel）、日本丰田汽车公司】？对于与经营无关的社会热点问题，公司的立场又何在【福来鸡连锁餐厅公司（Chick-fil-A）】？公司是为社会服务，还是仅仅考虑自身利益呢（华尔街）？

在广告业，每家企业就像一家透明的玻璃工厂一样，品牌的创建不仅仅是广告的某项功能而已。企业的任何行为或是言论都会对其品牌的建立产生巨大影响。若想要在未来的广告行业中取得成功，企业不但要认识到这个事实，而且必须要积极地去接受这个事实。

这样一来，是否意味着广告将变成检验企业行为标准的清单了呢？当然不是。比如，就某件事而言，消费者在意却没有太多的时间去关注它。而消费者对广告的注意持续时间也越来越短了。而且，如果过去采用了 57 种广告宣传渠道而收效甚微，那么现在即便将使用的渠道数增加到原来的 1000 倍，结果依旧如此。人们要是对你所传达的信息不感兴趣或提不起劲儿，做什么都等于是白费工夫。

> 另外，消费者与企业之间的双向互动将成为常态。消费者会通过互联网开放的窗口发表言论（或者宣泄不满），明智的企业会选择倾听与回应（如星巴克公司利用 MyStarbucksIdea.com 网站听取意见）。所以我们说，企业不仅仅是一个透明的玻璃工厂，它更像是一个透明的玻璃房子。
>
> 琳达·雷斯尼克（Lynda Resnick）
>
> Wonderful Company 公司副总裁兼股东
>
> 肯·扬雷布（Ken Youngleib）
>
> 苹果公司创意总监助理

如果这样的预期都不能给你带来强劲的动力，那让我们再来看看麦肯锡公司的朋友们为此所进行的一些研究佐证吧。

> 成为消费者的信托人。我们已经可以看到对于增加品牌相关性以及保证品牌信任度的巨大需求以及其中的利益。麦肯锡公司的一项调查发现，有 35% 的在线买家乐意分享自己的个人信息，以获得相应的优惠（比如促销优惠券）。另一项调查发现，有 30% 的消费者对品牌共创很感兴趣，但他们只会参与他们所信任的品牌的共创。而目前，消费者已经非常关注自己的隐私了。试想一下，到 2020 年，那时候互动和个人数据采集将发展到史无前例的水平。尽管政府会制定相应的法规来处理这种局面，但 2020 年的数字化世界还是需要在品牌和消费者之间建立一种基于信任的隐性契约关系。营销人员需要一种永远不会让消费者失望，并让消费者永远处于愉悦状态的方式。如果不能满足这一点，移动用户和那些直言不讳的顾客就会直接拒绝合作，甚至放弃原有的品牌，同时还会带动自己社交网络圈的朋友远离这个品牌。
>
> 雅克·卜黑（Jacques Bughin）
>
> 麦肯锡公司（布鲁塞尔）高管
>
> 大卫·埃德尔曼（David Edelman）
>
> 麦肯锡公司（波士顿）数字与市场销售部全球联合领导人

与品牌管家同行

如果可以的话，为每位参与设计和改进品牌的人员树立一个目标作为激励或鼓励。这样做非常重要。关于这一点，mCerwin 咨询公司的负责人米歇尔·赛尔温（Michelle Cerwin）谈道：

> 品牌不仅需要在企业内部培养女性领导者，而且还需要充分发挥女性领导力。快消品巨头联合利华公司，最近公布了一项多元化合作项目——到 2015 年实现性别的平衡管理，这无疑引起了行业的极大关注。品牌决策者自然有权力去了解自己的代理团队是否具备能够代表和理解他们思想的能力。Digiday（科技分析网站）的总编辑布莱恩·莫里西（Brian Morrissey）一针见血地指出："毕竟，如果没有对全球一半以上人口的投入与考虑，机构是很难推进客户交易的。"

以人为本

广告业美好的未来，应该注重以人为中心，尊重个人的价值。广告呈现出来的内容也应当值得人们去投入时间和精力。正如 Resdcout 公司总经理赖安·库（Ryan Ku）提到的：

> 若展望 2020 年，我希望广告可以聚焦人们真实的想法和需求，而不是通过数据挖掘，无休止地进行追踪。

想象一下自己的生活！想象一下如果你从某个品牌获得的信息能给你带来积极的影响，帮助你实现目标和愿望，并且有助于你提高在社群中的影响力，那该多么令人向往呀！**广告的新模式要求广告商投入更多的时间和精力，去避免在消费者身上产生偏差。广告商应该更多地去了解消费者的世界、生活、愿景和社群。**Athenaeum Worldwide 公司国际总监山姆·汉纳（Sam Hanna）说道：

广告将会成为消费者和品牌之间的一种合作平台。到 2020 年，消费者也将与品牌分享品牌经理的角色……因为消费者将成为沟通中的一部分。如果广告能选择围绕着消费者来联结，那它将变得不再有侵入性。这一精心设计的以人为本的生态系统，在 25 年前简直是难以想象的。

以色列特拉维夫市的麦肯广告公司（MaCann）战略助理阿亚尔·莱温（Ayal Levin）和战略研究与商业咨询部负责人大卫·福格尔（David Fogel），提出了一种非常简单的启动方式：“**正如我们所看到的，它需要我们改变理念和方法，将消费者与品牌之间的单向关系转变为双向协作关系，并将消费者当作合作伙伴。**”

消费者生活

“2020 广告项目”的合作者常用“服务”这一思想来表述与消费者结盟的概念。我们说什么、做什么才算得上是服务于大众呢？例如，**如何在某些细微的方面改善消费者的生活**？**如何让消费者心情愉悦**？**如何激励消费者**？**如何帮助消费者应对生活中的问题，使他们更容易地完成需要完成的事情**？想象一下如果消费者对品牌满怀感激之情，将是一种什么样的情景呢？再想象一下，如果品牌将自己的关注点从兜售产品转移到更多地考虑如何帮助消费者过好每一天，那又将会是怎样的一种情景呢？

“广告即服务”这个概念并不新颖。一些广告界的前辈在很早之前就讨论过这个问题。但是放眼四周，似乎很少有人能做到这一点。大多数广告商似乎只热衷于服务自己。随着当前信息曝光范围的迅速扩大，消费者的排斥和抵触情绪也随之增加。因此，对于真正提供服务和传递价值的营销商和信息来说，也会获得额外的收益，并被消费者所接受。当然，要想做到这一点，广告的内容就必须与服务消费者相一致。

马克斯·卡勒夫

SocialCode 公司首席营销官

我觉得，2020 年的广告应该以为消费者提供越来越多的服务为宗旨，帮助消费者享受生活，并能从中学到一些知识和创意，了解一些事物，让生活变得更健康，当然，还要更好地爱护我们的地球。

乔·普拉默尔（Joe Plummer）

Sunstar 美洲基金会董事长

所有品牌都可以激发出消费者对其更多的尊重。真诚地对待消费者，带给他们所喜爱的内容，与他们分享共同的价值观，传递他们愿意接受的信息，等等，这些都是赢得消费者尊重的途径……

蒂莫西·迪凯纳（Timothy Duquensne）

《我们支持创作者》（*We Support Creators*）编剧 / 顾问

消费者愿景

需要再次强调的是，这不是试图通过祈求于消费者的梦想和愿望来操控他们。**真正要做的是寻求理解，从而决定如何提供服务，如何在完成品牌目标的同时实现与消费者未来更好的合作**。消费者期望的是什么？他们试图实现什么？他们当前拥有什么？我们又该如何以一种积极的方式来帮助他们达成目标？扬罗必凯公司全球首席执行官大卫·塞布尔，提到了自己公司所秉承的“整个鸡蛋”的理念。这个理念将消费者视为一整个鸡蛋，带着将其孵化的想法去接近他们，最终实现成功的精确服务。Y&R.com 网站的服务行业和 B2B 模式中的销售人员都很清楚这一点。他们明白，一切工作都要基于消费者的终极目标，以及如何帮助他们实现这些目标之上。另外，还要在保证短期和长期价值实现的整个过程中真实可信。

我们有很多合作者也提出过类似的想法。

我们需要了解消费者，帮助他们实现愿望，但如果只是待在办公室，绞尽脑汁地去想消费者的愿望是什么，是无法获得真正答案的。洞察消费者的愿景是每位营销人员的职责。我们所有人必须从思想到行动层面，都以消费者的理念为出发点。为了更好地参与和建立消费者的忠诚度，整个团队都需要在更深层面上了解消费者，并聆听他们的心声，才能明白对消费者而言什么才是最重要的。

洛里·比耶（Lori Billey）

RED the Agency 联合创始人兼公司首席执行官

我们要全心全意投入到我们所服务的消费者的生活当中去，切勿待在办公桌前放眼望世界。跟消费者短短几分钟的会面并不能让我们真正地了解他们。我们需要深入最基层去了解，要知道，即便是数字，也只是有了人类的触碰才有了灵魂。具有灵魂的广告来自对消费者内心世界的探索。这样一来，广告才能够在盈利的同时，还能以一种肯定、转变和提升消费者的生活的方式去呈现事实。

姆札墨·玛斯托（Mzamo Masito）

Vodacom 移动通信公司南非品牌与传播部负责人

了解消费者最详尽的信息：从他们的梦想、他们的恐惧、他们的社会习惯到他们的家庭文化。只有这样，我们才能赋权消费者以一种积极的方式去与我们的广告沟通。接下来，也许当我们给予消费者我们最为珍贵的东西时，消费者也会和我们一样去珍视它。

米歇尔·塔伊泰（Michelle Taite）

联合利华公司全球高级品牌经理

消费者社群

思索广告如何匹配消费者的基本需求，而非直接利用，这是一次重大的转变。社会科学的不断进步，不仅有助于我们分析线上线下社会联结关系的持续性，还帮助我们深刻洞察联结的本质，以及如何在相互影响与相互作用中，确立品牌所扮演的建设性角色。

社群，有的称之为“部落”，这其中体现了一种十分微妙的理解方式，来探索志同道合者之间的共性。佐格比民意调查公司（Zogby Poll）创始人约翰·佐格比（John Zogby）第一次提出了社群的概念。他认为社群是“人们基于共同的价值观、兴趣、偏好和特定行为，自发形成不同的‘部落’，而前提是人们不是固定不变的，而是流动的。社群会在一个更大的社会生态系统中不断进化。不同社群的价值观、偏好和特定行为也将随着社会和文化的变化而变化”。

爱德曼公司美国区首席执行官罗素·达尼尔曾谈道：“**营销人员逐渐从基于消费者数量和人口统计数据的渠道策划转型为新的营销策划模式，它通过利基文化与品牌完美对接的契合点，来辨识出准确的消费者社群**。”正如很多合作者也提到的，我们需要跳出关注人口统计数据的老路子。

过去，营销人员通过目标媒体的方式，利用定量和定性数据来挖掘消费者和市场的机遇。例如，“18～34 岁非裔美国人”“第二代西班牙裔”“普通市场女性”等术语标签，常用来定义一些特定的信息群体，表面上看，这似乎能够加强与这些社群之间的亲和度，但大部分只能被看作媒体投资的一种方法。

但是，到了 2020 年，我们将更难分辨谁是目标群体。全文化主义将促使营销人员去忽略消费者的种族和类别。例如，在多数情况下，我们可以看到，一位年收入 75 000 美元的非裔美国人，相比那些年收入稍高或稍低的同种族阶层，反而会与那些年收入相同的白种人有更多的共同点。因此，品牌的定位不应当考虑种族，而应依据消费者的价值观；品牌的投放应当基于消费者的文化而不是其种族。简而言之，精神层面的肤色将成为品牌互动的新焦点。

史蒂夫·斯图特（Steve Stoute）

Translation 公司创始人兼首席执行官

未来公司（the Futures Company）执行总裁 J. 沃克·史密斯（J.Walker Smith）认为，社群不仅仅是指狭义上的“社会性”，它还将带我们跨越社交媒体，以一种更为微妙的方式来思考社会中的自我：

技术强化了社会影响力。新媒体越发展，我们的生活就将变得越社会化，网络变得越来越发达，越来越多的信息将得以共享，而且共享的信息规模也将成倍增长。面对这些，我们更能意识到我们与他人之间的联结以及他人对我们的影响。我们将会花更多的时间来关注自己的联结。事实上，我们将会越来越依赖专业的指引，帮助我们对纷至沓来的数据洪流进行分类和整理。

他还提道：

……广告商应接受“品牌将不再是任何沟通的核心焦点”的事实。相反，品牌须为消费者提供他们所希望得到的沟通机会。广告商的当务之急不是避免干预沟通，而是要促进消费者所希望的各种各样的人际沟通。品牌盈利的关键在于互动本身。只有这样，品牌才能具有与消费者之间的关联性，才能具有一定的价值。

文化、社会和世界

广告业将发生翻天覆地的变化，即从以功能和情感利益为主转变为与消费者共创品牌，这不仅造福全球消费者，也将积极推动人性的发展。广告商的目标不再是做全球最好的品牌，而是作为全球服务的最佳品牌。

马尔科·维加（Marco Vega）

We Believers 网站联合创始人

“2020 广告项目”社群更加注重将公司资源和创意创新，与广告的未来愿景相匹配。它们清楚，如果投入数十亿美元的资金用于所有的传统和新兴媒体渠道，推广品牌、产品和服务，将会产生相对较大的影响力。而每年企业在传统媒体渠道的资金投入高达5000亿美元。但如果所有这些资金的投入，都以能否为社会带来一个积极的净影响力为标准的话，那将会怎样呢？

这一标准应该简单明了、明确直接、令人信服：

- 所有的沟通在每个接触点上都会产生一个积极的净影响力；
- 与相关目标匹配，比如“北极星”；
- 承担抉择和行动所带来的后果。

Billiant Noise英国公司品牌服务总监伊莎贝尔·奎维利提出了对未来的畅想：

> 当广告是实时制作的，消费者就会意识到品牌是在真正关心他们，并因此而感到欣慰，他们所热爱的品牌再也不会让他们失望了。过去，广告常常被看作一种信息污染。如今，广告是一种最佳的沟通方式。在大数据的帮助下，消费者会切身感受到广告的好处。

Creative Orchestra公司联合创始人兼创意总监克里斯·阿诺德提出了另一个标准：广告应变得有趣，这样人们才愿意花钱去消费。

> 我相信，广告行业将会发生很多变化，现在是时候在十字路口停下来，寻找新方向了。我们可以看一下我们所取得的成果——创作和娱乐节目一样聪慧而又富有创意的广告作品——事实上，我们的广告作品相当出色，人们甚至愿意付费观看……
>
> 如今的广告不仅要与其他广告竞争，还要与成千上万的、从专业制作到家庭影视的娱乐节目展开竞争。
>
> 如果我们不得不卖广告，那我们该如何以完全不同的方式去制作广告呢？简单来说，我经常允许学生用任何媒介去制作一则广告，但必须保证这

则广告是公众愿意为之掏钱的。这就意味着公众必须喜欢你的广告——这是一个全新的理念！摒弃“侵入式”或“干扰式”的技术手段，而试着将广告娱乐化。

StrawberryFrog 公司创始人兼首席执行官斯科特·古德森提出了更高的标准——广告应该去改变世界，吸引那些能够用自己的创意、分析和技术才能去实现广告价值的人才。为此，他写了以下这则头条新闻：

2020 年 1 月 1 日，《纽约时报》

“全球变暖结束了；冰山又重现了；艾滋和癌症得以治愈了；诺贝尔奖可以共享了；战争？战争是什么？”

这听起来太完美了，仿佛不像真的？行，那让我们再来看看行业贸易杂志《广告时代》（*Advertising Age*）中的两篇文章标题——“高盛投资公司的首席营销官比银行家挣得多”“首席营销官荣获诺贝尔和平奖”。

是的，这就是我对未来广告的个人观点……我相信未来会是这样的。我认为这不仅仅是 2020 年广告业的真实写照，而且我认为，我们今天在这里所讨论的话题没准会上 2020 年世界新闻头条。

与企业通过参与商业活动的方式来保证创新理念得以落地、产生盈利并承担社会责任相比，还有什么方式比确保创意得以传播、应用和被认可，进而转化为一个新的世界模式更好的呢？另外，与在社会和商业背景下重新定义企业文化相比，还有什么方式比与客户一同实践，促进社群发展，并造福社会和世界更好的呢？

如今，有很多品牌早已深入参与到广告当中，并超越销售本身，对社会产生了更大的影响。例如，全球第一抗菌品牌卫宝（LifeBuoy）一直致力于宣传如何洗手才能防止传染病，尤其是针对孩子。在 2013 年，该公司发布了一段视频，在视频中，一位父亲正在给自己的第一个孩子庆祝五周岁生日。观众每分享一次该视频，就可以“帮助一位孩子成长到 5 岁”——卫宝会捐出一定数量的钱作为儿童成长基金。一年内，有超过 350 万名孩子获得了资助。除此之外，关于“卫宝是个热爱公益的品牌”的认知在消费群体中提升了 13%。

人们很早就知道要让品牌、品牌受众、社会和文化保持协调一致，但却并没有为此做出什么改变：广告对于消费者以及其他人如何看待他们自身有着重要的影响，进而影响着社会文化和社会道德。广告的新模式关注的是一种互动关系，它提倡那些具有品牌分析力和创造力的人去探寻目标和结果的统一，而不是去宣扬所谓的“猎人与猎物”的理念。

语言与标签很重要。表 3–1 重新构建了品牌、消费者和社会文化之间的关系。

表 3–1　构建新未来的新角色

品牌的新角色反映了一种新的理念
· 品牌公民（艾伦）
· 消费者受托人（卜黑和埃德尔曼）
· 信托顾问（伯吉斯）
· 由消费者管家带来的欣赏（迪凯纳）
· 彰显个性（伊尔斯和威尔希尔）
· 非常精楚他们是谁，代表谁（多尔蒂）
· 创新的动力以及商业、消费者与社会的价值（海斯）

让我们再回头看看斯科特·古德森所说的话：

> 让我们回顾下我所写的关于 2020 年 1 月新闻头条的那些话。我相信，根据我对未来的设想……这一切是完全有可能发生的。
>
> 如果我们大家在一起集思广益，一定能够形成更好的创意，这不仅有助于创造更加深入、更加富有意义的文化联结，还能推动创建更有价值的客户关系的商业决策，从而形成一个虚拟的用户交互圈直接反馈到企业当中，利用企业自身的定位去识别和影响社会、环境以及世界变化。这样一来，谁不

想参与其中呢？

短期和长期影响

让我们看看对消费者行为的评估工作。消费者的行为模式已经发生了改变，但自 20 世纪 70 年代以来其评估方法却一直未改变过。北美地区的市场营销人员花了近 120 亿美元来追踪了解消费者的品牌意识和意愿。在未来十年里，我们将会拥有更加整合的实时工具来追踪从品牌意识到参与度、再到理念传播等行为旅程。品牌要么努力创新成为思想领袖，要么沦为别的品牌的效仿者。

阿瑟·弗莱施曼

圣约翰广告公司总裁 / 合伙人

到 2020 年，代码将成为软件的一部分，以完成消费者觉得很有价值却“看不见”的任务。它们可以使用很多年而不只是短短数月，它们将成为品牌强大且高效的推动因素。

基普·沃特科（Kip Voytek）

Rumble Fox 公司首席执行官

MDC Partners 公司数字创新总监兼高级副总裁

对于每个市场营销团队和每家机构而言，平衡短期的销售增长和长期的品牌成功是必不可少的。正如人们普遍认为分析学和创造力是相互对立的一样，短期目标和长期目标之间的关系也通常被认为是紧张的：品牌应该通过关注快速销售来提高销量，还是应该从长计议，耐心地等待销售数字的缓慢攀升？每一个战略都会有其优劣势，也都需要与之相匹配的营销策略。在 2013 年出版的《长期和短期营销战略》（*The Long and the Short of It*）一书中，莱斯·比内（Les Binet）和彼得·菲尔德（Peter Field）对这两种战略进行了对比。两人分析了 IPA 数据库中的 996 份案例分析，涉及 700 个品牌、83 类商品，以及 30 余年的市场营销有效性数据。

他们采用了切实可行的方法，得出了可靠的结论，正好支持了本书的观点。他们发现，长期战略可以带来更高的回报。长期市场战略就是尊重“消费者”，将他们当作重要的人来真心实意地对待他们，重视与他们的情感交流。菲尔德说：“……**如果你从短期的角度来衡量成功（大数据也正在推动你这样做），那你会选择可以在短期内取得最佳效果的营销和传播战略。遗憾的是，这些战略并不能带来最佳的长期结果，而且在很多重要的方面会破坏长期的成功。**”短期战略关注的是“理性”方法（例如“好买卖”），难以让人记住，而且并不能满足个体的情感反应。但我们已经指出，个体的情感反应是相当重要的。比内写道：“情感会影响到人们乐于支付的价格，就如同它们会影响到销量一样。这种影响会持续很长时间。从长远的角度来说，情感才是真正的利润重要来源。”

很明显，我们在这里要强调两个重点。尽管大数据是一种革命力量，但短期的指标并不能预测长期效应，而大数据则倾向于短期指标。富有感情色彩的、创造性宣传活动着眼于长期的效果，将为组织带来更高的效益，而并非销售的激增。短期战略和长期战略必须相互配合，即将长期的品牌建设和信任构建与短期的“品牌激活”相结合，以推动销售的快速增长。

将分析、创新、设计与运营的才能相结合，树立统一强大的品牌理念

品牌就是商业战略的真实体现。

杰兹·弗兰普顿（Jez Frampton）

Interbrand 公司全球首席执行官

过去，人们常常会画出一条分界线，一边是才华横溢的设计师和文案，他们有着丰富的想象力，另一边则是那些善于数据分析和统计的天才们。人们总是感

觉注重数字就会在一定程度上扼杀伟大的创意，或者说数字永远无法真正抓住重点。分界线的两边从表面来看似乎互不相干。而 CP+B 公司前副总裁兼执行创意技术总监斯科特·普林德（Scott Prindle）率先提出了这种看似毫不相关的结合，他认为，这种协同方法会导致大批赢家的出现，实现突破性的进展。例如，获得 2015 年戛纳金狮奖的比萨表情。

现在，交互界面和实用性的重要程度越来越高，这也提醒了我们设计的重要性，懂得设计可以创造非同寻常的体验。能让受众的所有接触点进行无缝链接，同时根据可操作数据来进行打包、展示和交付，在这个过程中出色的运营能力是必不可少的。

在未来，统计学和创意将会是天作之合。设计师和运营专家们将会进行密切的合作。尽管我们承认这多少有些理想主义，但这正是问题的关键。如果这种全新的协作方式能够超越传统的广告宣传活动的“宏大想法”，达成一个更持久的、更加统一强大的品牌目标，以贴近品牌与消费者的共同目标，从而让所有这些学科在更大程度上发挥作用呢？通过这种协作，所有为品牌服务的人和品牌服务的对象都能找到建立关系的切入点，也就是品牌是如何改善他们的生活的。

> 品牌必须去关注自身如何给消费者和社会带来情感效益，以及什么样的情感效益。
>
> 安妮·里弗斯（Anne Rivers）
>
> BAV 咨询公司全球品牌战略总经理

> 你要考虑的事情之一就是设立一个首席未来官或首席创新官。而我则必须不断地去关注那个领域正在发生什么。现在不再有什么舒适区，让我能够 20 年不变地采用某种特定的方法来工作。这种情况将持续下去。当你知道这里可以这样、那里可以那样时，它们已经遍地开花。所以迎接未来的方法之一就是在行业前沿投入一定的资源，因为所谓的前

沿很快就会变成主流。也许你在回顾过去时，会突然发现自己已经错过了所有的机会。

艾伦·德贝沃伊斯（Allen Debevoise）

Machinima 公司董事长

如果你有真正出色的创意，那么糟糕的技巧并不会扼杀创意。但如果你没有出色的创意，那么单靠精湛的技术也无济于事。

艾伦·舒尔曼（Alan Schulman）

德勤数码公司（Deloitte Digital）创意体验和内容营销全国总监

让我们来看看 Chapter SF 公司联合创始人加雷斯·凯（Gareth Kay）所提出的从细节着手的观点。在这个看似琐碎的观点后面却隐藏着关于品牌的大道理。

相对于宏观的战略，从细节着手去思考和采取行动，更能推动企业的发展。如果我们认同这个观点，那就需要重新考虑一下传统广告行业一些不实的法则。虽然细节不同于大战略，但是它们各具特色。

1. 品牌通常服务于大众。这句话听起来像是市场营销的第一原则，但我们却常常将它忘记（将“人们”称为“消费者”也没什么用）。另外，我们还经常对品牌自我陶醉（人们肯定对我们的产品服务有兴趣），而不是保持谦卑的态度，并始终对理解和了解人们的生活抱有兴趣。

当今优秀的品牌懂得人们对什么感兴趣，并且以此为自己的起点。优秀的传播方法会扮演桥梁的角色，联结着人们感兴趣的东西与你所生产 / 销售的产品或服务。这座桥梁不仅联结着你的世界和他们的世界，也联结着现实的生活 / 文化与企业。

2. 品牌会减少摩擦。当今的品牌似乎会从设计中学习，思考如何来消除自身和人们之间的摩擦，以及人们所做的事情和品牌希望人们做什么之间的摩擦。奥美广告公司通过巴西赫尔曼（Hellman）公司的蛋黄酱的例子做出了很好的示范。如果你的购物车里正好放入了一罐赫尔曼公司生产的蛋黄酱，那么你的购物小票背面会打印众多菜谱，告诉你如何使用蛋黄酱和购物车内的其他调料进行烹饪。这种方法绝妙地满足了人们的需求，促使人们更多地使用蛋黄酱，而不只是将它当作三明治酱。

3. 它们是众多品牌组合中的一员。当今的品牌必须做很多小事，而不是做一件大事。这又回到了小额下注的观点上，即要管理好品牌组合，而不是像玩轮盘赌那样地一次性下注。谷歌公司就是这类强大品牌的好例子。它们拥有从谷歌 411 到 Chrome 等各种搜索服务，而且这个清单还在继续扩大。

围绕一系列连贯的小创意来打造品牌，从而让品牌更具凝聚力和更加强大［拉塞尔·戴维斯（Russell Davies）用魔术贴来打比方。魔术贴就是利用大量的小钩子来产生巨大的拉力的。我认为这是一个非常贴切的比喻］。让品牌不断出现在新鲜出炉的新闻中，并且让人们认为品牌拥有一定的动力和活力，这是未来测量客户偏好和使用情况的最佳先行指标。这也意味着你兴旺发达的机会可能更多，尽管在这个世界里，95% 的品牌最终可能会消失。

4. 它们做的比说的多。行动的影响力要远超言语。我们必须创造出可传播的产品，而不仅仅是就某个产品进行传播。创造行动，创造商品，而不只是制作广告。

建立基础设施，让品牌去倾听、处理、交付、学习和不断改善

> 广告业的版图已经发生了改变。那该如何在这一领域蓬勃发展呢？这其中的秘诀就在于好奇心。如果广告业的 DNA 中没有与生俱来的、对文化和科技的那份好奇心，那么这个行业注定会变得无关紧要。我们并没有所有的答案，但我们必须提出所有的问题，因为我们的未来就是靠好奇心打造的。
>
> 阿米莉亚·托罗德（Amelia Torode）
>
> TBWA 伦敦公司首席战略官

组织要想创造双赢的结果，拥有“好奇心”是关键所在。建立基于科技的基础设施，并将其完全整合到组织架构中，而不是让其作为单独的部门存在，这样

就可以推动相关部门的双向沟通，而这种双向沟通是进行创新和提升效率所必不可少的。这些基础设施应该为组织提供多种途径去倾听人们的声音，处理人们的反馈意见和建议，满足他们的要求，了解哪些工作有用，哪些没用，并且持续不断地进行改善，以提升未来的沟通能力。我们的许多参与者都强调了建立此类基础设施的重要性。

> 市场营销人员现在都有着强烈的紧迫感，但他们并不愿意在只能带来次佳水平用户体验的新兴平台或产品上投入。做好准备迎接未来的广告业，意味着要对广告产品进行创新，能够推动创造力，支持完美无瑕的品牌体验，并且能跟上不断变化的消费者行为。
>
> 尼考·杨（Nikao Yang）
>
> Opera Mediaworks 公司全球市场营销和商业拓展高级副总裁

> 品牌将会全身心地处理现实的日常情况，从而变得更具活力，更能积极响应。它们渴望与消费者对话，并成为“积极的社会倾听者”。品牌应该充分利用热门话题和文化触发器，针对各种情形制订计划。围绕与目标相关的话题和观点建立内容日历。市场营销人员应该对可预料的事情加以计划，建立创意模板，并从中发现和确认模板可使用的时机。杰出的市场营销人员会充分利用那些无法预料的事情，时刻准备着让品牌处于聚光灯下。
>
> 罗伯特·里特布罗克（Robbert Rietbroek）
>
> 金佰利（Kimberly-Clark）澳大利亚和新西兰公司总经理兼首席执行官

> 市场营销人员应该现在就开始围绕数据开展工作，否则这些数据依然没有用。他们可以对业务进行重组，通过敏捷的战略性传播计划来对新数据进行分析和利用，从而创造成功。公司招募的人才不仅仅能挖掘和分析潮水般涌来的庞大数据，而且能对这些数据加以应用，更高效地去覆盖目标个体。组织内可能会出现重要的专业部门，确保包括销售、

市场营销和零售等在内的其他职能可以收到实用的分析观点，并借此不断调整战略方向。建立运营的基础设施，最大限度地减少低价值的任务，从而让战略领导者可以专注于重大机会的捕捉，这一点非常重要。

劳伦特·拉古伊娜特（Laurent Larguinat）

玛氏营销实验室（Mars Marketing Lab）主任

朱迪·叶（Judy Yeh）

庄臣公司（SC Johnson）全球媒体和整合营销执行总监

实践案例

力争三赢的结果

像个女孩一样——ALWAYS

广告代理公司：李奥贝纳广告公司（Leo Burnett）多伦多、伦敦和芝加哥公司

戛纳金狮奖：2015年公关类最高奖

目标/待解决的问题

女孩们在青春期时，自信心会大幅下降。女性个护卫生用品品牌Always希望能解决这个问题。

方法

Always制作了一个视频。视频中，男孩、女孩们被要求完成一定的任务，例如“像个女孩一样”跑步，于是会出现一些刻板印象中的虚弱或愚蠢的行为。但当更小的女孩们被要求“像个女孩一样”时，她们就会展现出力量、优雅和决心。

结果

这段视频在全球的观看量达到了8500万次，而且话题#like a girl获得了45.8亿次的媒体曝光量。“像个女孩一样”这句话不再带有任何否定的意味。

经验总结

每个品牌都可以在追求成功的同时实现更高尚的目标和理念。在多数人的想法中，女性个护卫生产品可能与女孩赋权并无明显的关系。但在Always启动这个宣传之后，人们会很明显看出，两者之间的搭配是顺理成章的事情，并且显然可以创造双赢。

引自：2015年戛纳金狮奖得主

关键点

Beyond Advertising

Creating Value Through All Customer Touchpoints

我们可能不认识自己的每个传播对象，但有一点毋庸置疑。他们都与我们身边最亲近的人一样，消息灵通、小心谨慎，而且相当精明。现在是时候这样去对待他们了。事实上，“他们”正是“我们”。

对任何品牌而言，树立有一定意义的品牌理念，可以增强品牌的意识和可靠度。在信息时代，这是品牌必不可少的特征。找到切入点，与人们的价值观和其他观点建立起一定的联系，这样你就能建立一个社群。

这个社群并不是让你去实施专政。专政是单向的信息流，也就是广告商将信息传递给所有凑巧看到广告的人。而社群是一个生态系统，整个系统就是一个动态的、不断变化调整的整体。社群内的成员相互关联，并不断巩固这个系统，为这个系统做贡献。

这个生态系统同时是由公司内外部的人员组成的。找到合适的方法来打破创造和分析两者之间永恒的分界线，或者设计和运营之间的分水线，并建立一个合适的工作空间，让所有人都拥有共同的愿景。这项工作至关重要。

Beyond Advertising

AD

第4章 协调组织各接触点之间的价值创造

> 我们相信，伟大的品牌就是“商业战略的真实体现”，可以跨越产品和服务、空间和地点、内部文化和沟通传播等领域提供无缝体验。像苹果公司这样的企业早已经为消费者设定目标。不管你是银行、商业咨询公司、零售商，还是连锁酒店，你们要传递的信息相当简单，那就是欢迎和我们联手！
>
> **杰兹·弗兰普顿**
>
> Interbrand公司全球首席执行官

首先，我们先来讨论一下组织面临的第二大最具挑战性的变革（第一大最具挑战性的变革参见第3章），即不要狭隘地局限于媒体组合，而是要对品牌的每个接触点有更加全面的认识，进行统一协调组织。传统观点认为品牌的接触点就是“广告”，但品牌的所有接触点包括却不局限于广告。

在第一部分介绍的变革力量显示，如果品牌继续狭隘地只关注广告和市场营销，那么其自身及其生存将受到威胁。品牌必须提供无缝体验，教会消费者每天都对新技术以及不断涌现的新的行业洞察力充满期待。目前，“全渠道”零售的概念仅限于零售行业，而这一概念未来之所以将适用于更大的生态系统，是因为零售和广告这两个领域正在慢慢融合。

联结的方式越来越多

为了能够通过全面有效的方法来覆盖消费者，为他们提供服务，并且与他们保持联系，广告的范畴不仅要突破传统的观点，还要涵盖整个公司。企业外部和内部接触点之间的边界正在慢慢变得越来越模糊，而且这种情况还将持续下去。正如电通安吉斯（Dentsu Aegis）美国、欧洲、中东和非洲公司首席执行官奈杰尔·莫里斯（Nigel Morris）所认为的：

> 融合就是赋权人们，而融合的趋势将让人们可以掌控自己与企业和媒体之间的关系。
>
> 在融合的世界里，没有人也没有任何接触点可以孤立存在。一切都是相互关联的。
>
> 在融合的世界里，所有行为都可能会影响到其他事物。一切事物之间都是相互依存的。
>
> 在融合的世界里，人们不可能将每件事情都分得清清楚楚，或者是去控制消费者与公司打交道的方式。一切都是透明的。
>
> 广告和传播领域的未来将不再是传播品牌信息，而是设计和创造消费者与品牌之间宝贵的互动。但只有品牌能在合适的时间、地点和社交或实体背景下为合适的人提供相关的功效或带来快乐，而只有这样的互动才能为品牌创造价值。

首先，让我们从传统的购物角度来思考这个问题。Faith Popcorn’s BrainReserve 公司首席执行官菲斯·珀普康恩（Faith Popcorn）认为购物的概念会得到广泛传播，向当前静态的购物点发起挑战。**“从广告牌到出版物、再到广播电视和社交媒体，任何一种媒体都将提供购物服务，让我们可以随时随地进行购物，而不用再到另外的零售地点……事实上，每个时间和每个空间的接触点都将成为购物点。”**

想想看，我们现在每天都有很多与各种品牌打交道的方式，例如电视、收音机、纸质媒体、在线搜索、移动手机应用、网站、广告牌和数字户外广告、品牌社交媒体帖子、线上和线下对话、个人互动、网络浏览、店面设计和展示、包装设计和打包、与销售人员的对话、店内促销，等等。而所有这些仅仅是“购买前”的曝光，接下来还有与客服人员的互动、在线求助、调查，以及会员忠诚计划等。

这份清单并未穷尽。就当今的情况而言，这只是列举了其中一部分最低程度的互动方式。未来公司执行总裁 J. 沃克·史密斯道出了这些互动方式中的一个关键因素：

> 广告商必须将目标对准对话，而不是个人。人们通常不会与广告直接打交道，而是会通过对话这个渠道与广告接触。人们会谈论广告、征询他人对广告的看法，会观看对广告的拙劣模仿、会聆听关于广告的故事、搜索广告的相关信息、会拿广告与其他广告进行对比，甚至会在谈论广告时加入自己的个人感受。总之，当今成功的广告要能创造出与消费者之间高质量的对话来。

如今，聪明的品牌已经通过各种出乎意料的渠道来开启这些对话，就如以下例子所示。

- 2014 年 8 月，宜家公司与国际民宿网站 Airbnb 合作，为三组体验者提供了在宜家位于澳大利亚新南威尔士州的门店里过夜的机会，让他们睡在**真正的展示厅**里。宜家公司从消费者提交的短文中筛选出这些体验者，承诺会为他们提供特别的活动和惊喜，并允许他们将自己睡过的床单作为礼物带回家。同时 Airbnb 的民宿房东们还会为这些体验者提供如何布置房间的建议。
- 2012 年，俄罗斯地方新闻网站 Ura.Ru 发表了针对当地政客的系列漫画，反映地方政客**忽视**迫切需要修补的**路面坑洞**。这家全球媒体的报道促使那些被嘲讽的政客们采取了切实的行动。

- 2013 年，英国交通部的一次特技表演让喜爱去酒吧的人感受到了震撼。在此次表演中，伴随着撞车的声音，一个人体模型突然砸碎了一面**浴室镜子**，直接从镜子后面撞了过来。这模拟的是行人在被车撞了之后直接砸穿挡风玻璃的场景，而发生撞车的原因有可能就是醉驾。这次“酒吧厕所惊魂”表演是一场大型安全驾驶宣传活动的一部分，而且配合线上宣传、电视宣传、社交网络宣传和纸质媒体宣传同步进行。

这并不是说在每个品牌的接触点组合中都必须加上路面坑洞和浴室镜子。**但这些例子证明了有多种多样的方法来接近消费者，而且这些方法中蕴含着创造和分析的机会**。购买指数[①]创始人兼编辑艾米–威拉德·克罗斯（Amy-Willard Cross）引用了李维斯（Levis）曲线系列牛仔裤的例子：“**公司发现多数女性要试穿九条牛仔裤后才能找到适合自己的那一款，为此它们对其牛仔裤的尺寸和生产进行了调整**。”牛仔裤尺寸得到了重新设计，从而解决了那个问题。这就是一个有效的接触点。

沃顿商学院市场营销教授大卫·贝尔（David Bell）最近的研究进一步确认，地点和口碑对品牌偏好有着重要的影响。他根据研究建议商品的包装要别具特色：如果有人背着一个打眼的购物袋到处晃悠，那这就是一个新的接触点；如果有人在办公室内打开设计精良的包装，那这个接触点的受众面也会扩大。我们将在第 6 章中更加深入地探讨如何利用接触点背景。但现在我们要明白，我们可以有很多方法来让人们与品牌打交道。图 4–1 为大家提供一些思路，并基于此，从更宽泛的角度来思考有哪些接触点。

我们可以这么想，品牌及其打造者们从未有过如此多的方法来走近并吸引消费者。最重要的一点是，当我们步入一个新时代，所有的物品都可能会联网并具备交互性时，接触点的数量将会继续成倍增加。科技正在快速发展，所以我们不

---

① 购买指数（The BUY UP Index），一个可以帮助你根据公司在性别平等方面的表现来做出购物决定的 App。

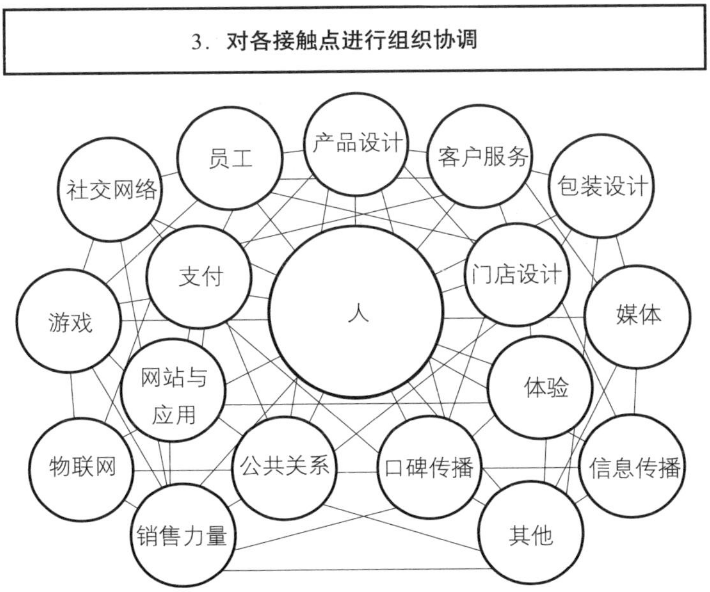

图 4–1　接触点示例

敢去对它加以定义，以免自己的定义过于狭隘。物联网、人联网、需求联网、概念联网、服务联网、解决方案联网……正如汉威士传媒（Havas Media）集团战略和创新高级副总裁、明日集团（Tomorrow Group）创始人汤姆·古德温（Tom Goodwin）所说的，我们正在进入一个“泛互联网”时代。

> 2020 年的广告领域将会立足于新的消费者版图。这是一个全新的世界，电视和广播传递的信息不再有意义，一切都是数字化的。我们在永不停歇地记录、分享和处理数据，并且根据数据采取行动，我们的四周已经被数据所包围。我们的电视已经有了超大屏幕，用来在家访问无处不在的互联网和内容，并进行娱乐消遣。智能手机已成为我们便携式的个人门户，而智能手表在记录数据的同时还可以提供最简单的互联网接入点。与此同时，冰箱、温度调节器、汽车，以及越来越多的设备也会联网，彼此之间在幕后进行数据的无缝传递。互联网不再像现在这样只是用来搜索和浏览，而是会成为一个薄层，在我们的日常生活中提供各种帮助。

说明一下，“泛互联网”意味着我们什么都不用做就已经接入了网络，整个环境将与我们互联。各类传感器将被放置在公共空间和私人空间里，捕捉着关于我们的多感官信息。我们的面部将与在线图像进行匹配，我们的表情将与社会识别技术进行匹配，而且该技术将与我们最新的社交媒体活动相互联结。我们的面部表情将被进一步分析，以预测我们在某特定时间点的心情，从而让品牌对算式进行不断的优化，在我们需要的时候为我们提供我们想要的东西或服务。或者说科技能够捕捉我们的声音，只要说几个简单的词，它就能评估出我们的心智和情绪状态，然后以最合适的方式与我们建立联结，同时达到品牌的目的。所有这些都可以立即与其他数据建立链接，然后使用 IBM、谷歌、亚马逊、Facebook 和成千上万新兴科技智能公司的人工智能技术加以处理。而这些公司正在不断优化那些接触点。

互联的交通运输、住宅、家电产品、健康卫生、宠物、花园、教育、废品、衣物、休闲运动……所有这些都是潜在的接触点。现在想象一下，你所在的社区、国家以及全球各地的所有这些接触点都进行了联网，它们正在以不同的方式渗透到我们的生活中，不是吗？在任何情况下，品牌都会有巨大的潜力去施加其影响力。

当然，联通性并不能取代现实情况。正如扬罗必凯广告公司亚洲分公司总裁马修·戈弗雷（Matthew Godfrey）所说的：

> 数字化并不意味着我们就和自己的设备死死黏在了一起。我们仍然渴望现实的体验、聚会、音乐会、体育运动、见面、约会、喜剧俱乐部，等等。我们仍然希望科技能够与这些现实世界的体验融合在一起。数字化将不会是一个与世隔绝的空间，或者一个媒体，它将是我们生活方式的推动者和改善者。

这段话描述了不久后的将来会是什么样的，着重强调了“媒体组合”方面存在严重的不足。CP+B 巴西公司合伙人、首席运营官维尼修斯·雷斯（Vinicius

Reis）非常准确地指出了当前的这种不足：

> 这十年将会检验如今被我们称之为“渠道”的东西。新世界里将不会存在任何媒介。任何物体都可以发送信息……内容可以通过一切物体流动。尤其是到那时候，任何人都能通过自己随身携带的小型设备进行全息投影，我们将真正能为存在的一切创建格式。

古德温也非常赞同雷斯关于“无渠道”的激进想法：“**当今的媒体渠道到未来就将变得无关紧要了。我们将会看到根据场景来购买媒体，比如逛购物广告、看电影，或者是听欢快的音乐。**”

遗憾的是，目前很多企业尚未做好准备迎接这一切。**你的组织能“根据场景来购买媒体”吗？你能够在内容“通过任何物体进行流动”的情况下“成功传达信息”吗？**

关于“内容通过任何物体进行流动”的场景的确让人着迷，而我们也就用“体验”来替代“接触点”进行了激烈的辩论。是的，品牌提供的体验应该尽可能地丰富，这一点至关重要。我们将在第 5 章和第 6 章中强调这一点。但目前关于体验的探讨通常针对的是既有的顾客，即早已经通过某种联系与品牌建立关系的那些人。不论是搜索之类的好兆头还是购买这类的最终行为，体验的标准都在不断提高，我们必须在传统广告领域内也采用该标准，并坚持同样的标准。

而实际操作的挑战在于，在众多公司内，负责制作电视广告的人并不会与负责产品包装设计的团队进行沟通；忠诚项目的设计和管理团队与组织产品发布会的品牌专家之间也不会进行联系；社交媒体的信息在进行创作时也不会去考虑与线上线下消费者打交道的销售人员的意见和建议。如果这些部门依旧各自为政，那它们将无法在即将到来的 2020 年中生存下来。正如米瑞姆广告代理公司北美区首席创意官弗雷德里克·波恩（Frederic Bonn）所说的：

> 要做好准备迎接未来的到来，我们不仅要突破广告宣传活动、媒体购买

或社交媒体营销策略等传统思维，而且要突破移动应用或客户关系管理、广告或电子商务等传统观念。人们与品牌的互动方式将会通过数字化渠道呈现出指数级的增长。是时候去思考一下品牌的生态系统了，即品牌众多的接触点，以及这些接触点之间存在的相互作用。从数字户外体验到平板、从移动手机到门店等，这些接触点正以多种多样的形式进行互动。

我们将在第三部分中就企业内部的职能部门各自为政的问题进行更多的讨论。

全接触点价值创造的概念就是指品牌的全方位互动。而这种互动就是从你第一次意识到品牌的存在时开始的，直到覆盖你日常生活中与品牌打交道的各个接触点。对此，BAV 咨询公司的安妮·里弗斯写道：“**品牌就是通过人们对品牌全方位的体验来测量的，而不仅仅限于各个渠道的体验**。”

接触点既是一个中性词，也意味着机遇。对于在各个接触点上进行互动的参与方而言，一切都有可能发生。那将会是 / 应该是怎样的？在那个产生交集的接触点上，信息和数据可能会进行潜在的流动，从而被人们捕捉到，并通过多种方式采取行动。而这些方式包括：最后一个接触点是什么；对特定个体而言，在沿着其特定旅程（非常可能是非线性的）前行时，他的下一个接触点会是 / 应该是什么。**受到影响的不仅仅是我们和品牌，对于协调推动那个产生交集的接触点的人而言，在那个接触点上，还存在各种采取的行动与信息的交流，以及产生的大量宝贵的数据**。渠道、媒体、广告科技公司、指标跟踪者、研究人员、朋友、社区……所有希望能紧跟潮流、探寻各种真知灼见以及渴望创造价值的人都会受到影响。在未来，我们在这些接触点上都会有大量志同道合的伙伴。

明确来说，创造接触点的并非只有品牌。但品牌必须能够保证感官系统到位，以了解这些接触点，并对意料之外的情况做出反应。每个接触点都是一个机会，是一段特殊经历。当时发生的事情或许会为下一个关键时刻铺平道路，或许也会毁掉当时当下已逐渐创造出来的价值。

关于全接触点的影响力的实验性证据

口碑市场调研和咨询公司——凯勒费伊集团（Keller Fay Group）进行的研究，充分证明了全接触点方法对市场营销的重大影响。该集团的 TalkTrack® 调查研究："每年测量 35 万余份关于品牌的对话，可以按照时间顺序进行跟踪，并对利基市场进行了详细的分析，涉及数十个品类的数百家品牌。"因为 90% 关于品牌的对话是在线下进行的，所以该调研涵盖了数字和非数字世界的调研。

其中有一项发现尤为重要，即多样化的接触点有助于提高口碑的传播。人们讨论的内容远远不只传统媒体。2015 年 5 月和 6 月的调研结果（参见表 4–1）显示，消费者会讨论非传统媒体的接触点，例如产品包装、产品样品、实体物品、销售人员、优惠券、客服和其他许多内容。

表 4–1　凯勒费伊集团 TalkTrack 的调研发现——所有品类商品的平均情况

媒体 / 市场营销净推荐	所有品类商品的平均情况
所有媒体 / 市场营销	56.7%
电视广告	9.2%
店面宣传	4.9%
电视节目	2.9%
品牌网站	8.4%
优惠券 / 传单	3.0%
网络社交媒体	4.8%
数字广告	3.9%
产品包装	3.4%
其他网站	5.6%
在线顾客评论	7.6%
销售人员	6.9%
产品样品	2.7%
报纸广告	3.4%

续前表

媒体 / 市场营销净推荐	所有品类商品的平均情况
广告牌广告	2.9%
电话 / 在线客服	3.3%
杂志广告	4.2%
体育场、会议中心或其他活动中的宣传	2.8%
移动设备上的广告或应用	2.3%
报纸文章	2.2%
杂志文章	3.5%
直邮	1.8%
企业发送的电子邮件或短信	2.6%
广播广告	2.0%
广播节目	1.9%
其他类型的广告	1.0%
调查基础规模（讨论的品牌种类）	1749

数据源：以上发现源自凯勒费伊集团的 TalkTrack，该调研是目前最全面的口碑调查研究。本表的调查是在 2015 年 5 月和 6 月进行的。在这段时期，共有 5749 位 13~69 岁的被调查者参与了调查。调查采用的问题是："对话中是否有人提到了从上述来源中获得的关于该品牌 / 公司的消息？"

此外，不同产品类型的同一接触点带来的反响也有所差异。当被问到"对话中是否有人提到了从上述来源中获得的关于该品牌 / 公司的消息"时，被调查者的答案显示，对汽车、家居和科技领域而言，销售人员被提到的频率最高；对金融、通信和医疗保健领域而言，客户服务被提到的频率最高；在饮料、个人护理 / 美妆和日用品领域中，产品包装则是经常被提到的来源。

表 4–2 和表 4–3 都摘自凯勒费伊集团的调查发现，我们从中可以了解到传统媒体之外的其他接触点的重要性。

表 4–2　凯勒费伊集团 TalkTrack 关于各商品品类的调查发现：第一部分

媒体 / 市场营销净推荐	汽车	金融服务	卫生 / 医疗保健	食品 / 餐饮	饮料	科技	电信	旅游服务
所有媒体 / 市场营销	56.7%	60.2%	55.1%	55.2%	57.3%	66.8%	62.8%	62.4%
电视广告	9.2%	7.8%	5.9%	10.0%	8.4%	9.5%	11.5%	6.5%
店面宣传	4.9%	3.9%	8.4%	11.7%	14.9%	7.6%	6.0%	3.2%
电视节目	2.9%	3.2%	3.3%	2.0%	3.1%	3.3%	4.3%	2.3%
品牌网站	8.4%	12.3%	7.0%	3.8%	3.1%	8.0%	8.2%	20.2%
优惠券 / 传单	3.0%	3.2%	4.4%	10.3%	6.6%	2.4%	2.4%	2.8%
网络社交媒体	4.8%	4.8%	2.8%	4.1%	4.0%	8.9%	4.5%	6.5%
数字广告	3.9%	6.2%	2.8%	3.9%	3.8%	9.2%	5.7%	7.3%
产品包装	3.4%	3.2%	5.9%	7.1%	9.6%	4.9%	3.4%	2.4%
其他网站	5.6%	3.4%	4.1%	2.7%	3.0%	6.5%	4.5%	6.7%
在线顾客评论	7.6%	3.9%	4.2%	3.0%	2.7%	8.2%	5.8%	5.6%
销售人员	6.9%	4.9%	4.4%	2.6%	3.2%	5.1%	4.5%	2.6%
产品样品	2.7%	3.0%	4.1%	4.1%	6.0%	3.1%	2.8%	1.6%
报纸广告	3.4%	3.1%	2.1%	3.3%	3.0%	2.6%	2.7%	2.2%
广告牌广告	2.9%	5.9%	2.9%	2.2%	2.2%	3.9%	3.5%	7.6%
电话 / 在线客服	3.3%	9.3%	6.2%	1.9%	1.8%	3.9%	7.0%	4.0%
杂志广告	4.2%	2.7%	4.6%	2.4%	2.6%	2.4%	3.2%	2.9%
体育场、会议中心或其他活动中的宣传	2.8%	5.6%	5.9%	1.7%	2.2%	2.7%	4.7%	3.6%
移动设备上的广告或应用	2.3%	2.1%	2.3%	1.9%	2.1%	5.3%	3.2%	2.7%
报纸文章	2.2%	2.7%	3.0%	1.5%	2.2%	2.5%	2.2%	1.5%
杂志文章	3.5%	2.3%	2.6%	1.8%	2.2%	3.3%	2.3%	2.3%
直邮	1.8%	1.7%	1.0%	1.8%	2.4%	1.8%	3.3%	1.7%
企业发送的电子邮件或短信	2.6%	1.7%	1.0%	1.8%	2.4%	1.8%	3.3%	1.7%
广播广告	2.0%	2.2%	2.3%	1.9%	2.1%	2.4%	2.9%	1.8%
广播节目	1.9%	2.1%	1.2%	1.3%	1.6%	1.9%	2.1%	1.6%

续前表

媒体 / 市场营销净推荐	汽车	金融服务	卫生 / 医疗保健	食品 / 餐饮	饮料	科技	电信	旅游服务
其他类型的广告	1.0%	1.1%	1.8%	2.0%	1.4%	0.9%	1.4%	1.2%
调查基础规模（讨论的品牌种类）	1749	1244	1278	3909	3019	2432	1535	1166

表 4–3　凯勒费伊集团 TalkTrack 关于各商品品类的调查发现：第二部分

媒体 / 市场营销推荐	个人护理 / 美妆	日用品	家居	儿童产品	零售 / 服装	媒体娱乐	体育 / 娱乐爱好
所有媒体 / 市场营销	71.6%	60.3%	66.5%	73.3%	68.7%	65.3%	66.6%
电视广告	12.3%	9.5%	7.2%	6.6%	5.7%	14.8%	7.6%
店面宣传	12.9%	12.7%	14.3%	16.9%	17.4%	2.7%	3.6%
电视节目	3.3%	3.4%	5.5%	5.9%	2.7%	21.9%	19.4%
品牌网站	4.8%	4.9%	7.5%	6.1%	8.3%	3.2%	3.4%
优惠券 / 传单	11.0%	9.1%	5.6%	9.8%	10.9%	1.4%	2.1%
网络社交媒体	3.3%	2.7%	3.5%	4.4%	3.8%	9.0%	8.4%
数字广告	7.4%	5.2%	6.0%	6.3%	5.3%	5.1%	3.6%
产品包装	9.7%	8.1%	6.2%	6.8%	3.7%	2.0%	2.6%
其他网站	3.6%	2.9%	5.2%	3.9%	4.7%	4.7%	5.9%
在线顾客评论	4.2%	3.5%	6.2%	5.7%	4.2%	2.5%	2.8%
销售人员	4.3%	3.6%	6.0%	4.4%	5.4%	1.3%	1.7%
产品样品	9.8%	5.0%	3.9%	5.9%	3.1%	1.4%	1.6%
报纸广告	3.4%	4.3%	3.8%	3.1%	5.8%	1.9%	2.6%
广告牌广告	2.8%	2.8%	2.8%	6.4%	3.8%	1.6%	2.8%
电话 / 在线客服	3.2%	1.9%	3.2%	2.8%	2.7%	1.4%	1.5%
杂志广告	5.1%	2.0%	3.6%	4.1%	3.2%	2.3%	2.9%
体育场、会议中心或其他活动中的宣传	2.9%	3.1%	4.7%	4.2%	3.5%	1.7%	1.8%
移动设备上的广告或应用	2.7%	2.4%	2.9%	3.1%	2.4%	3.1%	1.9%

续前表

媒体 / 市场营销推荐	个人护理 / 美妆	日用品	家居	儿童产品	零售 / 服装	媒体娱乐	体育 / 娱乐爱好
报纸文章	2.5%	2.9%	3.2%	2.1%	2.9%	2.1%	6.1%
杂志文章	4.0%	2.9%	3.2%	2.6%	1.8%	2.8%	2.9%
直邮	1.9%	1.5%	1.7%	2.0%	1.2%	4.0%	9.3%
企业发送的电子邮件或短信	1.7%	2.3%	1.9%	3.7%	2.9%	1.7%	2.1%
广播广告	1.8%	2.3%	2.1%	2.4%	2.1%	1.8%	1.5%
广播节目	2.0%	2.8%	0.9%	2.9%	1.9%	1.7%	4.3%
其他类型的广告	1.0%	1.2%	1.5%	1.7%	1.2%	1.8%	1.5%
调查基础规模（讨论的品牌种类）	1309	1041	1079	620	2706	4104	2535

无缝体验

从顾客的角度来说，品牌或产品的各种接触点并没有什么差别，真正重要的是无缝体验。当我们在亚马逊网站上购买商品，我们可能并不在意该商品是从仓库还是从其他零售店邮寄过来的，只是希望能有一段轻松且有保障的购物体验、快速可靠的配送，以及优质的客户服务。同时我们希望与品牌之间的各种互动也都可以如此。我们希望能便捷地获得信息、产品或服务，而这究竟是由谁来负责实现的并不重要。当今，有哪些品牌能够提供这类无缝体验呢？

零售业的标志性品牌梅西（Macy’s）百货公司就是其中之一。梅西百货公司发现顾客会使用多种媒介来购物，从门店到网站，从个人亲自购物到在移动设备上购物等。为此，公司制定了全方位的全渠道零售战略［沃顿商学院的杰伊·贝克零售业研究中心（Jay H. Baker Retailing Center）是了解零售业前沿思想的可靠来源］。通过转变和合并后勤部门（包括设立首席全渠道官的职位），企业就能满足来自任何一个地方的顾客订单。如果本地门店内的某种商品缺货，就可以由另一家门店来履行订单，不管订单来自何方。它们的移动平台非常漂亮和庞大，包括了各销售点。而且该移动平台在科技的助力下可以提供无穷无尽的货架，即线上上架的商品要比门店多得多。**梅西百货公司有效地打破了电子商务和实体零售店之间各自为政的现象**。作为采取全渠道战略方面的领导者，梅西百货将会成为第一批支持 Apple Pay 的零售商之一，以确保顾客可以随时随地搜索、购买和提货。

如果说梅西百货公司提供了受到公众高度认可的店内无缝体验，那么“无缝体验”的未来已经到来。让我们以新近推出的 GoButler 服务为例。该项服务让互联网搜索功能、最简便的在线下单服务，甚至是移动应用都显得笨拙、耗时。正如 TechCrunch 所报道的：“你只要发送一个短信给 GoButler，然后该项服务的‘管家’（也就是虚拟助手）就会处理你的要求，并且一直向你反馈进度。比如说，你可以让 GoButler 购买电影票，或者是帮你下单购买自己最喜欢的比萨饼。”你也可以让你的“管家”帮你预订机票、取干洗的衣物，甚至是给你送一个 iPhone 的充电器，而这一切都是免费的（配送费除外）。未来品牌需要提供哪类服务，才能让人们直接参与到品牌中来？或者参与的概念是否会发生改变呢？

如果人们不能如愿地获得无缝体验，他们就会选择离开。如果我们运气不好，或许碰巧人们愿意花时间到社交媒体上去抱怨我们的品牌提供的信息不全面、前后不一，或者更为糟糕的是言行不一。

Invencion 公司总裁保罗・沃辛顿（Paul Worthington）、苹果公司高级总监卡尔・海塞尔曼（Karl Heiselman）在他们对“全面体验管理”的介绍中提出了以下观点：

> 当今的品牌体验相当分散，而且这也是导致企业竞争力低下的主要原因（搜索一下社交媒体就能证实这点）。到 2020 年，这种情况将会发生大幅的改变。品牌不再去关注单个的接触点，而是要考虑建设丰富的体验生态系统。它们将会通过共同的“运营系统”来整合品牌生态系统，借此提高顾客

价值。从顾客的视角来思考品牌的整体体验和有效性，品牌将能够创造出色的体验。这种体验不是针对某个单一的接触点，而是覆盖整个品牌体验。

协调组织全接触点的概念相当诱人……但这的确并不容易。在接下来的章节里，我们将会更进一步分析要如何来实现“覆盖整个品牌体验的卓越体验”，或者说全接触点价值创造。

如果你当前和潜在的接触点都得到了协调组织，并可以为相关各方创造最大的价值，那会怎样？那又是怎样的一种感觉呢？

实践案例

协调所有接触点

联合利华印度公司（HINDUSTAN UNILEVER）**的** KKT **平台**（KAN KHAJURA TESAN STATION）

广告代理公司：灵狮环球广告公司（Lowe Lintas & Partners）

WARC **公司年度** 100 **佳广告宣传活动**（WARC 100）：2014 **年排名第一**

目标 / 待解决的问题

比哈尔和贾坎德邦是印度两大媒体覆盖率最低的地区，但对联合利华公司而言，也是两个利润丰厚的市场。这两个市场内无法使用传统的渠道，因此联合利华印度公司希望可以找到某种合适的方式在该地区进行市场宣传。

方法

2014 年，联合利华印度公司创立了一家免费电话服务公司。人们可以打电话来获得 20 分钟的娱乐和品牌内容，这有效地替代了广播或电视。人们打入电话的次数不限，而且内容都是根据每个地区而进行定制的。

结果

在推出该服务的前几周里，该平台每天会收到 15 万个电话。六个月内，该平台已经收到 2400 万个电话，拥有 800 万名用户，这意味着联合利华在该地区已经覆盖了总人口的 25.5%。这次宣传活动的成本平均每人不到 4 美分。

经验总结

了解当地的需求和习俗，这样就可以对接触点和传播机制有更有价值的认识，从而在特定人群中产生最大的反响。来电电话服务这种创新型接触点可以创造巨大的影响力。

引自：WARC 公司年度 100 佳广告宣传活动，2014 年

关键点

Beyond Advertising

Creating Value Through All Customer Touchpoints

此前，在付费媒体、免费媒体、自有媒体广告之间可以进行简单的区分，而且广告只局限于这些媒体。如今，这种日子已经一去不复返了。五大变革力量要求品牌突破传统的定义，对媒介进行多元化组合。

接触点无处不在，而且对单个品牌而言，当然会存在某个接触点比其他接触点表现更好的情况。但不管是平台、内容还是媒介，不要深陷于这些熟悉的接触点而按兵不动。表面看来非同寻常的渠道可能是最强大的，尤其当这些渠道能与其他渠道进行协调考虑的时候。

当今的个体都是独一无二、见解丰富的。为了能走近他们，我们必须采取全面的沟通方法。新的传播科技和模式已经让这种方法成为可能，并变得必不可少。而且这种方法会不断地发展。

联通性实际上已经无处不在，而且只会继续扩大。品牌要如何来面对和利用这个联网的世界呢？这个问题将决定我们是否能创造出让人激动和颇具挑战性的未来。

接触点并不是一种虚无的理论，它们的影响力早已得到验证。正如凯勒费伊集团的调研所显示的，人们通过各种各样的方式来响应品牌。除了传统的广告和市场营销领域之外，一切都可能会让品牌和人们产生联系，尽管传统的广告和市场营销仍然在唱主角。

Beyond Advertising

AD

第5章

覆盖每个接触点的 R. A. V. E. S. 内容指南

> 我希望广告能对人们有用。我希望广告能成为我们生活中需要时就应该有的样子。我希望广告能够改善我们的生活方式，懂得我们的文化和社会。这是否是一种市场营销的乌托邦，永远不可能实现呢？但部分迹象表明，现实恰恰不是那样的。
>
> 卡列·肖奈尔（Calle Sjoenell）
>
> Lowe Brindfors 广告公司首席执行官

2015 年 5 月 12 日，美国知名科技博客 Business Insider 发表了一篇名为《很快将可以通过在 Twitter 给达美乐比萨发送比萨表情符号来订餐》（*Soon you can order a pizza by tweeting the pizza emoji at Domino's*）的文章。文章写道：

> 达美乐比萨正在推行“Twitter 点餐”系统，顾客可通过 Twitter 直接订购比萨饼。经常光顾达美乐的顾客将几乎不需要敲字。只要发送一个比萨表情符号给该品牌，新鲜出炉的比萨饼就将送到你面前……
>
> “达美乐比萨已经变得有点像是在卖比萨饼的科技公司。”道尔（Doyle）说。
>
> 这家比萨饼公司并非第一家尝试将 Twitter 作为订餐平台的公司。星巴克和迈阿密海豚（Miami Dolphins）橄榄球队早已经尝试过类似的广告宣传

活动。星巴克的消费者可以“发送 Twitter 信息给朋友送一杯咖啡”，而迈阿密海豚队的球迷们可以发送 Twitter，然后就有人为他们把啤酒送到球场座位上。

广告的定义是什么？为什么广告可以起作用？经过对多渠道的严格研究与分析，关于这两个问题，普遍存在的一些观点已遭到质疑和颠覆。哪些方式可以走近人们，并激励人们采取行动呢？现在，我们对该问题的答案已经有了更多的认识。真正的人才会懂得如何聪明地应用那些分析研究结果。达美乐比萨的表情订餐活动赢得了 2015 年戛纳金狮奖钛狮大奖，这是创造力和影响力的最高奖项。

如今，许多人认为广告是在打扰他们，让他们分心、讨厌，甚至是在浪费他们的时间。只要能跳过广告或忽略，他们就会那样做。在大多数情况下，广告的确如此，但也有例外。未来，这种例外将变为常态。正如 Our True North 管理合伙人兼执行创意总监、iRGONOMIC 公司首席创意官迈克尔·雅各布斯（Michael Jacobs）所写的那样：**“广告是一种干扰行为的日子将会一去不复返，取而代之的是关于品牌的叙述性内容。这些内容会提供丰富的信息，相当有趣，而且会采用更加合适的方式。”**

那些例外的情况是什么呢？我们之所以和朋友们分享一些视频，是因为这些视频非常有趣，能打动人，还可以提供一些有用的信息，能激励我们，促使我们发挥自己的创造力，或者教会我们一些新知识。接触点和品牌体验让我们去交流、去思考、去表达。

正如我们一直在强调的，“广告的未来”必须赢得人们的关注。为了做到这一点，广告可以、也必须是相关的（relevant）、尊重他人的（respectful）、可采取行动的（actionable）、有价值的（valuable）、能创造价值的（value-generating），而且各个接触点都可以提供非凡的体验（exceptional experience）和值得分享的故事（shareworthy story），即这些广告可以、也应该做到 R.A.V.E.S. 标准（参见表 5–1）。

表 5–1　　R.A.V.E.S. 内容指南

	R.A.V.E.S. 内容指南
R	**相关的和尊重他人的** 针对个人
A	**可采取行动的** 直观的、顺畅的
V	**有价值的且能创造价值** 需要的、想要的、有效的
E	**非凡的体验** 让人开心且能给人启示
S	**值得分享的故事** 真实的、权威的

为什么是 R.A.V.E.S.

正如我们此前所讨论的，到 2020 年，有效的广告和市场营销可以、也应该是我们大家都能欣然接受的。有了 R.A.V.E.S. 内容指南，广告内容可以、也应该是**相关的且尊重他人的**，即符合个人的风俗习惯，但并不会越过隐私这一界限；广告内容应该是**可以采取行动的**，即可以建立对话，让人们去进行互动、分享或共同创造；广告内容必须可以**提供价值**（包括金钱、认知和情绪方面的价值），同时也能为品牌**创造价值**；广告内容应该能够为个人提供**非凡的体验**，而且能够整合**值得分享的故事**，从而能在媒体的混战中独树一帜。而最重要的是，所有遵循 R.A.V.E.S. 内容指南的传播应该涉及人们在购买前、购买中和购买后与品牌的各种互动。引用奥美广告公司日本公司董事会主席、集团代表久保明彦的话来说：“**人们不再喜欢坐在那里等着，也不再喜欢被那么轻易地影响。他们想要参与其中。他们希望能更好地去了解与自己生活相关的产品和服务。如果他们感到开心、被品牌折服或对品牌感到满意（我们希望他们能够如此），你就可以断定他们将会让自己的朋友和家人也来了解这些产品和服务。**”

Maslansky + Partners 公司首席执行官迈克尔·马斯兰斯基（Michael Maslansky）针对我们未来的目标受众描述了一幅相当诱人的画面：

> 在准备上床前，亚历克斯又检查了一遍自己的公寓。她在购物和为什么要购物方面相当地谨慎。她的购物都是经过深思熟虑的。她不会乱买东西，她买东西都是有一定目的的。如今，尽管她并不像以前那样看那么多的传统广告，但她会在看完广告后更频繁地参与互动了。她的购物都是基于强大的创意内容的，而这些创意内容或是由品牌创作，或是由品牌粉丝们联合创作的。尽管现在有大量有针对性的广告，但她感觉自己可以控制自己看到的内容。当广告商直接恳请大家购买时，她在接受新品牌时会非常小心，也极少会接受这类新品牌。相反，她会依靠同伴们和可靠资源的推荐来购买。与此同时，她会积极地与自己所喜欢的品牌进行互动，而且会积极地劝阻自己的朋友圈的朋友，不要去与自己不喜欢的品牌打交道。她希望品牌能够通过它们所创作的内容来挑战自己、了解自己，并且激励自己。她希望能看到那些可以打动自己、让自己兴奋和高兴的故事。

看到上述的描述，所有品牌都应该思考一下："我们现在要如何吸引亚历克斯和其他像她这样的人呢？" **如果消费者在内容和屏幕上有无穷无尽的选择，另外还有无穷无尽的途径去了解信息和观点，那为什么他们要停下来听你的信息呢？**对于任何旨在打断媒体体验或信息搜索的科技而言，人们将会找到某种方法去阻止、忽视或跳过它，而且如果这种打扰太过分了，那品牌就要做好准备去接受得到赋权的消费者们的强烈谴责。正如 Scribewise 公司创始人、总裁约翰·米勒（John Miller）所说的：

> 我们已经进入了一个偏好营销的时代。除非你与受众们已经建立起了一段关系，并且证实了为什么他们应该选择你，否则，受众们不会购买你的商品或服务。受众们可以接触到大量的信息，其中很多信息是相互冲突的，因此受众们不会去按照票面价值来接受东西。你可以宣称自己的服务是最佳

的，但潜在的顾客可以轻松地了解你的竞争对手、你的顾客评论以及其他第三方信息源。

那么解决办法是什么？广告的未来可以、也应该是人们所希望获得并在找寻的东西，因为它可以提供价值。Evolution Equity 公司合伙人、NURO 公司执行主席 J .R. 史密斯（J. R. Smith）写道：

> 问题在于，没有人会敞开他们的数字化大门来接收广告，但如果这些信息能保证对他们有价值的话，那他们就会邀请信息迈过自己的大门。到了 2020 年，只有那些多年前就已经不再只是将消费者作为自身目标的广告商，才能取得成功。在互联网世界里，消费者有自己的意愿，有监管法律的支持，也有科技来帮助他们积极地、有选择性地做出决定。广告商将必须把消费者们当作决策人来对待。

有些品牌早已经在自身的内容、设计和与消费的互动中应用了 R.A.V.E.S. 标准。一个很好的例子就是麦当劳公司 2013 年初在马德里开展的一个项目。麦当劳公司发现周边餐馆和商店的顾客都在蹭自家的免费 Wi-Fi，于是麦当劳公司就在自己的 Wi-Fi 名称中加入了一些幽默诙谐的文字和折扣信息，以吸引那些蹭网的人前来麦当劳消费。麦当劳的 Wi-Fi 网络名称会按顺序显示如下：

> 如果你只是想要蹭网，
> 那就待在那里好了。
> 但如果你还想同时好好吃一顿，
> 欢迎来麦当劳。

它们还在全市的公交车站提供了这种体验。在这些车站也会使用类似的 Wi-Fi 网络名称：“本公交站提供免费 Wi-Fi……麦当劳也同样提供免费 Wi-Fi……在麦当劳里要更舒服。”

Wi-Fi 网络名称变成了市场营销信息。它们以意想不到的有趣的方式走近人们，丝毫不会让人觉得唐突。这就是一个全新的接触点，不仅能为人们提供价值，同时还提升了品牌幽默诙谐的形象。

从 R.A.V.E.S. 的标准来看，如何评价这种方式呢？

这项宣传活动对用户们来说存在一定的**相关性**。用户是在与麦当劳进行交换，即走进麦当劳以使用它们的免费 Wi-Fi。

它所传达的信息不管是语气还是方式都不唐突，体现了对人们的**尊重**。

它也提供了几个可选的**行动**方案，即继续使用免费 Wi-Fi，或者去麦当劳享受优惠用餐。即使人们选择继续使用免费 Wi-Fi，他们也已经了解到麦当劳的慷慨大方，这点有可能会促使他们未来去光顾那家餐厅。

它提供了三个方面的**价值**，即金钱（折扣）、认知（让人们意外得知麦当劳提供免费 Wi-Fi）、情感（惊喜和有趣）。

这是一段**非凡的体验**，简单且实用。此前可能会有人认为一旦其蹭网被“抓住”，就会被要求付费或直接被切断网络连接。而麦当劳公司则选择了继续采用这种慷慨大方且幽默诙谐的方式。

它提供了一段**值得分享的故事**，该故事出人意料，又颇为有趣，正是人们喜欢与朋友分享的那种，从而也就能赢得人们的好感。

最后，麦当劳公司充分利用了与人们进行互动的各个可能的接触点。当然，它们也有纸质广告、电视广告、广告牌和在线广告，而且拥有全球最知名的品牌标志。但就算如此，它们也并未忽视其他众多可以走近和影响自己的受众和潜在顾客的渠道。

针对人们所有的沟通方式，品牌都可以在内容、设计和互动方式上达到这种水平。**关键在于如何吸引像亚历克斯这类的消费者。他们对非真实的信息持怀疑**

态度，但仍愿意去接受让人感到惊喜和开心的内容。

许多成功的 R.A.V.E.S. 案例都是现实生活中切切实实存在的，而不是只出现在屏幕上。各大品牌一直在充分利用各种可以吸引人们的空间，例如机场和公交车站。当今，人们往往会沉浸在自己的移动设备中，对周遭一切漠不关心，因此，品牌必须加倍努力来争取大家的注意。而移动设备和户外广告科技的创新（例如二维码和地理定位技术）为受众提供了独特的参与机会。

2013 年初，高通移动（Qualcomm Mobile）公司利用“移动让生活更美好”的口号来进行宣传。它们在洛杉矶的一个公交车站张贴了一张海报，海报上印有“感到没意思了？”“都看过了？”和“在赶路吗？”这类的问题，后面则附上了一个网站地址。当人们利用手机去访问这个网站时，在几分钟内，就会有意想不到的交通和娱乐形式出现在车站，例如一辆法拉利跑车、狗拉雪橇或载有整个马戏团表演人员的公交车等。这些交通工具会带着乘客们前往他们的目的地，给大家带来意想不到的有趣经历。

高通移动公司充分考虑到了人们在公交车站等车时的心理状态，并且提供了一段“可选择加入”的体验，让自己的宣传活动既与人们建立了关联，又尊重了他们。他们也提供了可参与的行动方式（参与广告或不参与）和价值（娱乐和交通运输）。**对参与者和旁观者而言，这都是一段非凡的体验，让他们了解了一段针对移动科技的潜力的有趣故事**。在高通移动公司宣布推出新产品之前的数天内，这些活动的视频已经像病毒一样传播开来了。

当广告和其他接触点都遵循了 R.A.V.E.S. 指南时，人们会更愿意去欣赏它们、喜欢它们、分享它们，并为之采取行动。让我们更详细地来看一下 R.A.V.E.S. 模型的五大元素。这个模型创造性地采用了由 Tigerspike 公司美洲区总裁亚历克斯·霍尔（Alex Hall）设计的图形来加以诠释（参见表 5–2）。

表 5–2　亚历克斯·霍尔：广告选择

沃顿广告业的未来项目

选择 2020 年的生活

随时随地随心选择自己想要的屏幕尺寸

随时选择自己想要的节目、电影和游戏

选择谁能与你一起收看，共同体验

通过手势、声音和情绪控制功能来进行触屏操作

只要说一个词或者触碰一个按钮，就可以选择从一块屏幕切换到所有屏幕和关闭屏幕

选择在房子每个房间的每块屏幕上收看同样的内容

选择在每块屏幕上收看不同的东西——每块屏幕之间切换以适应“多动症”一代

从无穷无尽的内容、数据和选项中进行选择，而要做出决定是一种挑战

选择全新的数字产品戒断紊乱症（Digital Withdrawal Disorders）。选择周末到没有网络和科技的地方进行静修

选择同时执行多项任务来克服注意力缺陷多动障碍，因为以积极的态度应对要好过承认自己缺乏自律

选择可以更快速满足自身需求的服务，并且在受影响分心之前先过滤掉相关内容

选择时间更短的体育比赛、电影、电子书籍和就餐机会

选择自己是否愿意在体验过程中让广告相伴

选择花钱来换取不接收广告

选择有权不予理会那些让人觉得乏味、与自己无关的广告

选择说一个词就能够暂停节目，然后再说一个词就可以购买定格画面上的东西

选择不选择的权力，让网络根据对你的心情自动呈现内容

选择自身的个人科技冒险之旅

保护消费者利益主义将会继续发展，而且消费者将会越来越多地要求数字化广告并对广告加以控制。消费者将会在自己有限的时间里选择最合适的体验。为了保证效力，广告必须通过产品植入、赞助或其他尚且未知的方式来对体验进行补充。拥有数字平台上的内容、程序或体验，就可能会赢得消费者。选择相关联的东西时一定要小心，因为我们有非常多的选项，会立马放弃那些与自己无关的东西。

相关的和尊重他人的：我们不是“目标”，我们是人

> 广告将会成为消费者“寻找”的、独特的、相关性高的传播体验，因为对消费者而言，它将具有一定的意义……广告将会成为体验式传播。
>
> 丹尼斯·拉森（Denise Larson）
>
> 飞跃媒体投资（Leap Media Investments）公司总裁

在数字化时代，相关性和尊重将成为包括广告在内的有效接触点的核心要素。数字化的速度和幅度、移动性以及大数据分析，让品牌和其受众之间的沟通和联系在大量个性化的细微之处都得到了定制，信息与个体之间的相关性得以加强。与此同时，作为得到赋权的消费者，我们不仅仅要求信息或娱乐与我们自身相关，还要求只在我们选择的时间内才看到、听到或体验到这些信息或娱乐。

正如传立媒体（Mindshare）公司管理合伙人、分析、洞察和归因负责人乔治·穆西（George Musi）所解释的那样：

> 消费者变得越来越复杂，经验也越来越老道，他们将会对广告的侵扰加以嘲笑，并对个性化的沟通、产品服务和体验（他们真正在乎的东西）提出更高的要求。这些个性化的东西要基于他们是谁、他们在哪儿，以及他们此前曾经购买过什么等。消费者将对那些与自身无直接关联的广告越来越难以容忍。相关性不再只是可选项，而将成为必选项。

如何才能做到相关性

所有的广告商都希望能够在正确的时间覆盖正确的人，并传递正确的信息。日渐复杂的科技，外加数据分析，都将广告商的这个愿望在未来数年里更有可能得以实现。PHD 英国公司全球战略与规划总监马克·霍尔登向我们描述了下面这幅未来的场景：

弗雷斯特研究公司（Forrester）已经将未来数年定义为“相关性的激烈竞赛”。新的社交数据，外加更为明确的内容标识，将会与强大的新算法一起被人们细细挖掘。答案的寻找将会从基于链接变为基于算法，也就是搜索引擎将会计算出正确的答案。到2020年，谷歌公司将可以直接准确地回答一些问题，例如《我猜，我猜，我猜猜》（*Guess Guess Guess*）节目将在什么时候播放？谁会为洛杉矶银河队（LA Galaxy）进球？谁最可能赢得超级碗大赛？Zara目前在售的黑色西服是什么款式？

现在，是见证奇迹的时候了……

互联网苏醒了。

到2020年时，谷歌公司的算法将会得到改善，可以回答那些更为微妙、基于地理和时间的问题。刺激计划奏效吗？目前吉冈唯（Yui）最出色的歌曲是哪一首？市议会是否已经批准同意关闭市政厅？我要几点出发才能在晚上8点到达北京？

到那个时候，互联网将变成一个智能体，将让它现在的样子显得难以置信地愚蠢和无序。如果没有了互联网，我们将不知道自己到底要怎样生活。

目前这种场景尚未变为现实，但品牌现在必须着手考虑多个层次的相关性了。

要想做到相关性，就要从最基本的点入手

相关性的目标就是为了走近具体的个体。当人们一天内要切换多种身份（家庭、工作和社会角色）和多个屏幕时，如果想针对他们进行传播，那一般性的人口统计数据和电视时段将不再有用。广告商必须从最基本的点抓起：你是谁？你在做什么？你在哪儿？现在是什么时间？你为什么在做这个？怎么做？

潘婷（Pantene）最近的广告方案被戏称为天气计划。该活动充分体现了此类微调后的相关性有多么重要。公司发现女性常常抱怨当天气不好时，她们的洗发护发产品就失效了。通过与美国最大连锁药店沃尔格林（Walgreens）和天气

频道（Weather Channel）合作，潘婷制作了一则“发型集”的广告。这是一个针对具体地理位置的广告。当人们使用天气频道的手机应用时，就会出现一则针对具体天气的洗发护发产品的广告，并附有链接，可以通过链接获得在沃尔格林药店购买产品的优惠。潘婷没有去对消费者进行狂轰滥炸，以宣传他们不需要的产品，或是他们早就拥有的产品，而是通过这种真诚的方式来抢先满足消费者的需求。

正如我们所知，当白天工作、晚上在家带小孩，或者是下午两点经过星巴克时，我们愿意接收到不同的信息。**契合时间、地点和个人偏好的信息会相当有效，但这样还不足以达到最佳效力，还必须考虑到当时个人的情绪和心境，就像是人类之间的互动一样：“现在方便和你聊聊吗？”**

正如麦肯锡布鲁塞尔公司资深合伙人雅克·卜黑和麦肯锡波士顿公司数字与市场营销部全球联合领导人大卫·埃德尔曼所写的那样：

> 数字媒体推动市场营销人员将预算分配给了那些“永远开启的”数字媒体，例如，搜索媒体、展示媒体和社交媒体。“2020 广告项目”的营销宣传应会发展成“永远相关”的。对于品牌和其广告代理公司而言，这意味着它们必须采取更为复杂和更具针对性的方法来改善无处不在的接触点，从而能够在消费者需要时随时随地满足他们的需求，而且它们将在数据分析能力方面加大投资，以帮助品牌来管理好顾客的信息。正如一家知名互联网服务巨头最近在麦肯锡 2011 年首席营销官和销售官论坛上所说的：“广告必须能回答问题。”

大数据分析有潜力了解我们是谁；移动科技有潜力根据时间和地点为人们提供广告；而且我们的个人移动设备可以确定我们在做什么，以及如何才能接触到我们。由此可见，要打造相关性最高的广告信息也是可能的。这类广告信息也就是我们自己所选择的信息。

如何做到个性化

> 事先准备好的广告宣传活动只是一种单向的沟通模式，这种做法应该被摒弃。广告商应该与受众建立有意义的联系，实时进行“传统数字的”、相关的、基于数据的、以人为本且敏捷的沟通。品牌必须树立自身的理念，而且必须和消费者秉持共同的价值观。
>
> 丽莎·科兰图诺
>
> AAR 合伙人公司联合总裁

自 2000 年起，聚合营销（Convergence Marketing）公司开始对消费者偏好进行研究。当时压根没有任何形式的社交媒体的存在，那都是好几年以后的事情了。研究发现，人们希望广告商能提供五样东西，即定制化、社区、便捷性的渠道选择、竞争价值和选择工具。14 年后，在数字化时代里，这五个范畴仍然决定了广告的效力，而且影响更甚。如果广告商此前没有做到这五点，那么现在必须反思一下，它们是否正在为消费者提供这五个要素。

消费者体验的个性化主要有两种方式。首先，为人们提供一个平台以便自己定制产品或服务。说到大众定制化平台，最早的例子之一就是 NIKEiD。该平台早在 1999 年就推出了，最初只是一个让人们根据有限的数种颜色和风格来定制板鞋的在线服务。现在，该平台已经发展扩大，拥有门店和线上大量的个性化选项供选择。NIKEiD 给耐克公司创造了丰厚的收入，也充分体现了联合创造的巨大潜力。

其次，利用复杂的数据分析来进行假设，预测他人会想要什么。亚马逊的推荐功能会根据你此前的购物记录来向你推荐你可能喜欢的商品，My Yahoo 的主页会使用社交媒体数据来确定你的主页上显示的新闻和信息类型，以提供定制化的内容。这些都是当前的例子。这种自动个性化对预测性分析提出了要求，这个领域仍然有改善空间。

当然，线上的自动个性化在相关性和侵入性之间小心地寻求着平衡。Facebook 根据用户的偏好和行为，通过算法来确定哪些广告和他们存在一定的关联性。但当这些广告被发送给错误的对象时也可以被视作一种侮辱，因为 Facebook 这类社交媒体平台是高度个人化的。

同样，“重新定位目标”的问题也是在线体验之痛。当我们在线购物时，各大网站上常常会有横幅广告“如影随形”，这些都是我们此前已购买过的或者明确决定不购买的商品。汉威士传媒集团战略和创新高级副总裁汤姆·古德温在我们的广播节目上说：**“重新定位目标就像是一只走得很慢的时钟。”**在线个性化缺乏相关性的问题可能让人很沮丧。未来的个性化将要求广告商从使用过去的数据变为进行预测性分析，从理论上来说，这样可以取得更好的效果。再次借用古德温的话来说：“对人们想做什么进行合情合理的猜测，由此我们可以在合适的时间向合适的人提供合适的信息。在即将开始下雨时为人们提供 Uber 的广告，这样将起到非常好的效果。”

Sparks & Honey 公司创始人兼首席执行官特里·杨（Terry Young）认为，到 2020 年，预测性分析将会创造一个“处处量化”的广告复兴：

> 社交数据、交易数据和基于传感器的量化数据将共同为广告产业创造实时的营销天堂。它还将当前不可用的物理环境变为新的精彩体验，从而开启新的媒体空间。新材料和投影技术将让屏幕随处可见，传感器将会被嵌入所有实体物件中，将所有物件都纳入一个统一的网络中。到 2020 年，智能设备的计算能力将不断增强，普通消费者由此将拥有强大的感知能力。

尊重

> 新市场营销能最终满足我们所有人内心最深处的愿望，即成为社区朋友们中的一员。该社区的人志同道合，互相尊重。现在，新市场营销中最基本的构成单位正是大家分享的故事。
>
> 乔恩·金（Jon King）
>
> 内容公司（Content Corporation）创始人、首席顾问

2020年的广告业最大的特点就是尊重，而尊重的核心就是体谅人们的需求和心理状态。广告业可以通过相关的方法来对信息进行定制，但总是会存在给予人们“恐怖”感觉的风险。“恐怖”是指越线却不进行完全披露。要避免越线，尊重无疑是一个明智的选择。例如，高通移动公司通过诱人的信息为人们提供“选择参加”的机会，而不是直接给人们一个可能不被他们待见的“惊喜”。

> 所有品牌可以去努力赢得消费者更多的尊重。对观众保持坦诚、创造或参与他们喜欢或认可的内容，只向愿意接受其品牌的消费者传递信息，而这些都是赢得消费者尊重的方式……品牌每天都可以有新的机会去走近自己的受众，又不至于侵扰他们。未来赢得市场的品牌可能就是最善于谋略的品牌，他们不仅仅会成功地与受众群建立起亲密的关系，而且是与每位受众建立起这种关系。
>
> 蒂莫西·迪凯纳
>
> 《我们支持创作者》编剧 / 顾问

尊重他人就是给予消费者机会来选择是否要接收信息或参与体验。尊重他人就是明白每个人都是不一样的，而且会从不同的角度去体验广告。尊重他人也是在人们选择接收你的信息或者是与你的信息进行互动时表示感谢。

广告拦截也就意味着个人不愿意接受广告商传统的交易方式：“我为你提供内容，所以不管我选择让你忍受什么，你都必须忍受。”或许通过遵循 R.A.V.E.S. 原则来创造内容，出版商、平台、广告商和其他中间商可以在商业模式和营收模式上找到共同点。

假设所有广告商现在感觉自己没有得到大家的尊重。那么不妨想象那些让人头痛的问题：造成干扰的、导致不便的、侮辱人的、强势入侵的、不合适的、强人所难的、不完整的、不加选择的、不顾及他人感受的。这些贬义词会给人们什么感觉？西尔斯控股公司（Sears Holding Corporation）在线业务部副总裁布兰登·佛勒（Brendan Foley）写道：

如今，各品牌 85% 的家庭销量来自女性，她们是网上市场的主力军，而且在社交网络活动中的参与度也高于男性。不过最近的调查显示，许多女性感觉市场营销人员对自己存在误解，她们收到的信息并不符合自身兴趣，或者是有悖于她们消费信息的方式。

如何做到不越线

到 2020 年，数据流将会让广告商、广告代理机构、媒体所有人和越来越多的居民更多地了解到大家的生活和媒体流。因此，隐私问题将会变得前所未有地重要，制定合适的协议和保护举措将成为维持信任必不可少的方法。

哈米什·普林格尔（Hamish Pringle）

23 Red 公司非执行董事

大数据时代提供了众多的机会将侵入性提高到一个新的层次。最近，一位同事准备搬到一座新的城市。他收到了盖璞公司（The Gap）的促销邮件，其邮件标题是“不喜欢打包？那这可以帮助你。”尽管我们都知道自己的线上活动会告知市场营销人员我们的偏好和位置，但这种促销让人感觉过于个人化，给人造成了干扰，更不用说还晚了数周时间。当然，人们在和品牌互动时必须找到一个平衡点。Peerage 资本公司董事长兼首席执行官迈尔斯·纳达尔（Miles Nadal）解释说：

作为消费者，我们现在开始明确懂得自己正在获得什么，有时候又是通过放弃什么来换取这种平衡。作为广告商，我们始终迫切希望了解更多，而且始终处于破坏那种平衡的危险之中。我们都处于精英管理的社会。消费者最终将控制这种交易，就算不是在最开始，那么长远来说终将如此。

co:collective 公司战略总监汤姆·莫顿提醒大家注意如果不能找到平衡点将会带来什么后果。在未来“愚蠢的过度定位场景”中，“**品牌和媒体所有人将会**

根据对错参半的算法，通过新兴的媒体渠道向消费者猛烈地发送广告，借此争取顾客。借用拉塞尔·戴维斯的话，正如电影《银翼杀手》（*Blade Runner*）所描绘的，未来将只是由团购网站 Groupon 所带来的那种未来”。

在相关性问题上越线是骚扰人们的方式之一。MakeLoveNotPorn 公司、IfWeRanTheWorld 公司以及 Behance 公司创始人兼首席执行官辛迪·盖洛普（Cindy Gallop）则采用了另一种方式来探讨这个问题：

> 从“收看这些广告后可免费下载”到“如果同意在电话中收听广告就可以免费拨打电话”，以及片头广告倒计时（“还剩 10 秒、9 秒、稍等，还剩 8 秒”），所有这些方式都是基于广告是一种糟糕的东西的观念，并在向受众传递着这种信息。因此人们不得不被欺骗、哄骗、劝说、乞求、贿赂或勒索来收看广告。

如今，得到赋权的消费者将会开心地让品牌知晓，什么时候它们在尊重消费者的问题上越线了。在新加坡，一家保险公司在 Facebook 上为一对非同寻常的恋人建立了账户，并且得到了 3000 人的关注。后来事情披露，这对恋人实际上是一段保险广告中的演员。这件事情造成了很大的负面影响，不仅广告中的两位演员受到了个人威胁，保险公司也无法为自己澄清。现在，当得到赋权的消费者感觉自己被操纵或被愚弄，他们就会回怼。

我们无法容忍在人际关系中存在侵扰和操纵，所以我们为什么要与那些造成侵扰和进行幕后操纵的品牌和公司进行沟通呢？我们在上文中列举了造成困扰的各种问题。假设一切都可能朝着另一个方向发展呢？也就是广告会尊重受众，按需播放，充分考虑到人们的时间、精力、情绪和智力情况，而且会充分意识到受众的各种差异。

> 2020 年，不论品牌生产或销售什么，从根本上来说都是同一个行业，要做的就是争取顾客的口碑宣传，为他们提供服务，并让他们满

意。品牌及其受众之间脱节的问题是完全不可容忍的。

山姆·汉纳

Athenaeum Worldwide 公司国际总监

可采取行动的：听起来不错，那现在该怎么办呢

未来的广告信息必须非常聪明巧妙。如果它们不能与满足感和支付机制整合在一起，让人们可以立即做出决定，那么就会失去很多销售额。品牌和广告代理公司必须将每条广告信息都视为潜在的购买点。

拉维·基兰（Ravi Kiran）

DazzleToday、VentureNursery 和 Friends of Ambition

公司联合创始人兼首席执行官

包括广告在内，2020 年的接触点应该利用多种方式让观众可以立马轻松地采取行动。社交媒体提供了转发推文、点赞、发帖、评论、分享、批评和做出反应等选项。病毒性的广告能够以难以置信的速度覆盖全球数百万人。各种创新的支付方式让购物之旅变成一键点击：了解更多、选择加入、选择退出、试穿、借款、收看、探索、要求、保存、稍后、标签、评分、回应、评论、提醒、日程安排、联合创作……

布兰登·佛勒展望了一下 2020 年可采取行动的“许可式市场营销”：

简过着自己的小日子，而她的广告服务商通过她使用的各种设备来试图吸引她的注意，例如，她的电动汽车上的仪表盘、她的手机、平板、个人电脑以及数字电视。在简看来，采取行动是相当简单和直接的事情。她一边与朋友视频聊天，一边在线收看黄金档电视剧，当她看中节目上的某个商品后只要点击该商品就可以买下来。或者她在购物广场购物时，她的手机会收到提醒，告知她当地电影院即将播放的一部电影。对简而言，如果没有了这些个性化的广告服务，难以想象这个世界会变成什么样。这也解释了为什么她

在收看这些广告的同时，会在超过 20% 的时间里采取相应的行动。

户外广告方面的创新也提供了众多有趣的、便于采取行动的机会。例如，三星公司在各种户外环境（购物广场、机场、电影院等）中设置了海报来宣传自己的新款手机 Galaxy S3。这些海报均配备了近场无线通信技术（Near Field Communication，NFC）。用户通过用自己的手机去轻敲这些带有近场无线通信技术的海报，就可以下载免费内容（歌曲、故事和视频）。只有三星手机的用户可以访问这些内容。近场无线通信技术、二维码和地理定位技术都可以提供各种有趣的方式，便于品牌按照移动设备使用者的要求来提供内容和体验。

关于可采取行动的接触点的另一个例子是耐克公司的 Summer 2014 Fuelbox 活动。这是一段类似于游戏的体验，针对的是耐克 Fuelband 个人健身追踪器的用户。耐克公司在纽约曼哈顿周边的一些地点设置了临时的售卖机，用户可以使用其在 Fuelband 上累积的分数来兑换奖励品，例如帽子、T 恤和手表等。这些分数必须是当天赚来的，借此鼓励用户通过锻炼来赢得免费的运动装备。

耐克公司通过 @nikenyc 这个 Twitter 账户提供了 Fuelboxes 售卖机所在位置的线索，并通过社交媒体来同时传播和放大两条信息，这既是对现有顾客的一种奖励方式，同时也是在表明公司对 Fuelband 平台将给予不断的支持。这是一种非常聪明的方式，强调了耐克公司致力于打造品牌生活方式，同时也邀请了人们进行锻炼来换取奖励。

有价值的：给人们其所需和所想要的东西……或者超出他们的期望

社会中的大部分人已经对那些曾经知名的机构和公司不再信任，因此品牌将必须如履薄冰，小心翼翼地管理自己与核心顾客群之间的关系和自身形象。这不仅仅意味着品牌要承担起一定的社会责任，同时还要管理品牌与顾客个体之间一对一的互动。

托马斯・伯克哈特

托马斯・伯克哈特品牌建设和战略公司全球品牌打造专家

2020 年的接触点将要为顾客创造价值，同时也能推动广告商的短期和长期价值。改变广告和所有接触点，让它们本身具有价值并能创造出价值，从而为文化和社会带来积极的影响。

在这个世界里，规模并不只是取决于媒体预算，还取决于快速的创意。要适应这个世界，品牌就必须调整自身的思维方式。品牌不要去问“针对这个内容，我们想表示什么”，而是应该开始问“为什么有人选择消费这个内容”。“内容”是关键词，因为以选择为基础的印象靠的是解决方案的多样性，其中很多解决方案不同于我们过去对广告的看法。

因此，你要做的就是，明确你的受众希望获得哪些类型的内容，然后培养自身能力去创造这些内容（或者是寻找可以创造这些内容的合作伙伴）。

亚当・卡希尔（Adam Cahill）

Anagram LLC 公司创始人

巴巴・谢蒂（Baba Shetty）

Digitas 公司首席战略和媒体官

正如我们此前所探讨的，价值有两个维度：一个是认知维度，另一个是情绪维度。接触点可以在这两个层面吸引我们。它们可以提供金钱价值（优惠券、折扣）、教育、信息、娱乐或者是以上所有方面的价值。此外，这些维度既适用于个人（省钱、成为“消息灵通人士”、获得最新装备、让爱人惊叹），也适用于整个社会（环境、社会或政治影响）。

我们众多的参与者均强调，能提供多维度价值的接触点是一项重要的变化。Linqia 公司创始人兼首席执行官玛丽亚・塞普卡（Maria Sipka）解释说：

> 广告商必须将它们的信息传送从销售商品变为提供信息、娱乐、激励和教育。这种方法可以为广告商赢得受众的关注度和忠诚度，让他们能够去建立持续的、新的、有价值的关系。广告商不再需要投入大量的资金来制作漂亮、昂贵和机智的广告和宣传。这些预算的管理者必须深入钻研自身品牌、业务或组织的核心，将品牌或组织自始至终创造的宝贵价值重新打包成有一定相关性的内容和体验，从而可以吸引受众，同他们去分享，并进行适当调整。

认知价值是针对我们的大脑的，它既能解决我们的问题，又能在财务方面给我们带来帮助，并对我们的生活和正在努力完成的工作都有一定的意义。但我们日渐明白，内心才是真正的决定者。我们会做出情绪化的选择，然后再去为这些选择找理由：我之所以响应该广告是因为它能让我的生活更加美好，让我找到自我价值和认同感，而且给我带来了积极的心理影响。

赛斯·高汀解释了为什么在数字化时代里，创造人们所在乎的东西是成功的关键：

> 在互联网上唯一可以建立的资产就是许可。得到允许可以与想要交谈的人说话，预测并发送个性化的相关信息给那些希望得到这些信息的人，并且在这些人之间建立起联系。那是我们所能建设的，也是我们应该去加以衡量的。我们要加以衡量的不是究竟有多少人为我们所制作的视频点赞，而应该是有多少人希望能接收到我们的信息。

而且在数字化时代，人们不仅仅想要获得内容，同时还想要与其他人分享内容。前者重要，后者同样至关重要。正如菲尔德咨询公司（Field Consulting）总裁彼得·菲尔德所说的：“**社交媒体是个人化的东西，它们的吸引力在于可以将人们和其他人联系在一起。如果品牌想要在这个空间里获得成功，就必须不断提供最新的社交货币来赢得人们的欢迎。而社交货币就是人们想与其他人分享的创意。**”

有趣、触动人心和鼓舞人心的广告就是人们想要去分享的内容，也是最可能得到病毒式传播的内容。在最新出版的书籍《疯传：让你的产品、思想、行为像病毒一样入侵》（*Contagious: Why Things Catch On*）中，沃顿商学院教授乔纳·伯杰（Jonah Berger）根据其研究发现提出了让创意疯狂传播或值得分享的六条原则。这六条原则被简称为 STEPPS。

- 社交货币（Social Currency）：让谈论创意变得很酷；
- 诱因（Tiggers）：让创意在第一时间被人们想到；
- 情绪（Emotion）：让人们有所感触；
- 公共性（Public）：随处可见；
- 实用价值（Practical Value）：具有一定的实用性；
- 故事（Stories）：可以成为交谈的主题。

一个创意或故事只有可以轻松地被分享和复述才会被“疯传”。人们喜欢去分享那些让他们有所感触的东西。凯马特（Kmart）公司充分利用这点组织了自己的“给我将裤子发过来（Ship My Pants）”的宣传活动。为了彰显它们免费的在线配送服务，并消除店面商品常常缺货的坏名声，它们制作了简短的 YouTube 短片。在视频中，人们对凯马特公司“给我把裤子 / 床 / 内裤发过来”的活动表示怀疑。这场有趣的低成本宣传片很快就获得了病毒式的传播，在短短八天内的浏览量达到了 1500 万次。

这些有价值的不同组成元素让我们看到，逻辑和方程式的世界还必须与从音乐到气味、从视觉到触觉、从虚拟到现实的种种感受和思考搭配在一起。正如此前所探讨的，事实已经证明，这是品牌建设长期效力的必要方式。**金钱价值刺激消费者去购物，但并不一定足以刺激他们去重复购买，或者是将商品或服务推荐给同龄人**。卓更（Dragon Rouge）纽约公司首席执行官皮尔斯·麦凯布（Pearse McCabe）解释称：

> 市场营销人员必须去了解他们的目标受众在哪里、如何经营生活、什

么问题让他们头痛、他们看重什么、又为什么会如此。成功的品牌故事必须利用这些空间，让这些操作变得简单，解决这些问题，并且为这些价值提供支持。真实丰富的故事不仅能解释品牌的身份，还能同消费者自身的故事挂钩，发现让两者建立联系的机会。换言之，让消费者看到品牌在情感和理性这两个层面能为他们做些什么。

最后，价值可以是共同创造的，而不是零和博弈。在《兼攻之道》(*Doing Both*)一书中，因德尔·西杜（Inder Sidhu）通过多年的证据证实，当经理人所做出的决策可以实现多个积极的目标时，相对于那些必须进行权衡和输赢选择的决策而言，其结果要好很多。

巴塔哥尼亚公司（Patagonia）就是一个很好的例子，它充分说明了有理念的品牌可以在社会效益和自身经济效益两个方面取得双赢。该公司在 2011 年发起了“不要购买这件外套”的宣传活动，鼓励顾客对所购买的巴塔哥尼亚户外服装进行再利用和循环利用，而不是购买新的巴塔哥尼亚产品。巴塔哥尼亚公司富有传奇色彩的创始人兼公司所有人伊冯·乔伊纳德（Yvon Chouinard）是个喜欢独来独往的冒险家，他的生活方式充分体现了该公司所传递的信息，让人们去信任公司的宣传口号，而不是把这当作一种销售伎俩。此外，巴塔哥尼亚公司还使用循环使用的瓶子来生产自己的抓绒外套，其总部使用的是太阳能发电，而且公司将收益中的部分捐赠给了环保事业。其宣传活动的结果就是：2012 年，在其“少买”的市场宣传活动进行了九个月之后，巴塔哥尼亚公司的销量增长了近三分之一，达到了 5.43 亿美元，公司也在此期间增开了 14 家门店。

巴塔哥尼亚公司的例子得到了尼尔森公司消费者神经科学部门首席神经科学家卡尔·马尔奇（Carl Marci）的认同：

> 现代神经科学明确证实了大脑内潜意识数据处理的极度重要性。情绪中枢会早于认知和其他理性中枢接收和处理感官信息，然后对相关大脑行为

产生巨大的影响。这些包括大脑内产生情绪反应，然后我们的身体会感受到这些情绪反应，影响到我们的注意力方向，从而提高学习和增强记忆，最终推动我们的行为。因为情绪中枢在大脑内占据了明显的位置，而且缺乏与语言中枢的直接联系，所以消费者所述的或自述的反应都是不完整的，通常会因为社会背景和复杂的认知而存在偏倚。这种干扰的存在会让人想起并混淆对行为内容的预期。研究必须能更好地引导广告商去创建充斥着情绪触发条件和相关人物的故事，同时将产品收益整合到故事之中，微妙地介绍产品特色。广告商必须去接受对神经科学的新了解，这些新的了解会补充和扩展传统的方法。

非凡的体验：让人们念念不忘

> 在未来，广告将等同于体验。它可以是一种被人们分享的体验，例如“我在这里，你也应该到这里来”，或者它可以是由个人所创造的体验，比如：“我具有创造力，创新精神，而且也有远见。”而且事实上，广告变成了“我的个人渠道”，用来宣传这些能力。
>
> 肯尼斯·尼施（Kenneth Nisch）
>
> JGA 公司董事长

到 2020 年，人们将同等对待品牌的各个接触点。他们希望所有的接触点都能带来出色的体验。而某个品牌所带来的非凡体验将成为人们针对所有体验的事实标准。

> 我们现在确切地知道，品牌偏好最重要的激发因素来自目标受众的潜意识。这些隐藏的激发因素被称为“线索和代码”，它可以是个人对特定颜色、图标、音乐的积极反应（这是最有效的激励方式），也可以是某段有趣的、具有创造性的品牌体验。持续为受众提供他们可以看到和感受到的、体验式的品牌理念，将会帮助品牌在 2020 年赢得商业成

功。苹果公司并不提供咖啡，但它们始终提供最佳的体验。

马克·卡托（Mac Cato）

卡托咨询集团（Cato Consulting Group）董事长

目前，许多品牌在努力创造这类出色的体验。维珍大西洋（Virgin Atlantic）航空公司2013年7月在纽约市提供了一段经典的非凡体验。该航空公司在泰晤士广场安装了一把红色的公园长椅。每当有人坐到这把椅子上的时候，就会有空乘人员前来打招呼，并且提供各种头等舱级别的服务（精美的食物、香槟酒、数字化娱乐和现场表演）。尽管这段体验不太可能让普通人去购买国际航班的头等舱机票，但它能让大众意外地好好了解航空公司所提供的优待，并且肯定对维珍大西洋航空公司的印象不同于其他航空公司。

另一个例子就是Adobe公司。该公司在芬兰组织了一个现场PS炫技，来宣传其创意日（Creative Day）的活动。从多个方面来看，Photoshop的意思也就是不真实。“photoshopping”是指粉饰名人照片中的种种小缺陷，将现实情况处理成理想中的样子。Adobe**公司直面这些批评，为街上的行人们创造了一段意想不到的有趣经历，用轻松的方式为大众演示了这些照片处理工具的创造潜能**。

美捷步（Zappos）提出了“传递快乐”的口号，给大家带来了一些别具一格的体验。该公司同时还为大家提供了非凡的现场体验。2013年感恩节的前一天，公司在美国休斯敦机场将行李提取变成了一种轮盘赌形式的游戏。如果旅客的行李和奖品同时到达传送带上，那么旅客就可以赢得这些奖品。奖品是美捷步公司各种各样的商品。美捷步公司之所以选择休斯敦，是因为美捷步公司在该市场中的忠诚顾客数量相比最多。公司选择了一年内机场最繁忙也是客流压力最大的时候来举办这场皆大欢喜的宣传活动。这些惊喜不带任何附加条件，充分提升了美捷步公司创新型企业的形象，并树立了该公司以人为本的声誉。

上述这三个品牌在公共场所内与人们直接进行互动，给人们带来出其不意的体验，这其实也是一种冒险。它们的宣传活动必须事先进行精心的策划，并要保证执行到位，这样才能创造合适的影响，为相关参与人员、现场目击者和所有可能在社交媒体上观看这些活动的人带来非凡的体验。**但非凡的体验也可以小到只是顾客与在线客服或线下客服之间的一次让人愉悦的互动**。ISBM 公司执行董事、宾夕法尼亚州立大学斯米尔商学院（Penn State Smeal College of Business）市场营销学教授拉尔夫·奥利瓦（Ralph Oliva）提醒我们注意，这种一线的顾客体验是至关重要的：“**在我们即将迎来 2020 年时，这种方式可以给人们带来一些目前少有的体验，即公司员工和顾客之间真真切切的接触和高质量的对话。小公司将能够借此让自己脱颖而出**。”

关于非凡体验，最吸引人的莫过于双赢的结果。弗雷斯特研究公司自 2007 年以来一直针对顾客体验进行调查研究。该研究从以下三个方面来测量它们对公司 / 组织的营收的影响：

- 公司 / 组织是否能**高效地**满足你的需求？
- 与他们之间的生意往来是否**轻松自在**？
- 与他们之间的生意往来是否让人**乐在其中**？

相对于排名最后面的十家公司而言，排名前十位的公司在口碑推荐率上高 8%，顾客流失率低 38%，复购率高 54%，推动公司的营收增加了 47 亿美元。**在水印（Watermark）咨询公司的研究中，从 2007 年到 2012 年，在顾客体验方面的领先者们同样跑赢了市场整体，其总回报平均要比标普 500 指数高三倍**。

越来越多的企业希望能成为非凡的体验型品牌，因此，企业的首席执行官必须认同企业全面品牌体验的观点。在体验型品牌的建设方面最好的例子就是那些世界最知名的品牌。这不是因为它们在广告上投入很大，而是因为它们的顾客已经将这些品牌提升到了新的高度。顾客们喜欢体验型品牌，因为这些品牌可以让他们过上更好的生活。这些品牌衡量成功的标准是顾客的生活质量，以及它们成为受人信任的顾问的程度。顾客的联合创造、分享“自己的品牌”，以及针对自身体验提供实时的反馈，都能够让公司的员工抓住重点，赢得奖励。公司将任命首席体验官通过重要的方式为自身品牌赋予一定的生命。部分首席执行官早已设立这些岗位，且让这些首席体验官直接向自己汇报。但这些还仅仅是开始。

米歇尔·博顿利（Michelle Bottomley）
美世（Mercer）咨询公司市场营销总监

所有这些证据都能证实非凡体验的有效性。我们应该思考一下，我们在试图与他人进行沟通时是否正在为他们提供非凡的体验。这些体验既包括在预料之中的地方，也包括一些预料之外的地方提供给他们。

值得分享的故事：告诉我的东西要值得我花时间和精力去听

广告的叙述架构单靠奇闻异事来提出自己的主张是行不通的，而应采用以品牌为主角的三段式故事。

蒂姆·弗莱特瑞（Tim Flattery）
MEC 公司执行创意总监

在“2020 广告项目”的参与者中，有很多人着重强调了品牌讲故事的能力的重要性。正如皮尔斯·麦凯布所说的：

讲故事是与消费者建立联系最直接的方式，也是效果最为持久的方式之一。不管怎样，这是我们人类最基本的沟通方式。故事是我们处理和分享信息的方式。它们让品牌具有一定的含义，建立起相关性，并且能激发人们的情感。我们通过故事去了解身边的世界，去懂得事物的道理。分享故事则是我们建立联系、发现彼此的共同点和差异，以及找到合作方式的一种方法。

到 2020 年，会有太多的传播方式来竞相争夺我们的关注。要想在浩如烟海的信息中脱颖而出，惊喜因素是最有可能帮到大家的。但如果没有辅以故事，经不起得到赋权的消费者的认真研究，那么这种惊喜也就无法达到预期效果。这个故事是编造的吗？或者这个故事内容是员工们乐于分享并引以为豪的东西吗？这个故事是否与受众所看重的某种东西有关，也与每位董事会成员有关？

讲故事始终是品牌传播的核心，也是与人们联结的最基础的、最主要的方式。正如 The FiftySeven 公司国际合伙人马克·莫里斯（Mark Morris）所写的：

讲故事让传播从干扰变为参与，从重复操纵变为价值创造。人们仍然希望获得可靠的真相，现如今，他们可以选择按照自己的条件来与品牌打交道。因此，在争取受众参与的时候，品牌提供的信息是否能给受众带来收益将会是其中最重要的推动因素。所以这些信息必须在合适的背景下得以展现。**认知心理学家杰罗姆·布鲁纳（Jerome Bruner）说："隐含在故事中的真相更容易被人们记住，并比故事本身高出 22 倍。"**所以如果某品牌的故事中包括一些有别于其他品牌的真相，那么这些真相的传递方式就必须是让人们乐于去倾听的。

MediaLink 公司董事长兼首席执行官迈克尔·卡森（Michael Kassan）对此表示认同：

在数字生态系统里，不断地变化是一种常态，新挑战和新机遇将会不断地出现，一切都是在永恒的运动中，速度惊人，而且就连定义都不会保持不变。但能否出色地讲述任何形式（或者任何长度，就算是 140 个字节）的故事呢？对这种能力的需求始终存在。

但为品牌或产品创作故事并非易事。如果没有迷人的角色或精彩的情节，这个故事就不能让人产生共鸣。Story Worldwide 公司联合首席执行官、首席故事讲述师柯克·谢菲茨解释说：

广告不再是我们所熟悉的样子，2020 年的广告将成为品牌故事，比如童话故事、新闻报告、史诗故事、历史和浪漫故事，等等。这些故事必须非常有趣、信息量大、吸引人，而且对受众来说有一定的价值，这样人们才会真正愿意去搜索这些故事，选择去看和听这些故事。这些故事还必须同时做到以下三点：

- 阐述品牌的核心理念；
- 挖掘品牌受众的核心兴趣点，层层推进说明品牌对人们的重要性；
- 力争实现品牌的商业目标。

当然，故事不一定要以文字的形式呈现，它也可以通过图像或丰富的体验来加以阐述，将各相关的接触点整合在一起，形成连贯、全面且持久的叙述。对此，Airbnb 首席营销官乔纳森·米尔登霍尔（Jonathan Mildenhall）是这样解释的：

> 我们必须关注讲故事的发展演变。我们必须从单向地讲故事变为动态地讲故事。什么叫动态地讲故事？也就是要将品牌理念系统性地分散到多个对话渠道，从而建设统一协调的品牌体验。

将故事与其他 R.A.V.E.S. 要素放在一起，引人入胜的故事才能消除多数人面对品牌信息时的冷漠现象。拉弗格单一麦芽威士忌品牌（Laphroaig Single Malt Whiskey）最近在英国开展了一项宣传活动，该活动就充分证实了令人惊奇的故事与其他 R.A.V.E.S. 要素搭配究竟能创造出何种美妙的效果。2014 年 5 月，拉弗格公司推出了“欢迎提意见”的活动。它们拍摄了真人品尝公司威士忌产品时的反应并在广告中加以使用。其中许多人的反应非常有趣，很多是负面的评价。这些相当戏剧化的产品评论在广告中相当显眼，其中包括有：

> “这就是浓烟交响乐。尝起来就像是医院着火的味道。”
>
> “这感觉就像是被马蹄子直接踢中脸部，关键是这匹马此前还在泥潭里飞奔过。”
>
> “我感觉它们让奶牛在这酒里泡过澡。”

这些评价的坦率和幽默实在是出人意料。品牌在广告中使用这些产品评价实属冒险之举，但它们尊重了自己的受众，毕竟大家对美味的标准都是不一样的。它们的这种方法既赢得了人们的笑声，也创造了商业信誉。

讲故事、故事创作、故事场景打造

拉弗格公司的宣传活动让我们看到，要创作令人惊奇的故事，其中一种有效的方法就是做一些有趣的事情，然后再围绕这些事情来讲故事。这种战略被称为“故事创作”，也就是在广大受众中创造兴趣点和热情。BigEyedWish 公司创始人兼创意总监伊恩·维申格拉德（Ian Wishingrad）曾写道：

> 故事是每个伟大品牌的基础，而当今这些品牌很少有此类故事。遗憾的是，在我们生活的时代，人们没有时间、耐心或才华去创作精彩的故事，我们只能去靠那些可以营造热点的故事。客户们心想：“至少它们在为我们说话，在发推文。”在一定程度上，这是对的，但只是一个月内拥有部分出色的公共关系热点并不是长久之策。真正的解决方案是在各大媒体上始终如一地讲述你的品牌故事。

例如，拉弗格公司的“基石”就是这种后天形成的但相当著名的口碑。而它们的纸质广告和视频也都在给予支持——不断传播这段故事。

另外，我们“2020 广告项目”的参与者加斯顿·莱戈布鲁（Gaston Legorburu）和达伦·麦科尔（Darren McColl）提出了“故事场景摩天楼”（Storyscaping）的概念，即品牌通过线上线下的互动，为自己的受众打造一个身临其境的世界，营造情感上的联系。他们发现，当人们喜欢上某个故事，并且积极参与故事的创造，就能创造出神奇的效果。他们的这种方法旨在系统化地鼓励多感官参与，充分证实了如何将这些理论变为现实。

未来的广告必须涵盖上述提到的各个要素，并且通过各个接触点来讲述真实可信的故事，给人们带来惊奇和惊喜。品牌将要吸取记者和故事讲述者们在过去三万年里总结出来的那条教训。

> 到 2020 年，消费者将会完全拥有广告。他们将会决定广告的创意和信息传递，解释广告应该起到什么作用。品牌经理和广告商将不再有机会采用任何强推式的策略……品牌能给消费者提供什么样的体验，又能够通过这些体验激发消费者什么样的情感，这一切都将决定品牌是兴旺发展，还是勉强存活。更不用说消费者正在被改变、被赋权，拥有了我们这些广告商和市场营销人员小心加以保护的品牌，因此“广告业的真理”将会被赋予新的含义。
>
> 米歇尔·泰特（Michelle Taite）
>
> 联合利华全球品牌高级经理

品牌不再需要考虑如何通过操纵或侵入手段来获得关注了。真实且具有创造力的故事将会开启与人们进行沟通的渠道。想象一下“2020 广告项目”，这将让我们有机会来为当今的工作制定标准，以便到 2020 年时能达到、可能且应该达到的水平……或是在 2020 年之前就做到这些。如果这些目标都得以实现，那整个世界将会变成什么样？人们对品牌和广告将会有什么看法？员工和股东们将会获得哪些经济和社会收益？“广告”将会被如何重新定义？如果广告商因为这些转变而被《时代周刊》（*Time*）杂志提名为年度人物，那又会怎样？通过各个接触点来创造符合 R.A.V.E.S. 原则的广告，只有这样才有可能实现那种转变。

> 从最积极的角度来看，我们正朝着新的真理时代迈进，而这种脚步是不可逆转的。我们所获得的真理就是产品能做什么、它们是如何被制造的、又是被谁制造的、它们的制造商承担了什么机会成本，以及它们的性能如何。是的，这就是广告业的真理。
>
> 罗伯·诺曼（Rob Norman）
>
> 群邑集团（GroupM）全球首席数字官

实践案例

R.A.V.E.S. 内容指南

流动餐车上的 IBM 沃森计算机

广告代理公司：奥美广告公司

艾菲奖：2015 年 B2B 金奖

目标 / 待解决的问题

IBM 公司希望能向心存怀疑的开发商和初创企业证实沃森计算机在 B2B 领域的创造性潜能。

方法

2014 年，IBM 公司为一台参加奥斯汀西南偏南艺术节的名为“认知美食”（Cognitive Cooking）的流动餐车上安装了沃森计算机。人们通过 Twitter 来提出菜单建议，然后沃森计算机利用其算法和对食用化学调味料的了解，给人们带来了意料之外的、闻所未闻的食物组合和菜单。

结果

IBM 公司成功地证实了认知计算系统在现实世界的应用，以及它们可以如何得出具有创造力的解决方案和创意。数千名开发商联系 IBM 公司，想知道它们可以如何在沃森计算机的帮助下进行建设性的工作。

经验总结

IBM 公司营造了遵循 R.A.V.E.S. 原则的体验，用出人意料的、具有创造力的、令人惊奇的且颇具影响力的方法证明了其产品的魅力。

引自：艾菲奖得主，2015 年

关键点

Beyond Advertising

Creating Value Through All Customer Touchpoints

相关性、尊重、行动、价值、体验、故事——这些要素共同构成了为个体提供广告的基础，而并非针对个体进行广告。

个性化是上述各个方面的基础。个性化就是指广告使用你所熟悉的语言、介绍你所看重的东西。个性化并不是最终目的，而是为了让你能选择参与广告，这点相当重要。

正如我们所知，个性化通常也是比较个人的。所以不管我们是否身处广告业，都有重大的责任去尊重个人的隐私界限。在这个方面，R.A.V.E.S. 指南将能够给予我们帮助。

个人各有差异，要赢得尊重，真实可靠性就成了最基本的要求。公众的质疑心和对信息的掌握达到了前所未有的程度。如果看到自己不喜欢的东西，倘若这样的东西让人感觉存在攻击性或是虚假的，人们可以通过无数的平台去发表意见。因此 R.A.V.E.S. 原则并不是可选项，而是必须遵守的规则，这也是必然的。

Beyond Advertising

AD

第6章 充分利用场景的巨大力量的 M. A. D. E.^{S} 指南

场景广告不仅仅要与内容相关，还要与时间、地点和其他各种场景因素相关。因此，场景广告必须在合适的时间、合适的地点，通过合适的人群（例如人们所信任的人）传递给消费者，这样的效果才会更好。广告商不用过多地干扰人们的生活，而广告也不一定是令人生厌的东西。事实上，广告能够做到与场景契合，甚至会变成受人们欢迎的东西。

迈克尔·吴（Michael Wu）

锂科技公司（Lithium Technologies）首席科学家

在生活中，我们都知道时机决定一切。如果在错误的时间或地点向他人提出建议，不仅在当时效果很差，甚至有可能会影响到可见的未来。就算我们所提的建议合理正确、完美无瑕，那也是在浪费彼此的时间。如果我们郁闷地走开，可能永远都不会有第二次机会。相反，寻找合适的时间、地点和环境，做好准备，或者直接创造合适的环境，在他人处于合适的心理和情绪状态时提出建议，这样就可以力争得到他人的积极响应。因此，**我们在此后的各种环境和情景下都要三思而后行，坚持不懈，这样才能建立持久的联系，树立信任，得到他人的认可。**这就是场景的力量。

到2020年，品牌将会和人们一样遵守这些标准，而且它们将拥有必要的资金、兴趣，以及动力来传递它。科学技术的发展将让我们拥有前所未有的能力，来倾听和了解人类在心理、社会和文化方面的自然本质，同时也将有不断发展变化的技术来预测、感知和满足这些细微之处。零售业专家、TNS全球公司科学顾问赫伯·索伦森（Herb Sorensen）谈到了这些发展如何替代了数百年来经过千锤百炼的个人销售技巧，来推动以数字为媒介的销售：

> 在自助服务零售之前的零售是通过中介来达成的。店主或销售人员都会在店内推动、协助和加快销售的达成。而与之形成鲜明对比的是，自助服务零售在很大程度上是无中介的销售。对于在线销售而言，最有效的销售就是通过数字化手段来推动的销售方式，它利用对购物者和商品的了解，通过算法来协助并推动购物者做出购买决定。

出版商、生产者、游戏玩家、媒体、平台提供者、零售商、技术专家、建造师、产品、服务、软件和手机应用开发商，以及他们的合作者们正在不断地开发大量的工具和技术，并通过充分利用各接触点来丰富多样化的场景。正如The Wonderful公司副董事长、共同所有人琳达·雷斯尼克（Lynda Resnick）和苹果公司创意副总监肯·扬莱布（Ken Youngleib）所写的那样：

> 广告商很快就会对个人的生活方式、购买习惯甚至是他们所处的地理位置有充分的了解，从而能够传递定制化的、相关性强的信息。前往超市的妈妈们将会在自己的智能手机上发现目的地超市的优惠券。

欧洲互动广告局前总裁兼首席执行官阿兰·霍莱克斯（Alain Heureux）这样说道：“**到2020年，广告将仍会主打情感牌，但其效果也将会在科技和数据的帮助下得到大幅提升：在合适的时间和地点通过最吸引人和相关度最高的信息走近合适的人，这个理想应该会变得更可能实现……而这一切的基础就是一段值得让人信赖的对话！**”米瑞姆公司北美区首席创意官弗雷德里克·波恩则着重强调了这种能力的重要性。他解释道：“**品牌如果想要获得成功，那不仅仅需要通过娱**

乐、信息、工具、服务和对话来提供价值，还必须不受时间地点和接触点的影响，持续不断地提供这种价值。”

那么场景到底是什么意思呢？为了能改变自身的思维模式，适应未来的要求，我们选择了这个词语。它不会将我们局限在过去，而是让我们尽可能全面地、动态地从更广泛的视角进行思考，充分利用能提升我们所传递信息的价值的多种方式，而无论我们已经说了什么，何时、何地以及如何说的。**未来，场景将会与内容一样具有强大的影响力。我们不再去争论究竟谁主沉浮，而是相信高手将会充分发挥价值创造的方方面面，以实现三重底线。**

在创建场景（例如建设网站和打造客户服务时）或参与此前开发的场景时，场景洞察力同样重要。在参与此前开发的场景时，例如，使用 Facebook 或彭博媒体（Bloomberg Media），你必须符合相关场景的文化和审美要求。

我们代表“2020 广告项目”的参与者提炼了六条场景设计原则，供大家在思考未来的场景时参考。这些原则并不一定适用于各接触点，但鉴于它们拥有巨大的影响力。我们建议大家针对每一条进行创造性思考，并常常对照这些原则进行深思，以提炼出新的思想。我们将这些原则命名为“M.A.D.E. 协同影响”，或 M.A.D.E.^{s}，即与其他接触点协同，就能创造指数般的影响力，如表 6–1 所示。

表 6–1　　M.A.D.E.^{S} 场景指南

M	调动多重感官
A	受众的情绪
D	传播机制、界面和平台 / 媒介
E	环境和位置
S	同其他接触点的协同效应

- **调动多重感官**（Multisensory Esthetic，M）。除了始终重要的视觉和感觉之外，如何能同时顾及五种感官？如何利用这五种感官来强化场景的影

响力和价值？

- **受众情绪**（Audience Frame of Mind，A）。在当前的场景中，受众最近、当前和未来的情绪、心态、心情和角色是什么样的？他们和谁在一起？他们在做什么？为什么这样？
- **传播机制、界面和平台 / 媒介**（Delivery Mechanism，Interface and Platform，D）。特定界面有什么特征和特性，其中包括地理位置、人脸识别、硬件和软件？
- **环境和位置**（Environment and Location，E）。他们在哪里？地理环境中正在发生什么情况？周边环境特有的说话语调和举止方式是什么样的？相关的氛围又怎样？
- **协同效应**（Synergy，S）。某场景是如何通过与其他接触点协同来让自身的价值翻番的？

调动多重感官

品牌将会利用包括视觉和声音在内的多种感官。触觉、嗅觉甚至是味觉都将在广告中得到应用。随着 3D 打印机的普及，我们将能够打印出新车的模型，而驾驶该车在山路上行驶将让我们获得触觉方面的体验。化妆品制造商也将使用可产生气味的技术来替代那些一擦即发出香味的活页广告。

斯科特·波波洛（Scott Puopolo）

思科系统公司（Cisco System）运营商转型小组全球负责人、副总裁

莱谢克·伊兹德比斯基（Leszek Izdebski）

思科系统公司运营商转型小组总经理

如果只涉及实体空间，那么我们可以在各个接触点上充分体现和优化五大感官的影响力。我们可以向最出色的零售商学习。他们懂得如何充分发挥外观、气味、声音、触感和口味的影响力，以创造最合适的体验场景。

我们都知道那些在场景利用方面遭遇滑铁卢的案例：等候他人接听电话时让人难以忍受的音乐；让人烦心、突兀的陈列广告；商店里散发出的霉味；脏兮兮的测试仪；变了味的样品。但如果我们用心好好做的话，音乐、气味、外观和感受、合适的口味，都会让我们处于一个全新的世界。设想一下，如果每个接触点都得到精心设计，并充分考虑到各种感官的影响力，那又会是什么样的？

在这方面有很多案例可以给予人们一定的灵感。例如，我们在世界广告网（Ads of the World）上看到的“耐克气垫王日（Nike AirMax Day）”的广告：

> 中国香港人非常痴迷运动鞋，甚至在香港有一条街就叫作波鞋街。为了庆祝耐克气垫王日活动，我们在那里设立了一些互动设施，以展示这款标志性运动鞋自 1987 年上市以来是如何成为流行文化的一部分的。五位本土艺术家用画来描绘了每年每款气垫王鞋与香港的故事。为了让人们能“穿梭时空”回到过去，在每个互动设施处的艺术品中都隐藏了可调动“视觉、听觉、嗅觉、味觉和触觉”这五种人类感官的设计。这些注重多重感官的设施让人们能够回到过去，重新体验那些熟悉的地方记忆。

关于如何创新性地使用某种感官，另一个例子来自 Oscar Mayer 公司的“就让培根的香味叫你起床”的宣传活动。这场活动由 360i 公司策划。在九个月的时间里，公司开发了一款 iPhone 嵌入式设备，可以用培根的香味叫用户起床。当以培根为主题的特别闹铃响起时，该设备就会散发出香味。该公司只生产了 5000 台设备，用户可以在公司的微型网站上注册，该网站有一段香水广告的恶搞视频，旨在围绕产品进行大肆宣传。Oscar Mayer 公司充分利用了气味、声音和图像来宣传品牌的标志性口味。

同样地，阿根廷的科学研究机构法瓦洛罗基金会（Fundación Favaloro）委托开展了一场广告宣传活动，将味觉与视觉联系在一起，大幅扩大了感官在广告中的使用。这场宣传活动名为“你看得到的盐”，旨在提高人们的意识，了解食用过多食盐的危害性。葛瑞广告阿根廷公司（Agency Grey Argentina）并不是简单地制作一些公益广告，在广告中堆砌各种数据，而是开发了一款霓虹色的食盐，在超市、饭店和公共场所广泛发放，让人们可以相当直观地去认识到其中的添加剂。这场宣传活动被当作世界食盐意识周的开场戏。在世界食盐意识周里，人们可以到法瓦洛罗基金会进行免费的健康体检，并且可以拿到那款装有霓虹色食盐的食盐瓶。为了配合这场宣传活动，基金会还在社交媒体上开展了“#Salfie”［西班牙语中的“食盐”，非常容易与“selfie”（自拍）混淆］的主题活动。这场宣传活动取得了巨大的成功，霓虹色食盐也因此上市销售了，其所有的销售收入都归属法瓦洛罗基金会。

通过对原生广告的研究，我们对可视化场景有了更深入的了解。雅虎亚太公司的同事们此前发现，出版商 / 平台、品牌和受众之间正在形成新的联盟，而且这种新兴联盟具有巨大的潜力。原生广告这个概念不是在网站或媒介上突然出现一些与原有内容无关的东西，而是让受众感觉广告内容正是他们在寻找和体验的东西。一个很好的例子就是《时尚》（*Vogue*）杂志。读者非常认可杂志的前三分之一版面，至少在他们心目中，这些版面和编辑内容是同等重要的。而在这三分之一的版面中，杂志展示的时尚用品、照片和散文，是为了进行各种品牌宣传。

我们从中发现的是场景化的强大影响力。**品牌提供的内容符合人们对编辑内容的外观和感受的标准，得到了受众的高度认可**。我们会接受那些让自身体验锦上添花的广告，而不是那些想抢夺我们注意力的广告。

受众和个体的情绪

研究充分肯定了情绪、心理和社会元素等场景因素的重要影响力。他人有什么感受？他们的情绪如何？相对于其他人，他们在那一刻身处何处？“2020 广告项目”的部分参与者提到了丹尼尔·卡尼曼（Daniel Kahneman）的研究成果。丹尼尔·卡尼曼揭示了大脑中控制情绪的分区有着如何强大的影响力。卡尼曼所著的《思考，快与慢》(*Thinking, Fast and Slow*) 一书就围绕系统 1 和系统 2 这个比喻展开。卡尼曼形容系统 1 是直觉的、自动的、不费力的，也是下意识的。它会将既有信息简化处理成连贯的叙述，也会产生联想，属于印象派。它是情绪化的，不会去进行分析统计，容易上当受骗，而且是启发式的。相比之下，系统 2 则是我们传统意义上的“思考”。它是有意识进行的，会付出努力，并进行深思熟虑，但速度缓慢，会进行统计分析，而且会存有一定的质疑心。系统 1 会针对现实情况打一个草稿，而系统 2 则针对这个草稿进行推理论证，在有了清晰明了的发现后再对草稿进行修正。

系统 2 相比之下更有逻辑性，也更理性。但系统 2 比较懒惰。使用系统 2 要消耗大量的资源 (即时间和精力)。正因为如此，系统 2 常常不是减缓事情的发展速度来对它们加以推理分析，而是满足于接受系统 1 所提供的、对现实情况实用但前后矛盾的描述。卡尼曼明确指出，尽管系统 2 时不时会就方向提出见解，但真正的掌舵人却是系统 1，虽然系统 1 有着种种启发式的缺点。

如果能了解这些因素的微妙之处，我们就可以大幅提升广告的效果。正如神经元公司 (Neurons Inc.) 创始人兼首席执行官、奇点大学 (Singularity University) 兼职讲师托马斯·拉姆索伊 (Thomas Ramsoy) 所阐述的那样：

> 在过去几十年里，认知神经科学已经让我们对人类感知、注意力、意识、记忆力、情绪、偏好形成、决策和社会行为等的了解发生了巨大的变化。如果能了解这方面的最新知识，广告商将能拥有新的技巧和工具来帮助自己与消费者进行沟通，争取他们对自身产品和服务的关注、偏好、选择和满意度。这门科学将让广告业可以使用的宣传工具往前迈出至关重要的一步。

华通明略南非公司非执行主席埃里克·杜·普莱西斯对这一点进行了更为详尽的阐述。他表示，人们自 1995 年开始懂得情绪的重要性。2012 年，人们开始懂得感受，即对自身情绪的认知。到 2020 年时，人们将能够辨别“情绪、个性甚至文化等背景感受”。斯蒂芬·拉帕波特咨询公司（Stephen D. Rappaport Consulting）高级顾问斯蒂芬·D. 拉帕波特同 Mind Genomics 顾问公司创始合伙人兼首席科学家霍华德·莫斯科维茨（Howard Moskowitz）都对该观点表示了认同。他们表示：“**通过对消费者的头脑基因组的分析，将能够实现根据其精神状态来提供个性化的广告。**”他们强调：“**对消费者头脑的基因组进行排序，对其精神状态进行绘制和描述，利用科学手段来制作以人为本的市场营销和广告活动，从而改善人们的生活，这将是大家的竞技场。**”

科技正在逐渐通过人们实时给出的线索来辨别他们的心情，从而可以使我们针对人们的心情来相应地采取行动。乔治华盛顿大学（George Washington University）商学院市场营销学教授多纳·霍夫曼（Donna Hoffman）和托马斯·诺瓦克（Thomas Novak）向我们描述了不久的将来可能出现的场景：

> 在商店里和城市街道上，我们会看到“智能标签”，即一些动态标志，可以使用人脸识别算法来向消费者提供个性化的广告。“开心广告”（Gladvertising）会根据顾客的面部表情来识别他们当前的心情，然后据此向不同的消费者提供不同的广告。该技术会使用摄像机来识别顾客的年龄和性别，而且准确度正在不断提高。卡夫（Kraft）食品有限公司正在对超市内一套标识系统进行测试。该系统的摄像机会根据顾客的人口统计数据和其他因素（例如时间段）来推荐产品。智能标签正在不断地与增强现实技术携手，在实体物品上覆盖数字信息，由此市场营销人员能够识别出特定的消费者，并有针对性地为他们推荐产品，而且能够在街道上就对这些产品进行数字增强。

其他公司正在尝试使用语音识别技术来评估我们的心情。Exaudios 公司的创始人兼董事长约拉姆·莱瓦农（Yoram Levanon）写道：“**通过数年的研究，我们……对 50 000 余份对话进行了测试（西方语言的准确度超过了 75%）。只要分析 10 秒钟的个人对话就可以判断出该人的情绪状态，无须懂得他们究竟在讨论**

什么内容。”

社交平台（请注意，到 2020 年这个词语就有可能过时作废了）已经有大量关于个人选择的信息，而且能够从多个角度来对消费者加以描述，远胜于一般性的信息。在撰写这本书的时候，我们才刚刚开始懂得可以利用统计学来创建相关受众群体，以便品牌发送个性化的信息。

MDC Partners 公司数字创新总监兼高级副总裁基普·沃特科（Kip Voytek）用文字简要阐述了大数据的价值和微妙之处：**“算法是通往市场营销天堂的道路，要有合适的信息、合适的地点、合适的时间（再加合适的价格、合适的产品、合适的地理位置，等等），就算我们看不到算法，多数人也无法读懂执行这些算法的编码，但我们绝对是要依靠它们来取得成功的。”**

受众的情绪则是对基普所列清单的一种重要补充，增加了另一个考量的维度。因为受众的情绪不仅仅是考虑个体的状态，同时还要考虑当时在同一个实体或虚拟世界里的其他人对他们的影响。**当你独处、和学习小组在一起、在音乐会上、坐在孩子们旁边、在家里上网、与全世界其他地方的人组队打游戏，或者因工作的缘故在观看一段产品或服务的演示时，我与你的说话方式都会有所不同。**在每种场景里，你都处于不同的模式，或是独处，或是在学习、听音乐、照顾孩子、玩游戏，或是在商场中驰骋。要清楚地了解和理解你的情绪，就必须懂得你和谁在一起。

> 可寻址能力不仅将变得普遍，而且会从针对整个细分受众群提供一段创意广告，变为进一步对受众进行细分，并根据受众的特征提供不同的创意广告。这种个性化将针对不同的用户采用不同的广告单元，并会对产品植入进行定制。观众将看到不同颜色的不同汽车，驾驶汽车的也是不同的剧中英雄，同时他们还会听到不同的对话，可能看到的场景也会有所不同。为了避免创意广告造成巨大的额外成本，制作公司将会使用物联网来收集详细的元数据，其中包括场景的几何数据，这样才能根据观

众所处的细分市场，通过新的渲染方法对视频进行部分自动的动态修改。

斯科特·波波洛

莱谢克·伊兹德比斯基

关于广告如何来利用对特定受众的了解，美国海军部门最近的招募广告就是很好的例子。加密破译部门的招聘一直以艰难而闻名。该部门要求员工必须拥有深厚的分析基础，同时又能忍受艰苦的生活。海军部门将目标对准了一群非常特别的受众。这些人“难以抵抗近乎不可能完成的难题的诱惑力”。海军部门利用社交媒体开发了一款大规模的“战争游戏”，游戏玩家解码各种线索来寻找一位虚构英雄的坐标。海军部门没有去简单地列举它们要求哪些技能，而是主动去招募那些具备自己所要求的技能的人。这场宣传活动最终覆盖了 113 494 人，或者说为他们需要填补的每个岗位找到了 87 名潜在候选人。在精心设计之后有针对性地去撒网，而不是简单地针对芸芸大众，这种做法大大提高了宣传活动的成功率。

我们在分析受众的情绪时，也应该考虑到受众和品牌互动的地点。到 2020 年，广告不会再追着消费者，劝他们购买此前已经买过的东西，除非是需要补货。正如 AKUDA LLC, Listen Logic 公司创始人兼首席执行官文斯·斯齐亚沃尼（Vince Schiavone）所阐述的那样：

当今世界里，个体在不断地释放背景信号，告诉全世界他们究竟想要什么，以及什么时候需要这些东西。通过连续不断地进行深入的、非结构化的数据分析，现有科技已经能懂得这些市场的触发因素，也懂得广告商所需的那些受众的兴趣、情绪和未来打算。换言之，市场现在已经有能力适时提供正确的信息。这种深入的、持续不断的且直接的见解正是广告商数十年来一直追寻的模式转变。

斯科特·波波洛和莱谢克·伊兹德比斯基也设想在不久的将来，个性化的广告将能够为人们提供他们所需的和所看重的信息或体验。

尽管广告的个性化将会存在多种不同的形式，但都能够大幅提高使用者的参与度。品牌正在渐渐与各种类型的手机应用整合在一起，而这些应用又都与流行的电视和电影人物挂钩。我们将看到新的市场营销形式。应用当前被视为故事情节的延伸，但未来将由电影电视节目的人物来结合场景提供建议。例如通过手机上的增强现实技术，“全美超级模特儿新秀大赛”（America’s Next Top Model）的评委将能够在应用里帮你在商店里挑选裙子。

传播机制、界面和平台

场景还包括我们进行联系的方式。最初，我们曾经进行过类比，也知道亲自拜访、打电话、发信息或电子邮件、发帖、发 SnapChat 或者是手写信件等这些联系方式存在很大的差别。

1. **设备或传播机制**。是手机吗？数字广告牌？报刊？集装箱？客服代理？产品本身？应用程序？社交媒体网站？品牌的网站？有组织的活动或偶发事情？
2. **界面**。是广播吗？交互式的？触摸屏？动作感应？语音激活？语音识别？环绕式的？游戏控制器？人类？增强现实？
3. **平台 / 应用程序**。是社交性质的吗？新闻？娱乐？生产力？爱好？居住区？

每个层面都拥有巨大的影响力，而且这种影响力还在与日俱增。同时，每个层面与受众之间的关系又有所不同。正如我们在第 2 章中所见到的，移动设备并不一定要随身携带，因为大家玩手机的时间有 68% 是在家中。每天还会有其他的研究在不断揭示我们使用各种移动设备的情况，而且这些研究会不断出现。关键在于大家要保持开放的心态，随时接受各种可能性。以下是我们的参与者们所想象的一些场景。

社交数据、交易数据和基于传感器的量化数据将共同为广告产业创造实时的营销天堂。它也将把当前不可用的物理环境变为新的精彩体验空间，从而开启新的媒体空间。新材料和投影技术将让屏幕随处可见，传感器将会被嵌入到所有实体物件中，把所有物件都纳入一个统一的网络中。到2020年，智能设备的计算能力将不断增强，普通消费者由此将拥有强大的感知能力。

特里·杨

Sparks & Honey公司创始人兼首席执行官

我们在实验室进行的研究已经发现众多将在接下来的数年里发挥影响的关键原则，而且到2020年仍然具有一定的重要性。

1. **首先就是多种设备上高质量的电视屏幕的到来**。这意味对电视商业广告而言，平台已不重要。电视“无处不在”，而且每个屏幕都可能同样有效。当消费者在多个屏幕上收看视频广告时，任何单一屏幕上的播放频率就变成了虚幻的目标，而各自为政的广告策划也不再有效。相反，广告商要制订计划来覆盖多个平台的受众，充分利用每次曝光机会，因此，也就有了下面的这条原则。

2. **互动性**。新屏幕都是可触摸屏，可以跨越更多的平台来提供前所未有的丰富信息和娱乐内容。互动性是广告商必须面对的最大挑战，但也是它们准备最不足的一项。我们当前的知识都是基于有限的“信息请求式”互动，电缆和卫星技术就可以提供这种互动。网络电视提供了一种新的互动广告体验形式，这种形式更有趣，更像游戏。互动性所涉及的测量指标远超过去的曝光率。广告商必须根据每个案例选择自己的目标。互动性可以是筛选或说服，也可以两者皆是。它可以识别确认人们究竟是消费引领者还是忠实用户，或者是将潜在用户变为新引领者。不同的平台会提供不同类型的互动，此时使用顺序就变得相当重要，广告商必须对跨平台协同效应进行研究和规划。

史蒂文·贝尔曼（Steven Bellman）

MediaScience公司研究员

杜安·瓦兰（Duane Varan）

MediaScience公司首席执行官

未来并不是社交的天下。消费者不再通过应用和其他人打交道，而是直接同应用打交道。随着消费者日渐融入物联网，这种发展趋势将会加速。这些智能应用相应地不仅会与人们打交道，同时还会与其他应用打交道。因此未来的社交网络可能并不是人的网络，而是应用的网络，通过社交方式来集体响应消费者的请求，环境智能在其中起到引导作用。产品变得越来越智能，消费者也从与人打交道变成与智能应用打交道，尤其是在移动和位置场景中。因此，相对于与那些对我们“了解”越来越多的智能应用打交道而言，消费者彼此之间的互动（也就是我们所说的“社交”）可能就变得没那么重要。这种数字版图的转变将要求未来的广告商突破既有的广告模式，改为通过创新的、个性化的数字方式，与现代在线消费者进行沟通。就算是现在，广告商还在沿用电视广播的方式打广告。

托马斯·诺瓦克和多纳·霍夫曼

乔治华盛顿大学商学院市场营销学教授

环境和位置

目前广告商正在我们所处的环境里，利用意想不到的接触点来进行强有力的市场宣传活动。这方面有大量的例子，但我们最喜欢的还是下面这个例子。

在广告宣传中不一定要如此恰到好处地切入周边环境。2014 年汉堡王（Burger King）的“骄傲华堡”（Proud Whopper）宣传活动就是很好的例子。在同性恋自豪周里，为了表示自己对 LGBTQ[①] 的支持并提高大家在这方面的意识，汉堡王公司为华堡系列产品设计了一款彩虹色的包装纸。打开包装纸后，上面印着“内在没有什么不同”的字样。公司拍摄了人们在打开这款汉堡后的反应，因为许多人最初肯定认为这款汉堡和“传统”的华堡没有什么不同。公司所拍摄的

① LGBTQ 是女同性恋者、男同性恋者、双性恋者、跨性别者和酷儿的英文字母缩略词。——译者注

视频在网上很快得到传播。汉堡王公司改变了一样表面看来和我们日常生活环境无关的东西，让人们来表明自己的立场，并学会从稍微不同的角度去看待事物。

这一例子只是说明公司现在如何对环境加以利用。到2020年，公司在与受众进行沟通时，将能够在更大程度上结合当地的背景，而这主要是源于传感器的分布程度。想想看，“一切都是智能且联网的”。真的，一切都是如此。

> 一切实体的东西都将拥有实时的数字皮肤。移动设备无处不在，用户对健康应用的兴趣不断增加，这一切将围绕量化自我创造价值（用户价值和商业价值），并推动人们将移动健康应用当作自己的数字皮肤。个人健康和广告的交集可以是一个敏感的话题，聪明的广告商将会想办法对个人信息加以谨慎的使用，为用户提供对他们而言有意义的东西，从而争取真实的交易。
>
> 对智能家居和智能家电的热情从未能转化为真正的市场，原因就在于市场并没有真正解决老排水泵和老洗衣机等的数万亿元的沉没成本。廉价传感器和廉价网络的无处不在促使Twine这类公司开发出了软件定制应用皮肤。如果能实时了解地方应用的情况，那这种能力不仅仅会影响到DIY品牌和家电制造商的广告，也会给快速消费品行业的数据分析带来间接且巨大的影响。它可能会让零售的发生地点从目的地变为配送途中。消费者不用走到门店来查看你的商品，你就可以感知他们的需求（例如需要一台新的洗碗机），然后争取他们进行个性化的零售交易。
>
> 维纳·瓦苏德旺（Venu Vasudevan）
>
> 艾锐势公司（ARRIS）媒体分析和系统高级总监

传感器将不仅仅出现在我们日常生活所使用的设备和家电上，同时还会出现在我们的身体和所穿戴的物件上，甚至可能会作为个人操作系统的一部分被植入身体，而我们可以控制该系统的访问权。

> 继谷歌眼镜这种可穿戴技术之后，替代产品将会把数字世界和现

实世界综合在一起。周围环境将让我们同信息和其他人联系在一起，这将迫使我们把广告资金从广告牌和电视时段转向那些“联网的”数百万人。根据个人的具体位置和活动来选择参与或退出品牌传播将会变得更加轻松顺畅，广告业的关注重点也将由此从现在的超本地化广告变为实时广告。eBay Now 之类的应用将会得到广泛传播，那些能预测人们在店内希望购买什么物品的技术也将会得到广泛采用。未来，各种物品都会被接入物联网，即时满足将会被赋予新的含义。如果碰到下雨而你恰好没有带伞，鞋子被打湿后，鞋子里的传感器会立马发送信号给某零售商，后者将为你提供一件雨衣。

罗素·达尼尔

爱德曼美国公司首席执行官

移动设备的支配能力越来越强。在这种情况下，广告业的下一个前沿将会是使用数字化手段来赋予现实世界网络风格的功能。近场无线通信技术、视觉识别和增强现实等技术都将派上用场。

最终的结果将是广告商可以覆盖最后的三英尺（即消费者向货架伸出手的距离），并且识别他们的选择和需求，从而就在他们做出最终决定的时候提供品牌故事中至关重要的信息。

柯克·谢菲茨

Story Worldwide 公司联合首席执行官、首席故事讲述师

当然，我们并不用等到所有这些联网技术得到充分部署才开始行动。**而且我们可以清楚地看到，如果所有这些可能带来好处的连接被滥用的话，就可能出现传感器堵塞**。事实上，全球人口中大部分人都拥有可以定位的设备（即智能手机），由此也为电信运营商和应用世界提供了大量关于我们环境的场景数据。如何通过地理位置来了解和切入个人所处的场景，这还仅仅是开始。

当今的移动技术提供了多种多样的功能，其中包括签到、位置共

享、超本地新闻/信息，以及近乎毫无限制地接入互联网和家电。

就算如此，这个行业还在不断地成熟，为消费者在数字世界和现实世界中提供新的方法来与移动设备进行交互。这些交互在不断扩大，我们为消费者的消费旅程绘制更为准确的画面的能力也在增强。由此带来的各种深刻见解能够帮助品牌针对市场营销的方方面面做出决定。

位置信号将会无处不在，而且将会提高消费者和应用的价值。它将会时刻在线，除非通过设备内的用户控制另外加以设定。鉴于此，安全和监管必须、也将会激发使用、保护和最终的接受。

邓肯·麦考尔（Duncan McCall）

PlaceIQ 公司联合创始人兼首席执行官

协同效应

关于各接触点的设计原则，最重要的可能就是在各接触点的设计中融入与其他接触点进行无缝配合的能力和功能。**各接触点不仅仅是 1+1>2，同时彼此之间的交互影响可以创造比单打独斗大 N 倍的影响力**。正如尼尔森公司消费者神经科学部门首席神经科学家卡尔·马尔奇所写的那样：

广告将会充分利用媒体平台和传播工具之间的协同效应，在购买前后为产品、品牌和服务提供支持。专家们会使用跨平台传播所带来的“情感拉动”。他们会在消费者与媒体打交道时走近消费者。这意味着提供自然且真实的广告体验，通过这种广告体验在情感与这些平台之间搭建桥梁，同时充分利用背后控制这一切的科学技术。

通过场景设计元素之间的协同来创造情感拉动，这是一个非常具有吸引力的目标。Merkle 公司数字战略总监丹尼尔·帕马（Daniel Parmar）用现实案例来表述了类似的概念。

重点在于，根据此前的交流来进行持续对话，不要对媒介进行区别对待。这就像某人在向老朋友进行自我介绍时会以“你好，我叫某某某”开头。就算是第一次交流，有了对顾客的了解，品牌也能自然地融入进去。设计合适的对话并进行合理的顺序安排，这种能力将会变得越来越精确，而且将同时包括虚拟和现实世界里的交流。最出色的消费之旅不会去区分数字世界和现实世界。

在本章即将结束时，我们希望能和大家分享特里·杨描述的不久的将来的场景：

> 假设在街上经过某人身边，该人带着一副相当酷炫的太阳镜。在你经过他身边时，就会出现该太阳镜的数字广告。只要你表示自己想要购买一副，那这副太阳镜就会发送到你的 4D 打印机上，由打印机为你制造和组装一副眼镜。从数字世界到现实世界，再回到数字世界，其速度让人感觉几乎就是在同步发生。

再回到我们在本章开始时讨论过的类比。我们对某人越了解，就越能充分利用各种方式来营造最佳环境传递自己的信息。但我们也知道，最了解我们的人才最容易伤害到我们，因为他们非常了解我们的缺点、我们的弱点、我们的偏好，以及我们最热切的希望和梦想。

品牌对受众有了众多的了解之后，才能将自己的信息、联系和行动融入场景之中。而这样的负面影响就是品牌可以做很多我们所讨厌的事情，比如侵入式的、操纵式的、卑劣的、奸诈的、欺骗性的、阴险的、可憎的、非法的和破坏性的广告。

沃顿广告业的未来项目非常担忧相关科技可能被滥用，侵犯到个人的权利和隐私。正如我们在第 3 章中所介绍的，让个人和社会的目标和结果保持一致，这点变得至关重要。在进行场景化的过程中，首要的就是保证人们的安全，保证人们不受伤害。确保实现这点的道德标准和监管无疑是重中之重。

由于高度相联、高度场景化的世界可能会相当美好，但我们不要忘记环境的另一个含义，即有空气、水、风和大地的自然环境，以及我们美妙的户外世界。没带伞却遭遇突如其来的暴风雨，那就在水坑里踩水玩吧。我们自己来享受这一切，不用任何品牌的帮助。未来也可以有空间让我们脱离于品牌的任何联系。让我们凭借自己的智慧来做决定，不用品牌时时刻刻将一切摆在我们面前。未来，这种约束不管对谁而言都是最重要的价值创造行为。

实践案例

M.A.D.E.^{s} 背景原则

赚钱，不筹钱：迪堡英国组织（DEPAUL UK）

广告代理公司：阳狮集团英国公司

WARC 公司年度 100 佳广告宣传活动：2014 年排名第 14 位

目标 / 待解决的问题

迪堡英国组织是一家致力于为年轻流浪者服务的慈善机构。英国的慈善领域机构众多，不过被少数大型慈善机构所垄断。2013 年，60% 的捐赠款项流向了英国 0.6% 的慈善机构。尽管每年有八万年轻人备受无家可归的痛苦，但这个问题仍然没能得到大家的广泛关注。

方法

市场研究显示，人们在搬家的时候对无家可归人士的同情心最强。近 380 万家庭在过去两年内曾经搬过家。迪堡英国组织成立了一家包装盒公司，在盒子上印上了那些曾经得到该组织协助的流浪人士的故事，同时建立了网站，人们可以在网站上对该慈善组织有更多的了解。

结果

该组织在 2013 年 3 月投入 7417 英镑成立了一家公司。该公司截至目前已经创收近 2 万英镑，足以为 300 余个无家可归的人士购买床铺。

经验总结

这是 M.A.D.E.^{S} 原则应用的最佳例子。在合适的场景（时间、地点和情绪）下去接触受众，这是战略取得成功的关键要素。各要素之间的协同效应可以大幅提升整体效力。

引自：WARC 公司年度 100 佳广告宣传活动，2014 年

关键点

Beyond Advertising

Creating Value Through All Customer Touchpoints

我们所处的场景不只是时间和地点那么简单，还有我们能听到或闻到什么，我们是处于放松还是紧张的状态，以及我们是感到开心还是伤心等。所有这些都会不断地发生改变，影响着我们如何去看待这个世界。场景就是一个微观世界。

科技和方法正在不断发展，让我们能响应这些微场景。而这一切的关键就在于懂得并接受这些微背景所带来的多样性。如果将电视广告直接搬到移动设备上的话，那就忽视了不同平台之间的规模、影响范围，以及个人体验之间的差异。

我们的周围环境是一种重要的场景，而我们感知和响应个体所处环境的能力正在快速发生改变。物联网、可穿戴技术以及传感技术为我们带来了大量的机会，以增强我们感受世界的方式。

科学技术研究已经让我们拥有更强的能力来让营销活动契合特定的场景，而且这个方向的发展脚步永远不会停止。但我们在使用这种能力时必须万般小心。我们必须尊重参与和侵入之间的界限，而且人人都应该有权力去享受自由时光。

AD

Beyond Advertising

第三部分

如何做好准备迎接并共同创造未来

Creating Value Through All Customer Touchpoints

年轻医生在接受培训时常常会被告诫："听听你的病人怎么说。他正在告诉你诊断结果。"这条建议现在也适用于市场营销人员，而且不管现在和将来都必须遵守——听听你的顾客们怎么说。他们正在告诉你该如何进行创新，如何维持忠诚度，以及如何推动销售。顾客们正亲自或通过社交媒体、你的网站和其他种种渠道这样做着。听到什么让顾客感到满意或不满意，或者了解什么会让顾客更加开心。市场人员正通过这些方式来了解自己需要在哪些方面进行创新。

扎因·拉吉（Zain Raj）

Shapiro + Raj 公司董事长兼首席执行官

AD

广告业在未来应该或可能变成什么样子？除了这个问题之外，我们还向“2020 广告项目”的参与者们提出了第二个问题：**我们现在要如何做好准备去迎接理想的未来**？在第三部分里，我们将会对杰瑞在沃顿商学院数十年的研究成果进行提炼，并且结合“2020 广告项目”参与者们的真知灼见，为大家介绍未来转型的关键要素。不管你身处何职位，也不管你在广告和市场营销生态系统中扮演何种角色，又或者你身处世界的何处，希望我们提出的概念能为你带来价值，帮助你采取行动。

考虑到当前的工作方式，要想双管齐下，最好的起点就是尝试以下三种新方法（参见图 III–1）：

1. 接受适应性实验的文化；
2. 尝试对组织架构进行改造或全新启动；
3. 尝试整合目标、开放式创新、网络激活和协调组织，以及其他方法来打破和克服种种壁垒和障碍。

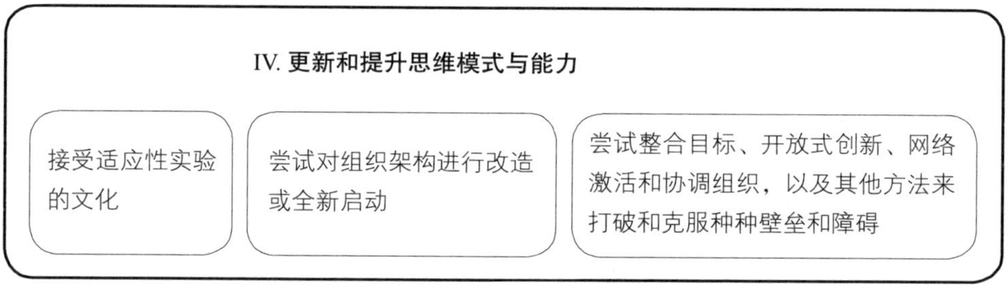

图 III–1　更新和提升思维模式与能力

在第 7 章中，我们将介绍迎接未来所需的、最重要的、也是最基础的思维模式和能力，即接受和树立适应性实验的文化。**适应性实验对学习、测量、创新和决策改善而言都是至关重要的**。这意味着创造型文化会允许人们失败，允许人们去冒险，从而不断了解哪些可以取得成功，哪些会失败，而哪些效果会更好。杰瑞在教学中一直强调，适应性实验是了解方法和开支能带来何种结果的唯一方式。这点不仅仅针对与受众相关的方法，还包括了建立新组织的方法。

MediaScience 公司的史蒂文·贝尔曼和杜安·瓦兰解释道：

> 当未来不像过去时，过去的方法就派不上用场了。相反，我们需要的是以实验室为基础进行的研究，对新思想进行测试，对那些让新思想取得成功的变量进行测试……最为成功的品牌将是那些在研发方面投入最大的公司，而且有能力快速实施自己的研究发现，而后者更为重要。用奥运会的自行车项目来打个比方。当有一支车队采用碳纤维车架和车轮之后，其他车队就必须跟进，否则就会落在后面。

第 8 章介绍了帮助大家双管齐下的框架，一方面在既有架构和流程的基础上前进，另一方面尝试对组织架构进行变革。变革的内容包括有：

- 文化和价值观；
- 治理和商业模式；
- 组织架构和流程；
- 价值创造流程；
- 人员、思维模式和能力；
- 实体和虚拟设施；
- 资源；
- 技术基础设施；
- 指标 / 关键绩效指标仪表盘、绩效评估和激励系统。

第 9 章探讨了如何来查找阻碍创新方法实施的种种壁垒，并就如何在各部门间搭建桥梁提出了建议。开放式创新既是一种思维模式，也是一种运营模式，是当前重要的游戏规则的改变因素之一。它可以带来多样的学科和创新的解决方案，而成本和时间只是传统方式的一部分。网络激活和协调组织能力也可以在组织内外过去各自为政的部门之间搭建桥梁，并且将合作者和各接触点联系在一起，以新的方式进行价值创造。

第 10 章是对本书的一个总结。我们邀请大家加入广告业的未来项目，采纳和尝试本书中所介绍的方法和理论，并分享其中的经验教训。

这个世界正在发生着令人兴奋的变化。我们身在其中都可以感受到那些变化。在所有参与者的协助之下，本书将帮助我们做好准备来迎接变化。第一步就是进行自我评估。只有在了解了自己的世界观，也就是自己如何看待这个世界的思维模式之后，我们才能去进行突破和超越。

流动性和联通性是当今这个世界的核心，它们也是我们走向未来的重要因素。如何在组织内与他人建立联系，尊重他们，并坦诚相待？如何与那些我们希望接触的人建立联系，尊重他们，并坦诚相待？找到这些问题的答案，我们就能够向未来迈进。

我们为大家找到了起点，也为大家绘制了路线图，帮助大家创建未来（参见图 III–2）。现在是时候去寻找证据了。查找、实验并分享你的结果。不管怎样，未来就在于个人的努力和集体的力量。

I. 带来激励和推动的变革力量

快速增长的速度、广度以及与变革相关的复杂性

1. 科学和技术领域获得迅猛的突破性发展

2. 媒体版图被瓦解、被重新定义并得到强化

3. 人们被赋予一定的权力，同时对众多事物持怀疑的态度

4. 文化、社会、环境和地缘政治都面临根本性的挑战

5. 颠覆性的、令人信服的商业模式和营收模式出现

收集可行的见解

恢复正面的影响

II. 对固有思维模式的挑战

最佳的思维模式可能 / 应该是

贯穿所有职位、角色和专家

	现有	目标
对象	营销人员和机构，覆盖媒体，确定目标人群	多样化协作发展
内容	广告策划	创造价值的接触点
时间	频率	“何时”满足需求并被重视
地点	实现目标	“何处”满足需求并被重视
原因	推销和说服	多赢
方式	广告活动	整体动态生态系统

语言的重要性：创造新词汇

IV. 更新和提升思维模式与能力

接受适应性实验的文化

尝试对组织架构进行改造或全新启动

尝试整合目标、开放式创新、网络激活和协调组织，以及其他方法来打破和克服种种壁垒和障碍

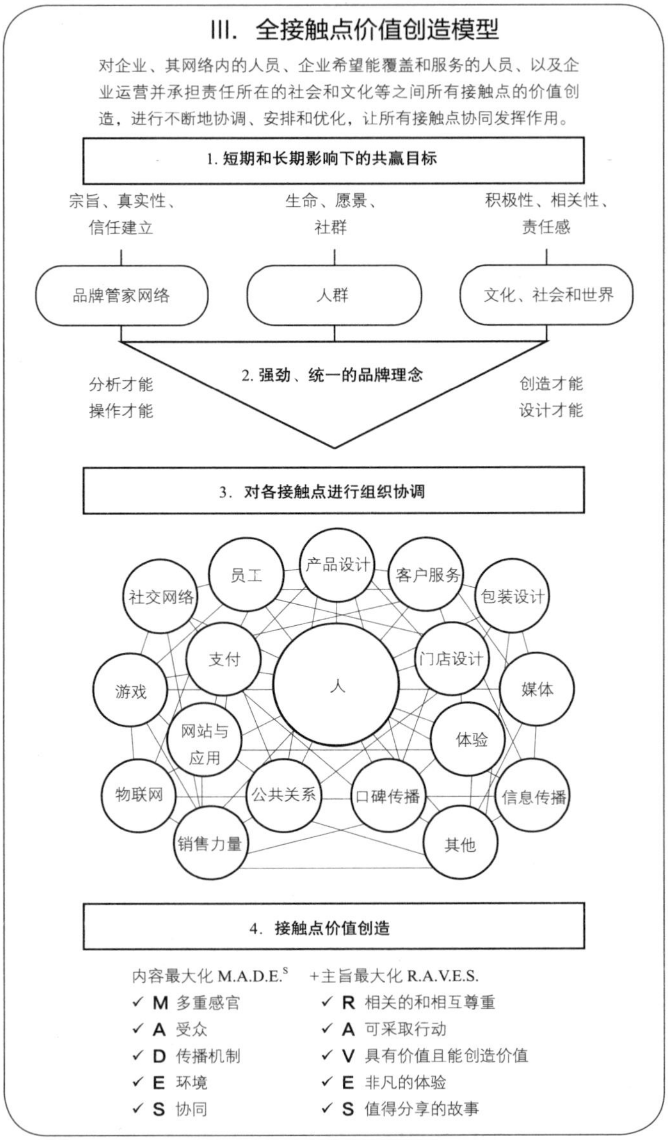

图 III–2 广告业的未来项目路线图：通过全接触点模型创造价值

第 7 章 接受适应性实验

> 约翰·沃纳梅克（John Wanamaker）在一百余年前就提出了在广告上投入过大的问题。直到现在大多数公司仍然存在这个问题，它们对自身广告资源的最佳分配方式缺乏足够的认识。
>
> 拉塞尔·维纳（Russell Winer）
>
> 纽约大学商学院市场营销学教授

如果说广告和市场营销领域的所有人能就未来的某一点达成共识的话，那就是我们都可以、也应该彻底地摆脱沃纳梅克那句常被人引用的话。我们认为未来的曙光早已出现在地平线上。我们已经拥有相关的数据和信息，也有了捕捉和处理这些数据和信息的科技，我们正在关注这些，并拥有众多引领我们前行的真知灼见，此外还有很多创意火花能够帮助我们通过产品或服务的所有接触点，将我们的思想付诸实践。所有这些都已经奠定了基础。唯一缺失的就是要树立并推广适应性实验的文化，并培养相关能力。下面让我们来探讨一下其中的原因。

假设投资 1000 万欧元开展一场广告宣传活动，从而使年底的销量增加了 30%，市场份额提高了 10%。那么下一场广告宣传活动的投入应该是多少？是增加投入，降低投入，还是维持原有水平？如何向首席财务官解释做相关决策的理由?

很长一段时间里，唯一的答案一直是“我不知道”。没有其他数据支持，我们无法确认究竟哪种决策能最终取得成功，又为什么会成功，所以我们无法针对未来做出明智的决定。这不是什么好事，但遗憾的是一直以来，它是一种常态。

不过并不是没有希望。维纳教授解释说：

> 这种情况正在发生改变……越来越多的焦点正聚焦在复杂的市场反应模型开发上，首席执行官和首席财务官也在给高级市场营销人员施压，要求他们证实市场营销开支的投资回报率……数字广告的优点就在于既可加以测量，又有着控制现场实验的极大可能。“2020 广告项目”同时拥有这两大特点，将能够大幅提升整体市场营销资源的分配，尤其能提高广告开支的效率。

杰瑞也非常喜欢这个主题。在本章中，他将帮助我们理解和采纳这套严格的实验方法，并不断提升自己的认识，在不断发展变化的接触点领域里，懂得哪些会取得成功，哪些只会失败。

不要等到 2020 年再来实现维纳所描绘的那幅景象。**现在就遵循适应性实验的理论，去改变长期以来关于风险和失败的想法，去积极发挥创造力和创新力。**通过树立和推行适应性实验的文化，组织以及组织的管理者可以充分利用不可预测性来不断适应新的挑战和抓住新的机会，以消除那些所谓的浪费。浪费就是投入后却学不到任何东西或无改善。

适应性实验就是不断设计和实施持续的现实世界的实验，来学习和改善商业决策和战略。**适应性实验并不是一次性战略或投资，而是持续改进思想，这点至关重要。**人们通常用测试、学习、快速评估或了解和响应等来描述类似的创意思想。这一战略与当前的设计导向思维的趋势密切相关。长期以来，此类设计导向思维实践方法——发布、迭代、协作、数据可视化和原型制作，被用来解决社会、环境、经济和城市规划等问题。

实验带来答案和创新

适应性实验可以被应用到所有的重要决策领域。市场和平台之间如何优化进行预算分配？哪些信息会带来最高的转化率？哪些产品设计中涵盖了对顾客而言非常重要的一些特征？这些可变因素在消费者所处的各种场景下会如何相互影响，发生改变呢？适应性实验可以对全接触点价值创造模型的各个要素进行测试。

此外，通过坚持进行系统化的实验，人们可以根据经验来总结概括，即适用于各种环境和一系列变量的发现。有哪些公司正在成功地进行适应性实验呢？常常被大家提及的例子包括谷歌公司、Facebook 和优步公司这些行业的颠覆者。谷歌公司拥有著名的 X Labs，而该部门最大胆的实验和成就听起来就像是科幻小说，一点都不像一家互联网公司的研发工作。它们的实验和成就包括了无人驾驶汽车、可以在全世界传播 Wi-Fi 信号的气球，以及可以测试血糖的隐形眼镜。在《快公司》（*Fast Company*）杂志对 X Labs 的介绍中，乔·格特尼（Jon Gertner）提出该部门存在利用“快速评估”来对多个创意进行测试的文化（并否决其中的多数创意），并且指出“**失败并不是谷歌 X 的目的。但从很多方面来说，失败是它们采纳的方法之一**”。谷歌公司的 X Labs 并不是孤立存在的。谷歌公司最开始也只是一个项目，试图对全球的信息进行组织。谷歌公司还对各种互联网访问技术进行了投资。从最开始到后来的那些投资，谷歌公司本身就是一个实验模型。实验已经成了它们企业文化的一部分。

另一家在不断进行实验的公司就是 Facebook。2014 年，Facebook 启动了 Airlock 平台，在其无处不在的移动界面上进行测试和改善新功能。公司的两位开发人员阿里·格兰特（Ari Grant）和张康（Kang Zhang，音译）介绍了不断实验的理念：

> 在进行了更新之后，我们必须懂得新功能表现如何，补丁是否改善了性能和可靠性，以及用户界面的改善是否改变了人们使用应用程序的方式，他们会在哪些地方花时间。为了能对这些目标进行分析，我们就需要一个移动A/B测试基础设施，可以让我们的用户能够接触到我们这个应用程序的多个版本（版本A和版本B）。这些版本在各个方面都是一模一样的，但会被用于一些具体的测试。（Airlock平台）让我们可以对比应用程序的各个版本和不同测试的指标数据，然后决定上线哪个版本，或者是如何进行进一步的迭代开发。

优步公司也根据实验结果来做出重要的决策。2014年夏季，公司正与Lyft公司抢夺纽约市场。据《纽约时报》报道，优步公司制定并推行了进行定价实验的战略，以了解出行需求对价格的敏感程度。在很短的一段时间里，其价格下降了25%。优步公司同时还对乘客数量的增加进行了测量。它们进行这次实验不仅仅是想了解价格敏感度，还希望能够深入了解消费者行为和产品需求的触发点。这场实验让优步公司懂得了何时以及如何来调整价格，从而为顾客和司机双方都争取到最佳的结果。之所以能通过实验了解到这些宝贵的信息，全仰仗于优步公司复杂的分析和数据挖掘。其创始人特拉维斯·卡兰尼克（Travis Kalanick）曾经表示，公司在持续不断地进行此类实验，以完善自己的定价模型。或许这些实验并非都可以成为他人的效仿对象，但优步公司通过实验进行学习的方式的确值得大家去关注。

澳大利亚迪肯大学（Deakin University）商学院常务院长迈克·尤因（Mike Ewing）提醒我们注意，迭代并不是21世纪所独有的。在出租车服务应用诞生前很久，媒体行业就已经在进行实验了。

> 1902年，法国日报《机动车报》（*L'Auto*）的发行量落败于其主要竞争对手《自行车报》（*Le Vélo*）。《机动车报》的编辑团队召开了一场危机会，打算制定战略来提高发行量。会议认为该报刊应该组织一场环法国的多站自

行车比赛。《机动车报》的总编最初并不认可这个想法。但不管怎么样，该报的赞助商们支持这一战略。于是在 1903 年 7 月，该报组织（并报道）了首届“环法自行车赛”。关于这场赛事的新闻报道立马就影响到了报刊的发行量。《机动车报》的销量从赛前的 2.5 万份立刻就跃增到赛后的 6.5 万份。《机动车报》后来的发行量一直领先于《自行车报》，而“环法自行车赛”后来也成了世界上领先的自行车赛事，得到全球各大媒体的争相报道，广告和赞助也随之而来。

早在 21 世纪初，宝洁公司就是日用品行业内最成功的适应性实验和创新实践者之一。包括帮宝适、速易洁（Swiffer）和佳洁士美白牙贴等在内的众多产品都是该领域内的颠覆性创新者。每年，宝洁公司都会举办近两万场调研，涉及近 100 个国家的 500 多万名消费者。

而这些实验很多都是在特定地区小规模进行的。宝洁公司通过这些实验不断进行突破性创新，始终领先于其竞争对手。公司董事长、总裁兼首席执行官鲍勃·麦克唐纳（Bob McDonald）认为：“历史告诉我们，促销可以帮我们在几个季节的竞争中获胜，但创新可以让我们赢得数十年的竞争。”

那么适应性实验究竟是如何来开展呢？**简单来说，不同于单次行动（以及该行动可能带来的任何结果），对各种变量进行实验可以了解每个行动会存在哪些影响，以及下一步应该做什么**。让我们再回到本章开头时提到的关于广告宣传活动最佳的预算规模的例子。如果投入 1000 万欧元的预算，一般的预算模型无法告知我们下一年度是否需要增加或减少预算，以及如何来增加或减少。但广告商可以设计一个简单的实验，将 500 万欧元的预算拨给特定的渠道或市场，然后给其他渠道或市场分配 1000 万欧元或者甚至是 1500 万欧元的预算。通过对开支的变化所带来的边际效益加以测量，公司管理层就可以对市场营销战略有更加深入的了解，在未来创造更高的投资回报。

在图 7–1 中，我们对比分析了单一维度和多数据点这两种广告方式的效果。

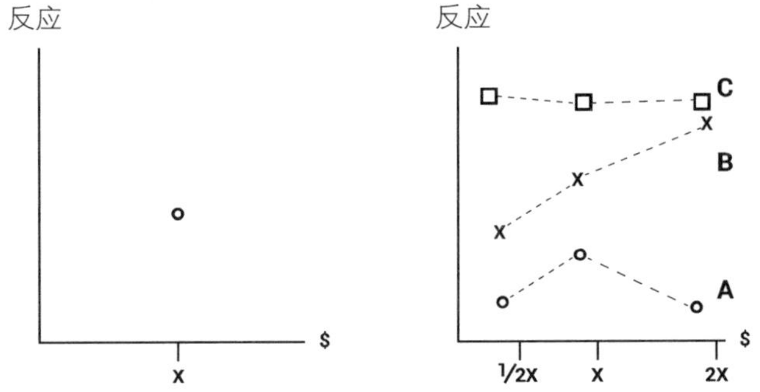

图 7–1　见解对比

图 7–1 左边的图显示了单次行动的结果。从图中，我们可以明显地看出，这类方法只能带来极少的信息，无法告知你如何改善自身的行动来力争更好的结果。相比之下，右边的图则显示了三条不同的行动：一条是投入 X 金额的资金，一条是资金量仅为一半，还有一条则是资金量翻倍。这三条行动的结果揭示了不同资金量的影响，让我们知道哪种资金量的效果最好，从而也懂得了未来最佳的行动方向。但适应性实验的关键在于不断进行实验，不断去探索各种可能性，甚至在似乎已取得决定性结果时也不会停止尝试。如果结果类似于图中的 A 线，那么继续以 X 资金量投入广告，并增加其他变量；如果结果是图中的 B 线，那么继续测试三倍或者甚至是四倍的资金量；如果结果是图中的 C 线，则试着测试四分之一的资金量和三倍的资金量。

关于适应性实验，杰瑞最经典、也最具说服力的例子就是安海斯 – 布希（Anheuser Busch）酿造公司。20 世纪 60 年代，该公司决定针对不同市场的广告预算水平（从 0 到 3 倍）进行实验，同时对媒体组合、频率和辅助广告等因素加以相应调整。持续的实验发现，短期内减少广告投入并不会影响到销量，而在某些情况下，短期内完全中断电视广告的确可以促进销售。**改变正常的广告开支水平，包括在一个时期内将广告投入降至零，这种战略被称为间歇式广告。如果没有安海斯 – 布希公司在那十年里所表现出的实验精神，这种战略可能就根本没有**

问世的机会。

在图 7–2 中，我们介绍了一种更为复杂的实验设计，即拉丁方设计（Latin Square Design）。这个图一共有三个维度（A、B 和 C），比如可以分别代表信息、主要接触点和分布。而每个维度又有三个层次。

		B		
		1	2	3
A	1	C_1	C_2	C_3
	2	C_2	C_3	C_1
	3	C_3	C_1	C_2

图 7–2　拉丁方设计图（三个维度的三个层次）

当然，实验中的因素和层次数量是没有限制的，而且并不仅仅局限于这三个变量。杰瑞将会在附录 2 中对适应性实验做更详细的解释，并且推荐一些免费的开放式在线课程，便于大家做更多的学习。

适应性实验的七大好处

适应性实验（至少）可以带来七大好处，让公司在不断变化的复杂环境下，拥有更好的应对风险的方法（参见表 7–1）。

表 7–1　适应性实验的七大好处

1	了解行动和结果之间的因果关系
2	通过学习提高决策的质量、效力和效率
3	鼓励大胆且创新性的行动

续前表

4	与顾客和合作伙伴共同进行创造和协作
5	大力推动测量和可追究性
6	建立具有创造力和创新精神的组织
7	建立竞争优势

第一，在一定控制下进行适应性实验是**了解行动和结果之间因果关系**的最佳方式，组织可以借此获得关于自身战略的具体信息，对战略有更深入的观察了解。相比之下，市场反应模型可以证明行动和结果之间存在一定关联，但无法证实行动和结果之间的因果关系。正如互动广告局主席兼首席执行官兰德尔·罗滕伯格（Randall Rothenberg）所说的：

> 我们必须日渐提升自己从噪音中发现信号的能力。我们必须明白，单靠科技并不能让我们实现目标。要想发现并懂得市场上重要的发展趋势，就必须进行人际互动，并掌握一定的技巧，然后对这些趋势加以科学的测试。通过分析每日大量的人口普查信息，从中发现比如到公司生产、销售和宣传新产品时哪种情绪是短暂的，而哪种情绪又会存在一定的影响，我们需要的不只是处理器和算法。

第二，在懂得自身行动的影响后，我们就可以做出**更高质量、更有效且更高效的决策，从而降低风险**。广告研究基金会（ARF）公司全球商业战略执行副总裁霍斯特·斯蒂普（Horst Stipp）认为这点相当紧迫。

> 在沃顿商学院广告业的未来项目大会和众多广告研究基金会的大会上，我们都曾提到，当今最紧迫的问题就是对众多新销售渠道缺乏很好的测量方法，而缺乏有效的数据，会导致市场营销人员没有充足的信息去帮助他们制定高质量的广告战略。未来的情况将会变得越来越复杂，这个领域的工作将会变得更加紧迫。

在当前的环境中，进行决策时相当讲究速度，而且必须懂得其中的因果关系，也就是说这些决策必须基于已经得到证实的因果关系，而不是根据直觉或改造过的市场反应模型。正如 Storyboard 网站编辑安南特·兰加斯瓦米（Anant Rangaswami）指出：“**我们将会拥有成吨的数据来告诉我们，人们正在消费哪些内容，谁在消费这些内容，以及在何时何地消费这些内容。更让人感到可怕的是，还能知道人们究竟是否喜欢这些内容。**”我们必须找到一定的方法来快速懂得我们的行动会如何影响到这些内容。正因为适应性实验的本质是连续进行的，所以我们可以不断地去了解和懂得其中的因果关系，从而提升决策质量，降低风险，抓住独一无二的机会。

第三，适应性实验鼓励**真正的创新和大胆的行动**。在进行实验时，人们可以自由构思全新的概念并加以测试。很多技术高超的研究人员在这个过程中会贡献自己的时间和专业技术，在此向他们致敬。Thynk Tank 首席执行官海亚姆·瓦基勒（Khayyam Wakil）表示：“**在当今的科技世界里，潮流更换、权力变迁、公司人气的起起落落，所以这些似乎都是眨眼间的事情。那些亲自出马并敢于大胆冒险的公司现在正在自主创作内容，成为市场的大赢家。**”那些当代创新的标志性公司正在进行大量的创新。Chapter SF 公司联合创始人加雷斯·凯说：

> （未来）来自一点点的实验与经验累积，而不是一开始就想做到尽善尽美。谷歌公司是这方面最好的例子（它最初只是一个项目，为斯坦福大学图书馆编写索引）。星巴克公司也是一个好例子。喜剧演员和音乐家们也正是采用这种方式来试验新素材的。正是这种方法让皮克斯公司（Pixar）从“差到极点”起步，通过大量的早期迭代开发和每日对原片的反馈会议，成为业内王者。

第四，**适应性实验鼓励顾客、合作伙伴和组织内的其他成员进行合作和联合开发**。当然，共享控制权让人感觉风险颇大。适应性实验提供了一个可控的学习机会，让人们能够迈出自己的舒适区。让顾客参与其中，成为共同创造者，这点至关重要，但公司的管理层常常认为这种做法风险太大。如果将它作为实验，或许更容易被接受。各方人员因实验而聚在一起，这样同样也可以提高组织的凝聚力。尼尔森公司消费者神经科学部门首席神经科学家卡尔·马尔奇如此写道：**“研究人员应该与创意总监密切合作，加强学习交流，为构思过程提供支持，并且提高创造效率。”**

第五，适应性实验要求进行测量，从而鼓励了分析学的发展和应用，**推动了向根据数据进行决策和问责性文化的转变**。要想懂得所付出的努力会如何影响企业的收益，就要进行实验并对实验进行严格的测量。没有测量，就无法进行实验。为了对流程进行测量，从而根据事实进行决策，组织开始突破传统的行业测量指标，对企业绩效、员工绩效和顾客行为与满意度有了更深的理解。朗涛（Landor）策略设计顾问公司前首席营销官、HA 罗斯咨询（HA Roth Consulting）公司合伙人海耶斯·罗斯（Hayes Roth）认为：**“我们的手头早已拥有许多数据，其数量已经多到我们这些市场营销人员无法完全吸收和利用的程度。在未来 10 年里，这些数据的数量只会是成倍增加。现在的问题就是如何来辨别哪些信息最为相关，又该如何进行处理。”**

第六，适应性实验会发出信号，告知大家即使失败也没关系，只要从中吸取教训，由此推动**创造和创新型组织**的创建和发展。毕竟不论是谁，都不应该期待每个实验都能取得成功。不论组织的 DNA 内是否有创新和初创企业精神，也不论组织是否具有低成本 – 快速失败的创新思维，适应性实验都能够提供合理的框架，在进行大规模投入之前，对创意进行测试和评估。

在我们的广播节目《市场营销事务》中，R/GA 公司技术高级副总裁威尔·特内奇（Will Turnage）介绍了这种方法的好处。他说：“当你的目标是快速迭代时，你可能一时半会没有创意，或者你可能会想到一些的确很出色的创意，但无论怎样，你肯定先要从一个完全不同的角度去对科技（或其他任何东西）进行思考。”他指出，这个过程可能非常简单，只是将科技和一些意料之外的目标进行配对：

“想想‘伤心的鸣叫声’或‘让人感觉刺耳的汽车防盗器报警声’，这可以让你茅塞顿开，突然有了很多想法。”

企业在鼓励创新文化的同时，应避免规避风险的行为，这会导致组织容易受到新市场进入者的冲击。经纬行动（Geometry Global）公司品牌人类学家理查德·怀斯（Richard Wise）和 Firstmatter 公司创始人兼董事长沃茨·瓦克尔（Watts Wacker）写道：“**在工作中要进行大量的实验，因此千万不要想着自己一定要把一切做得很完美，但在面对糟糕的经历时也不要崩溃，不要让它变成一段创伤，阻碍你发挥自身的创造力**。”“失败”不是什么贬义词。我们更愿意将它当作迭代过程中的一部分。如果目标是学习，那么不管是成功还是失败，都能让我们从中吸取经验教训。

第七，进行适应性实验可以让组织在市场上获得**竞争优势**，因为只有懂得市场趋势的组织才会去进行实验。即使竞争对手会看到组织的行动和结果，但如果不了解实验的设计，也无法将行动和结果联系在一起。针对众多变量进行的复杂实验尤为如此。

在这七大好处中，哪一条与你所在的组织或公司关系最为密切？哪一条可能会影响最大？你认为适应性实验还有其他哪些好处？

将适应性实验作为持续性战略，借此不断进行学习，提升决策质量。目前，直邮领域已获得复苏，被视为“自有媒体”，而且可以与顾客建立直接的联系。该领域既在不断地进行实验，也在持续地从中获益。通过调整和测试问候方式、信息、形象、风格、贺卡或信件的语气，以及线上或线下等方面的变化，直邮公司可以设计并测量不同的参与度，从而不断对沟通进行调整和改善，并为寄件人和收件人提供更好的服务。

Gorm Larsen & Zornig 公司首席执行官卡斯滕·科埃德（Karsten Koed）与合伙人兼创意总监莫滕·加德（Morten Gad）认为：“**现在，一切都是数字化，这**

是一种常态。我们开发、测试和推出产品，然后再重复这个过程，为的是不断改善我们的沟通传播。未来，这个过程将会不断提速，并最终可以实现实时进行。那些进行迭代的公司才能获得生存！”单次的实验可以实现其中某些好处，但如果将适应性实验纳入管理理念中，组织才能真正全面地从中获益。真正的好处就是树立更具创造力和创新型的文化，建立测量的专业技术，提升对行为的影响的了解，并提高决策的质量。在实验取得结果后，管理层会进行评估并决定下一步怎么做，是继续、扩大范围、修改，还是停止实验。管理层不会将任何实验视为失败。这个方法从本质上要求对组织架构进行实验。正如全球品牌打造专家托马斯·伯克哈特所建议的那样：“**除了对科技和大数据进行投资外，对公司和广告代理机构而言，最大、可能也是最艰巨的挑战将会是对个人技能的要求的改变，而且实验会要求截然不同的、全新的组织架构。**”我们将会在第 8 章中就这一点进行更详细地探讨。

适应性实验的实施

适应性实验可以大幅改善品牌和组织的管理。适应性实验的一个关键作用就是在整个组织内部创建学习和探索的文化。但在实验得到设计、实施和调整之前，组织内的机构和个人可能都会对变革存有严重的抗拒心理。

现在，研究显示，约有 70% 的变革行动未能实现预期的目标。在过去数十年里，已经有很多书和大会将变革管理作为自己的主题。但杰瑞对最高管理层和组织的变革领导进行了大量的研究后发现，很多组织在推行精心考量的解决方案，以解决挑战性的商业问题时，仍然会面临巨大的障碍。

当组织成立时间较长，面对变化反应迟缓时，要如何树立实验、学习和迭代的思维，才能分配足够的资源以应对不确定性呢？杰瑞提出了四个步骤。

1. 对当前的思维模式进行质疑。在当今，最冒险的商业决策莫过于维持现状。宣传对当前的方式进行质疑并加以改善的好处，寻找联盟，争取所有人的参与。

2. **争取支持**。先从低风险、易懂的实验着手，证实“始终坚持实验”的思维的价值。配合当前的市场营销工作，选择合适的问题开展实验，而不是建立全新的项目。当实验有了结果之后，再根据结果相应地调整战略。强调实验性营销工作的成本效益、相关性和问责制，这将有助于争取到组织的支持，并有可能争取到更多的预算，来进行更大规模的实验。
3. **提供激励和奖励**。变革最常见的障碍之一就是对变革本身的恐惧心理，例如，害怕失去工作，担心工资收入没有保障，害怕陌生的岗位，面对新责任感到胆怯，害怕更大的团队、不一样的工作任务和不同的办公室……这些担心害怕是正常的。制定具体的方法来消除这些障碍。为了化解实验过程中的这些担忧，确保实验部门的员工收入水平与那些业绩最出色的部门的员工一样，激励、奖励和认可等这些手段可以帮助你夯实盟友关系，激励合作者，消除他们的抵抗心理，让他们成为你的支持者。
4. **将实验制度化，均衡短期和长期学习**。在所有战略计划和预算中都包含大量重要的适应性实验。适应性实验将能够带来短期结果和反馈，但实验的设计也必须能保证通过实验来了解和完善实验对品牌的增长和利润率的长期重要影响。适应性实验的计划应该与企业的正常工作建立联系。适应性实验必须与预算和战略计划挂钩。

在克服人们最初对适应性实验的抗拒之后，新创意最艰巨的障碍有时候可能就是缺乏必要的意志力去改变当前的资源分配。创新三层面模型（参见图 7– 3）可以帮助大家去思考和确定资源的分配，对不确定性加以管理。该方法适用于任何规模的组织。

从创新层面进行思考，这可以促使我们往前看。在图 7–3 中，科技知识从第一层面一直延伸到第二层面，然后又延伸到第三层面。第一层面是公司早已在使用的科技；第二层面是公司当前尚未使用但可以开始考虑使用的既有科技；第三层面则是完全不在公司当前关注范围内的科技。这些科技发展在纵轴上与市场开拓相交。市场开拓则是从现有市场向目前尚未开发的市场，再向新市场拓展。几条线的相交点组成了创新层面。该图显示，如果仅仅关心第一层面，即当前的情

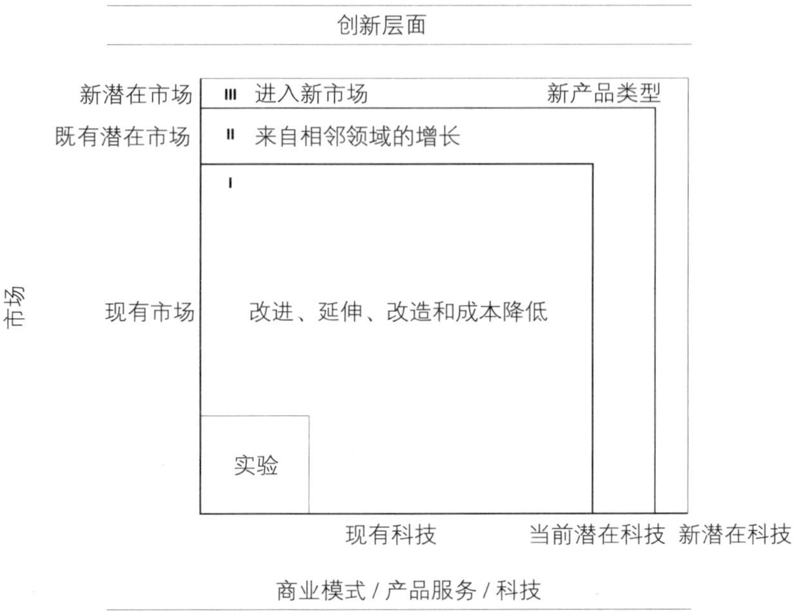

图 7–3 创新三层面模型

况，公司的发展潜力将在不久之后就会受到限制。我们建议将 80%~90% 的资源投入到当前的层面，但至少要有 10%~20% 的资源投到第二层面和第三层面上，去寻找新机会。此外，每个实验都应该同时覆盖这三个层面。

可口可乐公司就是在这三个层面进行管理的好例子。它们的实验预算遵循 70-20-10 的原则进行分配。70% 的预算放在“现在”，或者说既有的战略；20% 的预算放在“新战略”上；还有 10% 则是放在“下一代战略”上。这种对适应性实验的投入是保持竞争力的关键所在。

现在想想你所在的组织。**当前在不同层面投入了多少时间和金钱？你的组织在不清楚效力的情况下是如何对新创意进行开发、优先排序，以及计划和执行的？**你的组织目前已经有了适应性实验的流程了吗？若有，组织是否对该流程进行了认真的追踪和追责？成功的适应性实验如何在全组织内部推广？

如果你无法确切地回答其中的部分问题，那也没问题，并非只有你一个人这样。弗雷斯特研究公司发现，仅仅有 3% 的市场营销预算被用在了实验上，而 25% 的市场营销人员根本不会在这个过程上花任何时间和资金。B2B 市场营销预算在 2014 年增长了大约 6%，所以企业有空间在一定程度上增加适应性实验的投入，同时又不会影响既有的重点工作。维萨（Visa）公司全球数字营销高级总监克劳迪娅·拉古纳（Claudia Lagunas）写道：“**企业必须大胆采取行动，在必要的工具上分配适当的资源，提升自身重新设计或调整宣传活动或企业，以保持相关性的能力……为实验和创新分配部分预算，这是让品牌永远保持相关性和获利的关键。**”

开发和实施适应性实验设计

在使用适应性实验方法时，要树立充分的自信心，相信自己可以对变量之间的因果关系有正确的认识。因此，必须要对实验进行认真仔细地考虑，从战略角度加以设计。为此，杰瑞提出了实验设计的基本原则，以确保取得可靠的结果。附录 2 对实验的 10 个步骤进行了更为详细的介绍，并且也推荐了免费的线上 Coursera 课程以帮助大家更好地懂得这个流程，例如“商业创新设计思维”课程（由美国弗吉尼亚大学提供），或者是“互动设计”课程（由美国加利福尼亚大学提供）。与此同时，以下是成功进行实验的 10 个必要的步骤：

1. 确定实验的目标；
2. 选择创新型的实验变量（全接触点、R.A.V.E.S.、M.A.D.E.[s] 等）；
3. 选择对照组；
4. 确定分析单位（国家、州、城市、门店、个人）；
5. 确定绩效测量的方法和实验的时间长度；
6. 明确实验设计（包括测试的执行）并控制推动因素；
7. 设计实验的实施方案；
8. 分析实验结果（ANCOVA）；

9. 以生动精彩的叙述来展示实验结果，并将其作为绩效指标仪表盘中不可分割的一部分；
10. 确定必要的行动（扩大规模、终止或其他行动），制定下一轮的实验。

只要采取正确的方式，实验中所积累的洞见和知识的价值将远远超出所投入的成本和精力。**最重要的经验就是实验应建立在获得可持续的发展和提升决策质量的基础上**。而且组织可以扩大实验范围，让实验结果更具针对性。

为了能在未来拥有一定的优势，组织需要对适应性实验和适应能力进行投入，并将实验结果转变为广泛实施的、务实的行动，从而切实地改善业务绩效。

全接触点价值创造中的适应性实验

全接触点价值创造模型中的各个要素都可以是实验对象，其中包括了通过统一强大的品牌理念来体现共同的目标（第 3 章）、接触点的组合（第 4 章）、R.A.V.E.S.（第 5 章）和 M.A.D.E.^{S}（第 6 章）。勇敢大胆，发挥创造力，选择合适的方面真正地对自身思维模式加以测试。目标就在于发现那些意料之外的东西。

例如，沃顿广告业的未来项目正与 Facebook 等众多品牌和众多广告代理公司合作进行一系列实验，以大规模地对个性化做更深入的了解。这项行动的目标是共同研究品牌对个性化市场营销的影响。它旨在突破传统的人口统计模式（年龄、性别）和根据兴趣、地理位置与性别进行分组的做法，覆盖特定的受众。根据 Facebook 在广告方面的优秀实践经验，这些实验正在了解具有针对性的信息的有效性，并将其与无针对性的创意广告进行对比。公司不同，答案可能不同，甚至广告商广告组合内的结果也不同。通过该分析，公司可以评估分析最适合自身品牌的广告战略是什么。我们或许有开展这些工作所需的工具和技术，但如何才能使这些工具和技术发挥其作用呢？只有此类实验才能给大家确切的答案。

尽管一些最为出色的公司目前正在进行适应性实验并取得了很好的效果，但众所周知，还有其他很多公司未能接受适应性实验。这些公司认为按照既有方法经营要更为安全和舒适，它们根据预先得到授权的计划管理资源，将变化减少到最小，并且不鼓励犯错。变化就意味着风险，那是一个可怕的词语。但重申一遍，保持现状的想法就是风险最大的战略。要想取得成功，适应性实验才是最有效的战略。

适应性实验的伦理

严格的适应性实验可以让组织及其受众受益匪浅，但光口头讨论没用，还必须根据人们的特征、行为、线上和线下活动，以及其他可追踪的因素数据来分配实验的管理和优化责任。这些问题都反映了加强个性化和侵犯消费者隐私之间的拔河战。在一篇名为《为什么市场营销应该个性化》（*Why Marketing Should Be Personal*）的短文中，Econsultancy 公司和 Adobe 公司提醒我们注意，“隐私不仅仅是法律和指南，隐私还是从内心深处为我们的顾客着想”。

所以在设计和实施实验时，我们必须牢记“最安全的方法就是将顾客价值放在首位，不要为了当前利益而放弃顾客价值，这从长远角度来说也是最有利可图的”。

认真地从伦理道德、政策和意识方面进行思考是必不可少的。最近有数个例子让人们看到，公众对未被披露的实验的反响是相当强烈的。这点并不让人意外。2012 年，Facebook 针对其用户对正面和负面情绪的表达进行了研究，而这次研究导致舆论哗然，人们认为 Facebook 违背了自己对它的信任。为此，Facebook 发表声明，并针对其研究工作制定了新的框架，其中包括针对研究人员制定了更为严格的指南，设立更严谨的评审委员会，为研究人员安排了为期六周的培训项目，并且建立了一个让公众集中了解自己的研究的网站。

同样，相亲网站 OkCupid 的实验也引起了人们的担忧。该网站通过实验来了解当特定因素（例如配对率）发生改变后，响应率会有何变化。加州纽波特比奇市媒体心理学研究中心（Media Psychology Research Center）董事帕梅拉·路特里奇博士（Dr. Pamela Rutledge）在接受 thinkprogress.org 采访时说：“我觉得这其中存在一种假定（可能比较天真的想法），即公司认为自己是在帮助用户实现他们的目标，而没有意识到实际上是用户在帮助公司实现目标……约会是非常个人的事情，所以人们没想到这也是一种业务。”

但还是必须客观地来看待企业在适应性实验中的伦理道德问题。尽管 Facebook 的研究从统计学上来说获得了相当重要的数据，但事实上实验的规模相当小。正如得克萨斯大学奥斯汀分校的塔勒·亚克尼（Tal Yarkoni）教授所写的那样：

> 报告中最大的效应量是 0.02，也就是大量减少用户订阅信息流中情绪化的内容可以让用户自身对情绪化词语的使用发生 2% 的标准偏差。换言之，这种操纵在现实世界中对用户行为的影响是可以忽略的。

而且实验本身仅仅是测量了情绪的表达，而情绪的表达和真实的情绪状态 / 行为之间并没有建立起明确的联系。这点也强调了本书一直在探讨的尊重和相关性的重要性。我是否感觉自己得到了尊重？我过去得到了而且未来会继续得到多少信任？人们会完全根据这两个问题来判断“被操纵”是在可接受的范围之内，还是侵犯了自己的隐私。

实践案例

必做的实验

丑陋的果蔬——INTERMARCHE 超市
广告代理公司：马塞尔公司（Marcel）
艾菲奖：2014 年欧洲单一市场积极变革奖

目标 / 待解决的问题

2014 年，欧盟将减少食物浪费作为自己的工作重点。单在法国，人们平均每人丢弃价值 545 美元的食物，其中 40% 为果蔬。

方法

Intermarche 是法国最大的超市之一。为了解决这个问题，该超市决定展示那些同样美味可口但“丑陋”的果蔬。Intermarche 超市购买了那些种植者通常会丢弃的农产品，然后称它们为“丑陋的果蔬”。超市准备了专门的货架来摆放这些果蔬，而且价格要低 30%，以此来提高它们对消费者的吸引力。

结果

在地方进行的实验中，销量提升了 24%。因为反响良好，这项行动在该集团的全法国 1800 家门店推广开来。2014 年 10 月，该项目在全法国推行。在第一个月内，共有 1.5 吨“丑”果蔬被售出。在该宣传活动启动之后，另外三家大型的法国零售商也跟进，推出了类似的活动。

经验总结

冒险和实验可以带来意想不到的结果。从小处做起，收集反馈意见，然后再重复进行。

引自：2014 年艾菲奖得主

关键点

Beyond Advertising

Creating Value Through All Customer Touchpoints

适应性实验为创新铺平了道路。切记，我们的实验不一定从刚开始就大规模展开。从小做起，进行调整，然后发展，那么创新的潜力将会变得相当明显。

适应性实验让我们懂得如何在一定程度上对变量加以控制。通过有意识地调整特定因素，仔细对结果加以测量，我们可以了解当前的情况，并能更好地预测未来。

实验可以有多种形式，而且通过对此前几个章节中的内容加以测试，我们可以更好地了解如何以最佳的方式进行调整和发展。选择明确的参数，设定对照组，然后充分发挥自己的想象力。

除了能提高营收外，适应性实验还可以大幅提升公司的理念。当公司为实验进行庆祝，而且从公司词汇表中将“失败”剔除，整个公司的生产力、凝聚力和创造力都将会得到提升。

不管本意怎么好，组织在针对人类进行实验时都应该有伦理道德方面的意识。尽管人们的数据可能并非他们身体的一部分，但仍然应该得到认真地对待和尊重。

Beyond Advertising

AD

第 8 章 撬动组织架构的杠杆

> 通过了解和激活数据及其辅助技术架构，我们这些广告商将为那些关心我们品牌的个人和社区创造丰富、紧密、高度个性化，且能在文化上引起共鸣的体验。这些体验将帮助那些个人和社区从当前的状态进入（合情合理的）理想状态，而这些人将会通过成为品牌的忠实用户来表达他们的感激之情。
>
> **洛伦·格罗斯曼（Loren Grossman）**
>
> Annalect 公司首席体验官

我们在本书的第二部分介绍了全接触点价值创造模型，该模型充分利用了在第一部分介绍的五大变革力量。不论组织规模如何，不论是广告代理机构、广告商、媒体提供者还是调研公司，全接触点价值创造模型的推行对整个组织的影响都将是深远的。我们“2020 广告项目”的参与者都谈到了这些影响以及采取的必要行动，而他们的观点涉及组织的方方面面，包括组织的人员和流程。我们强烈建议大家访问该项目的网站来详细研读这些参与者们所建议的行动计划，充分了解他们的真知灼见。事实上，在这些与我们共同畅想 2020 年的参与者中，大多数人都做到了知行合一，早已将他们的远见卓识付诸实践，率先确立了明确的目标并不断尝试新的方法，为创造更理想的未来贡献自己的力量。

在本章中，我们将根据杰瑞多年针对变革型领导力的研究，以及和企业高管合作的经验，为大家介绍能够在变革中撬动组织的方方面面的顶层框架。我们也将在后面为大家提供项目参与者的一些例子，进一步说明他们的推荐建议。

变革的挑战

在介绍那些的行动建议之前，我们必须承认，变革很少会顺理成章地、系统性地、循序渐进地往前推进，更不会是轻松简单的。通常情况下，在变革的过程中，就算有了最出色的计划，但执行起来也可能会是凌乱麻烦的、出人意料的，而且会出现无数令人沮丧的状况。就算我们在第 7 章中所探讨的适应性实验方法能给予人们希望，对情况有一定的掌控，但现有的组织架构和反对意见可能会阻碍新方法的实施。

在本书即将交付印刷前，沃顿广告业的未来项目高级顾问乔·普拉莫尔（Joe Plummer）提醒我们，在 eMarketer 网站发表的这篇题为《资源、衡量方法和协调局限了多渠道市场营销》（*Resources, measurement and coordination limit multichannel marketing*）的研究报告充分阐述了该挑战的艰巨性：

> 刘易斯公关公司（Lewis PR）在 2015 年 6 月的研究显示，全球 84% 的高级营销人员称其当前的市场营销战略重点大多放在多渠道营销上，而且同样有 84% 的高级营销人员表示他们打算在来年的类似广告宣传活动上加大营销投入。但市场营销人员可能并没有得到足够的支持来真正地开展这类工作，尽管他们还是得到了更上一级的认可。86% 的被调查者表示，其所在组织的高层领导人员都支持多渠道营销，而且 25% 的组织迫于董事会的压力正在使用这种方式。
>
> 当被问及多渠道营销最大的挑战时，近四分之一的被调查者表示他们没有时间和资源来制定和实施多渠道广告宣传活动。也有同样多的人表示难以得到董事会的认可和支持。他们所面临的其他问题还包括缺少对所需工具的

投资以有效管理多渠道广告宣传活动，以及对整个流程的了解比较有限等。

这看上去仅仅是“多渠道营销”方面的问题，但其还涉及产品设计、包装设计、客户服务，以及全接触点价值创造模型中的其他因素等问题。正如谢利·帕尔默所说的：**“变革的步伐绝对不会像现在这样缓慢，所以大家系好安全带，准备接受疯狂飙车吧！”**

起点在哪里

要推行全接触点价值创造模型，最务实的方法就是重点关注在组织架构中对该模型的实施最为至关重要的因素，然后克服障碍或建立一个单独的部门来实施整个模型或模型的一部分。有些组织可能已经做好准备采用更加激进的方法，而有些组织可能已经做好准备一切重新开始。

鉴于目前我们在这段旅程中处于不同的阶段，所以我们提出了两种观点：第一，我们必须承认，在现有的工作方法之外，我们可以同时推行新的变革举措，双管齐下，这样要更为现实一些；第二，推荐一种更为激进的方法。

最近，在洛杉矶召开的高管圆桌会议上，沃顿广告业的未来项目全球顾问委员会成员谢莉·扎丽斯（Shelley Zalis）提出，有些组织在继续当前的日常运营外，可以双管齐下，投入时间、精力和资源来探索新的方法，这样或许能取得更大的成功。在理想的情况下，这就是我们在附录 2 中所介绍的适应性实验，但第一步必须是小规模的实验。我们与谷歌公司的辛迪·古德里奇（Cindy Goodrich）和索菲亚·布施曼（Sofia Buschmann）曾于 2009 年在 YouTube 频道推出的《快速前进》（*Fast. Forward*）视频节目中合作过。我们从他们二位那里了解到“启动和迭代”方法的第一手资料。同年 7 月，我们首次就这个概念进行了交流，8 月建立网站并开始运行。这档节目不断发展，成了率先邀请全球思想领袖们分享真知灼见的频道之一。这些思想领袖们会在两到三分钟的对话中分享自己的智慧。

另一方面，辛迪·盖洛普告诫广告界："放弃过去，全新开始。"

> 你必须彻底放弃过去，重新开始。你必须秉持这种思想。你不能抱着过去的解决方法不放，或仅仅像其他人做的那样对其稍做补充。
>
> 你必须从核心业务开始进行重组。当你解雇员工、关闭分支机构时，已经是在做削减企业规模的工作了，从而将重组转变为机遇。
>
> 当你从打破既有的事物，从最根本的问题出发，重新进行全面设计的那一刻起，就有一个全新的开始。

有时候，我们会看到一些明显的重要机会，比如效率低下的问题、未得到满足的需求，或是明显的缺陷，这些都为我们提供了变革的窗口。这意味着我们要去充分利用更加快捷的方法，例如启动和迭代、快速进行原型设计、保持创业初心、臭鼬工厂、创新实验室、黑客马拉松、带薪创新时间，以及大量各种各样的创新和创造性方法，组建新的团队。但有时候，在正式的实验（这也是我们的目标）开始之前，我们必须先开始学习创新和发挥主观能动性。

对此，俄罗斯ZVooq公司产品营销经理阿提姆·日加诺夫（Artem Zhiganov）根据广告代理机构的情况进行了解释，并进一步提出了建议：

> 初创企业的精神可以改变广告代理机构的思想意识、商业流程和销售政策：
>
> - 精益方法有助于将创新战略分解成众多的假设，然后使用最小可行性产品（MVP）对其进行测试，并根据所收集的数据实时地进行迭代。
> - 在广告宣传活动中，不断对创意文案进行更新，让团队成员都知晓那些假设和即将测试的创新关键点。
> - "始终不间断地进行测试"的方式有助于重塑广告代理机构和客户之间的关系（例如将经过验证的学习当作主要的KPI）。

- 协作原则颠覆了传统的让项目团队在同一办公场所办公的流程，而将开发人员和创意人员放在一起工作等。
- 云解决方案可以让我们随时随地开展工作，也可以让办公室成为轻资产。

组织变革的九大杠杆

不管选择何种起点，要想推行全接触点价值创造模型，就必须重新思考组织架构中的九大杠杆要素，如图 8–1 所示。

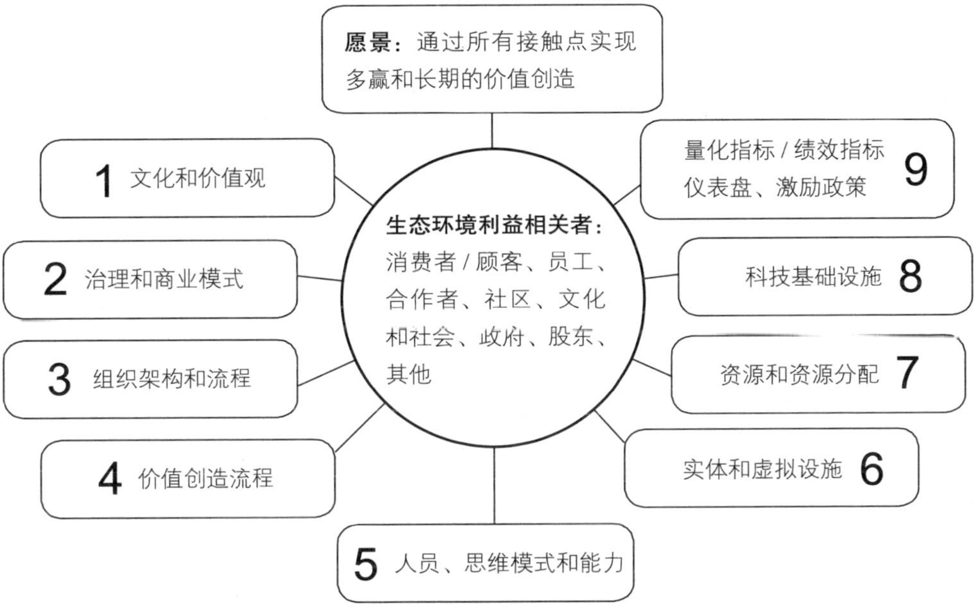

图 8–1　组织变革的九大杠杆

任何组织架构的变革都应该从速度、敏捷度、持续创新和透明度的角度出发，去思考，充分体现各利益相关者的需求，并力争实现多赢。鉴于整个系统内的所有成员都是紧密相联的，如果组织内仅仅有一部分相关者支持变革，那变革是无法完全发挥其潜能的。**如果医生在诊断病人时只盯着其身体的某一个部位**

看，就可能做出错误的诊断，无法从根本病因上进行治疗。同样的道理，如果组织仅仅关注自己的某一个部门，就有可能会导致内部脱节，工作不力。

杠杆 1：文化和价值观

> 广告文化是由内而外散发出来的。公司要想兴旺发达，就要密切关注自身的文化，懂得理念才能创造利润，而且员工是一切的源泉。
>
> 马克·波拉德
>
> 爱德曼公司纽约分部执行副总裁兼策划总监

要采纳广告的未来路线图和全接触点价值创造模型，就意味着要深入组织的核心，从人员和合作者入手，重新调整或制定其文化和价值观。它们必须能体现我们在全书中倡导的那些新思维模式和核心原则，并且能渗透到整个组织中。

组织的文化日渐不再独立于更广泛的文化发展。Translation 公司创始人兼首席执行官史蒂夫·斯图特说道：“**文化改革的速度将会给市场营销带来广泛且彻底的影响，这对创新思考者和新创意是一个真正的机会，可以力争大发展。**”根据全接触点价值创造模型和我们项目参与者们的各种真知灼见，下列原则将首当其冲，在未来获得蓬勃发展（请参见表 8–1）。

表 8–1　　广告业的未来项目的文化和价值观

透明度和信任
创造力和协作
三赢定位
以人为本
速度和敏捷度

以下是部分“2020 广告项目”参与者对这些核心概念的阐述：

> 对广告代理机构和市场营销人员而言，最大的难题之一就是要懂得，在社交空间里他们并不是品牌的主人，消费者才是品牌的拥有者。

而且想要赢得社交空间，就必须让出自己的控制权。你可以去激发和推动对话和辩论，但同时在干预过程中必须时刻保持坦诚和透明。你必须认识到消费者将帮助你打造品牌，但如果你有心误导他们，他们也可以直接扼杀掉你的品牌。

桑杰·塔帕尔（Sanjay Thapar）

达彼思印度公司（Bates India）首席执行官

关系时代及其出色的成果都是建立在信任基础之上的。如果公司仍然坚守消费者时代的泥潭，通常就会犯大错，认为信任只是影响交易的另一种途径。它们将信任视为达到目的的方式，而且很多公司浪费信任的速度不亚于信任累积的速度。

道格·莱维

MeplusYou 广告公司首席执行官

隐私问题将可能会推动这种变革。LoyaltyOne 咨询公司 2013 年的消费者调查显示，超过半数以上的消费者并不信任公司手中所拥有的那些私人数据，46% 的消费者认为难以接受公司对自己消费习惯的追踪。此外，消费者有机会来选择是否参与数字广告和数据分享（而不是只能选择退出），这也给公司带来了更大的压力。市场营销人员将会发现自己不只是为品牌去设计创意广告，而是为了那个“选择参与”的按钮。

换言之，广告商不仅仅是要去创造产品的需求，还必须创造对广告的需求。

布莱恩·皮尔森（Bryan Pearson）

LoyaltyOne 咨询公司首席执行官

广告业的未来在于协作……创造力将不可能仅仅局限于创意总监和文案——对任何广告而言，可以对其发挥影响的人的数量将会持续增加。

克里斯·叶（Chris Yeh）

PBworks 公司市场营销副总裁

所有广告/市场营销活动都将采用“目的性绩效”，即它们将会给环境和社区带来积极的影响。

李自强

百事可乐中国公司首席营销官

在走向2020年时，我们应该有哪些不同的做法呢？首先就是要明白，这项业务已经不同于往常。变化的速度要求我们必须拥有截然不同的思维模式。这个数字化连接的世界是一个动态的且注重社交的空间，媒体在不断地起起落落，兴衰在不断变化。消费者常常会出现新的信念或行为，而这些信念或行为并非源自广告或其他传统信息源。不管现代市场营销是怎样的，品牌都必须是消费者们所积极寻求的、愿意与他人进行分享的，因为该品牌给他们的生活创造了真正的价值。

莎莉·威廉斯（Sally Williams）

宏盟媒体集团多元代理服务系统全球业务拓展和客户关系总裁

随着流行趋势的变化和新型消费者的出现，公司必须进行调整和改变……消费者已经用行动证实，当市场上出现的新服务或新产品能成功吸引他们时，他们就会快速改变自身的行为。广告商和其广告代理机构必须能预测或激发这种改变，并快速敏捷地做出反应，从而能与时俱进，为客户提供可量化的结果。

布伦特·丘多瓦（Brent Chudoba）

SurveyMonkey公司副总裁、总经理

想一想，你的组织的决定性文化原则和价值观是什么？

杠杆2：治理和商业模式

当今的标准既不是精心制作的媒体计划，尽管这些计划里面充斥着大量千人成本和总收视点等指标，也不是聪明的广告执行。当今的标准

应该是如何充分利用所有移动渠道，将它们整合在一起，创造与消费者相关的、包罗万象的、最新且实时的体验。

大卫·乔维特（David Jowett）

DAC 集团欧洲公司总裁

当今公司行为的评估方法要比从前更为复杂，也更加公开。每家组织的领导工作必须能强化协作和前瞻性文化与价值体系。这就要求对“控制”思维的改变。摒弃传统的控制思维，赋权员工、顾客和协作伙伴，与他们一起共同创造多赢的局面，与他们共享利益。

组织在领导和治理的方方面面都可以遵循全接触点价值创造模型。在理想的情况下，企业的首席营销官、首席技术官、首席执行官、人力资源管理者、运营者和董事会等所有人都应该相互配合，拥有共同的目标。而且企业在创建组织的治理架构前，也应该去倾听顾客和其他利益相关者的声音。目前，越来越多的企业开始将其商业模式不断延伸，在除股价之外还要关注社会影响，例如前文中提到的共益企业。这时，追求三赢的全接触点价值创造模型就能够派上用场。

奥美互动（OgilvyOne）伦敦公司副董事长兼执行创意总监罗里·萨瑟兰（Rory Sutherland）的话让我们颇有同感。他设想了在未来的一家广告代理公司内，有一支全明星领导团队来创建公司文化：“**假设有巴克敏斯特·富勒**（Buckminster Fuller）、**霍华德·拉克·哥萨奇**（Howard Luck Gossage）**和托斯丹·凡勃伦**（Thorstein Veblen），**可能会……**”

这家机构可以从广告学院招募到多数 Y 一代人才，因为这家机构不仅受到自我提升的激励，还受到更高层级的社会使命感所驱使。这家机构会将自己的大部分精力投入到通过使用广告技巧、行为学和进化论来解决社会问题，包括住房、福利、经济和环境方面的问题。

他设想的该机构的商业模式是这样的：

该机构的创立章程上将会写明，公司的发展不会超过邓巴数字（Dunbar Number）[①]。公司所有的盈利将会被投到研发上，或者是通过合适的无政府工团主义[②]的方式分发给员工。

这似乎会导致商业灾难，但对此我完全反对。过去，人们认为先要保证盈利，然后再去创造声誉。但现在的情况恰恰相反。因此在广告代理机构的作品中，那些对社会有益且知名度高的作品往往会是赔本赚吆喝的作品，为的是对公众进行宣讲和咨询。

而这家机构的办公室将会设在新加坡、伦敦、圣巴巴拉和韦尔。根据新的最大限度利用能源的方法，人们将会每工作两周休息一周。

部分项目参与者认为在未来，广告界的领导/治理岗位上将会出现更多女性的身影。正如米歇尔塞尔温咨询公司（mCerwin Consulting）合伙人米歇尔·塞尔温（Michele Cerwin）所说的：

人口统计学研究、购买力、行为指标、话题的线下线上参与情况，还有新广告代理机构模式所要求的人才类型，所有这些都显示未来的广告业需要更多女性领导者。人们常常在说，美国女性所占人口比超过50%，而且手中控制了美国85%以上的购买力，女性在社交媒体的参与度也要高于男性。此外，Catalyst公司的研究显示，高层管理队伍中女性所占比例最高的公司在财务业绩上要优于女性比例最低的公司。所有这些事实情况让下面的那些预测显得更加顺理成章，并不用去为之兴奋激动。

我们将在第9章中做更深入的研讨。企业采用商业模式时必须充分利用和协调组织员工、顾客、合作伙伴、媒体和投资人等组成的各种网络，共同创造价值。哪种治理和商业模式能够激发你去力争三赢的结果，为组织、员工和社会创

---

① 邓巴数字即150定律，由英国牛津大学人类学家罗宾·邓巴（Robin Dunbar）在20世纪90年代提出。该定律根据猿猴的智力与社交网络推断出：人类智力将允许人类拥有社交网络的人数是148人，四舍五入大约是150人。——译者注

② 无政府工团主义（Anarcho-syndicalism）是无政府主义中着重在劳工运动的一门学说。——译者注

造成功?

杠杆 3：组织架构和流程

组织的架构（传统上通常是更为固定的）和流程（传统上要更具流动性）会相互配合来调配资源、提升效率、力争最大的成就。因此，广告商、广告代理机构、个人、非营利性组织和中介机构等全接触点价值创造模型中的各参与方，都应该对自身的架构和流程进行再分析检查。传统的官僚主义组织架构只有命令和流程控制，而这些很可能无法适应在表 8–1 中所总结的广告业的未来项目的新原则。新架构和新流程必须能保证敏捷度，充分利用赋权和（必要时）权力集中来创造效益。

组织靠什么才能做到行动敏捷，在“速度就是一切”的时代里，可以在 M.A.D.E.^{S} 背景下执行遵守 R.A.V.E.S 原则的伟大创意，是否与文化领域的时代思潮保持同步呢？正如 DAC 集团欧洲公司总裁大卫·乔维特所写的：“**到 2020 年，快速思考和敏捷行动的能力将会成为公司最大的竞争优势……从所招聘的人员到公司奖励的行为类型，敏捷性必须贯穿在整个组织内部的文化中。**”圣约翰广告公司总裁 / 合伙人阿瑟·弗莱施曼提出：“**快速行动。好机会是不会等着冗长的创意文案、孵化、审批和生产循环的。未来，针对品牌和消费者世界发生的情况，企业必须同时开展多项工作，并时刻抓住机会进行创造性的工作。**”

除了针对文化事件要快速做出反应外，组织架构还应该服务于企业提升创造实时个性化体验的能力。本书前文中提到了 Econsultancy 公司和 Adobe 公司的研究。该研究也支持我们的观点：“本研究也显示了实时个性化的优势。能够实时进行个性化的品牌的销量也将会增加，其销量要比不能实时个性化的品牌高出 33%。”鉴于这种优势，敏捷度（即提供实时个性化的能力）应该是每个组织的“整体的文化体验”。

对于广告代理机构应该如何进行重组以适应未来的需求，数位广告代理机构的高管的观点是一致的。葛瑞广告德国公司首席战略官亚历山大·潘内拉（Alessandro Panella）和乌利维格尔品牌咨询公司（Uli Veigel Brand Consultancy）创始人乌利·维格尔（Uli Veigel）写道：

> 未来的广告代理机构将会更多地参与到客户的业务当中去。广告代理机构将会向价值创造链的上游移动。它们将与客户合作，查找存在的业务问题。之后，广告代理机构再根据这些问题去制订创造性的解决方案（不仅仅是沟通传播），创造更深远的商业和文化影响。为了实现这一点，广告代理机构的员工将会花更多的时间与客户的对口部门（市场营销、消费者调研或产品开发）并肩合作与沟通。广告代理机构和客户都将从中受益。
>
> 1. **流程效率得以提高**。往上游发展将能够以更短的时间创作出更优质的创意文案，而透明度的提高也将能够确保各方对其手中的任务有更好的理解。
>
> 2. **主人翁意识得到加强**。广告代理机构在参与后，其对创意文案的主人翁意识将会得到提高。
>
> 3. **知识分享的速度更快，质量更高**。广告代理机构通常拥有专业知识（包装设计、消费者知识等）。让广告代理机构提前参与整个流程，客户的组织能更好地利用那些知识为自己服务。

组织架构该如何设计才能帮助企业提高效率、增强主人翁意识，并且提高合作方之间的知识分享呢？StrawberryFrog 公司创始人兼首席执行官斯科特·古德森这样说道：

> 我认为新的广告代理机构模式需要新的人才文化，各个层级的跨领域的创意工作者最具价值，但最终大家都要在一起相互配合，这也意味着未来的广告代理机构将采取不同的组织架构和不同的员工架构方式。未来广告代理机构的组织架构图看上去将与现在采用的传统等级制度截然不同。

哈瓦斯传媒集团中东地区总经理皮埃尔·苏德（Pierre Soued）对此是这样解

释的：

> 到 2020 年，数字化的广告代理机构将不复存在。所有的广告代理机构都将是数字化的，都将开展广告营销工作，都将重视社交。我们是传播代理机构。大家的工作将会以客户为中心，对绩效的重视将达到前所未有的程度。而代理机构的核心必将是科技，通过科技手段来开发创新型的新传播产品和思维模式。在日常工作中，代理机构将必须拥有对多平台、屏幕和内容进行深入调研的能力和预测性分析资源。在提出创意的时候就要发挥创造力和创新力，在流程一开始就要去整合媒体，而不是等到流程结束之后。这将成为常规做法，以聚集行业的颠覆者们，满足客户不断变化的需求。在这个飞速发展的世界里，2020 年就要到来，又将很快过去，只有那些最聪明和最敏捷的广告代理机构才能快速进行调整，直面未来无数艰巨的挑战和现实。

就你所在的组织而言，其架构和流程应该如何进行调整，以充分利用本书第一部分中所介绍的五大变革力量，全面发挥第二部分中介绍的全接触点价值创造模型呢？

杠杆 4：价值创造流程

> 广告世界正在发生根本性的改变，这种改变是不可逆转的。如果根据现实世界来优化广告概念、规则、方法和流程，那并不足以让它们适应数字世界，反之亦然。
>
> 阿温德·朗格斯瓦米（Arvind Rangaswamy）
>
> 宾夕法尼亚州立大学市场营销学教授

每个接触点都应被当作价值创造的机会来加以重新考量。每个接触点都会影响到价值创造参与者这个生态系统。目前尚未形成任何模型，但部分项目参与者认为未来的广告业会出现一个基本性的转变。

奥美广告北京分公司企划合伙人萨拉·莎尔玛（Saurabh Sharma）指出：“随

着广告业的发展，这个行业给人带来的感觉将越来越不像做广告的，而这将有助于行业的发展，为企业、品牌和社会创造更多的价值……广告公司将不仅仅靠传播和参与创意来赚钱。为了不断地为终端用户改善产品和服务，单靠产品开发团队是不行的。广告公司将必须拥有自己的产品知识产权和专业知识。”

R/GA 公司首席增长官巴里·瓦克斯曼（Barry Wacksman）认为，广告代理公司将必须帮助客户做到“功能集成”，即产品和服务的“界限模糊”，从而创造更大的价值。

> 如果我们仅仅制作广告，是无法帮助客户获得增长的。我们不仅制作广告，我们的核心任务也将变为帮助客户创建整个价值生态系统，帮助它们整合功能。要做到这点，就要求广告代理机构提升自身能力，来构思新的功能集成产品和服务，制定商业战略，开发基础科技和用户界面，创造品牌，并且通过广告和传播将品牌推向市场，然后再将它们整合成由移动设备、社交媒体、零售店和现场活动所组成的数字生态系统。这是创造功能集成生态系统所必需的，也是广告代理机构的未来。

美国加利福尼亚大学欧文分校货币、技术和普惠金融研究所主任、社会科学院院长、文化人类学家比尔·莫尔（Bill Mauer）指出，价值创造过程中有一个值得大家加以深思的方面，即非现金支付和这种方式所产生的数据痕迹：

> 销售点早已经不再是终点，而是一个通往快速私有化的庞大交易记录的入口。各种形式的货币本身就是一个巨大的交易数据库，是一段活跃的且不断变化的历史，记录着人、事物和算法之间的相互关系和彼此交织。实物交易将又会回来，成为 B2B 交易的一个新的市场营销渠道。

代理机构必须针对价值创造所涉及的流程进行重新思考和重新设计。以下是在针对未来重新设计价值创造流程时所需要考虑的一些核心问题（参见表 8–2）。

表 8–2　　价值创造流程

价值创造流程设计的思考点
你如何来深入了解不断变化的环境
谁在领导决策过程？谁又在领导创意过程
哪些部门参与了这些流程，又在这些流程中扮演着什么样的角色
目前的流程是否能创造多赢的结果，让所有的利益相关者从中受益
你的流程是否允许开放式创新，以减少只依赖自身员工的情况
你的流程是否充分利用了全球化，例如在全球各地建立团队以跨时区保证项目时刻得到关注
你在进行外包时是否错失了与需要服务的顾客进行交流的机会

价值创造是未来品牌、消费者和社会之间的关系的核心准则。这会如何影响相关各方的互动和流程？

杠杆 5：人员、思维模式和能力

> 科技将会不断发展，但广告业务始终需要人类的战略和创造性技能。广告行业需要那些聪明、敏捷、灵活和能随机应变的人，那些有能力、有精力不断学习的人。
>
> 史蒂文·兰茨贝格（Steven Landsberg）
>
> Grok 公司创始合伙人兼首席创意官

既然我们鼓励“2020 广告项目”的参与者去展望未来，那这个话题似乎就会受到人们的特别关注。这或许是因为我们请大家思考最理想的未来是什么样的，这让他们意识到了要想创造理想的未来，就必须更好地去吸引和保留人才。这些人才要拥有合适的思维模式、能力和素质，能满足未来的需求。我们需要思考如何通过这个新设想的生态系统，着眼于未来，并从更令人兴奋和更激励人的角度来定义系统本身，从而吸引那些具有新思维模式的优秀人才，尤其是下一代人才呢？

人们常常强调传统的广告业在吸引顶级人才方面存在种种困难。正如

Oystercatcher公司的管理合伙人理查德·罗宾逊（Richard Robinson）指出的：“**挑战将在于如何吸引、培养和保留最聪明的人才，同时薪酬又不至于达到华尔街或硅谷精英们的水平。不管过去还是将来，这都会是最艰巨的挑战。**”co:collective公司战略总监汤姆·莫顿写道：“客户和广告代理机构都缺少高水平的数据分析师和有眼光的产品设计师。”为此，他建议道：“广告代理机构必须招募设计师、科技人员和用户体验专家，用智慧和谦逊来为广告行业吸引新的人才。”

2015年5月，在沃顿商学院举办的首席营销官研讨会上，我们与全美广告商联合会（ANA）共同主持。研讨会上，与会者提出了以下重要的挑战：

- 吸引和保留现代化的数字人才；
- 管理人才转型，同时扩大业务规模，力争增长；
- 吸引拥有“多层次专业知识”的领导者；
- 在组织内进行学习/知识分享。

我们当中的许多人对这些挑战并不陌生。那吉萨·马拿布（Nagisa Manabe）曾担任美国USPS公司的首席营销和销售官，带领这家举步维艰的企业连续六个季度实现盈利。在人员和能力方面，那吉萨强调要为合适的人找到合适的工作。作为一家上市公司，美国USPS公司的员工数量是有限定的。那吉萨及其团队通过坦诚的评估为人们找到了合适的岗位。人人都有一定的才能，关键在于要确保大家的技能与其所在的岗位要求相匹配。

很多参与者认为跨专业团队是未来取得成功所必不可少的。荷兹利亚跨学科研究院创始人、院长诺姆·莱默斯特驰·莱特（Noam Lemelshtrich Latar）写道：“**为了进行有意义的对话，广告商应该对社会趋势有更深入的了解。而为了了解社会趋势，它们就应该组建一支跨专业的团队，从心理学、人类学、语言学和各个年龄层面去招募专家。**”

阳狮集团首席战略官里沙德·托巴科瓦拉（Rishad Tobaccowala）与其他参与者一样，也认为当前的团队成员们应该“更新和提升自身能力”：

> 市场营销会变得更加重要，因为市场营销的工作就是要懂得和满足顾客的要求，而顾客们手中的权力也越来越大。其难点将是市场营销公司和广告代理机构是否有能力来迎接这个新挑战。我们是否有合适的领导力、相应的培训和相关的知识，能帮助我们在新世界里实现这一点？市场营销公司在彼此合作或与新合作伙伴、学术界合作时，必须提升和更新员工的能力，掌握新一代讲故事的能力、熟练使用数据和科技，并拥有更好的协作技能。

WPP 集团全球客服领导人卡尔·哈特曼（Carl Hartman）也支持这种观点：

> 人才必须进行改变。我们将需要更加“复合型”的人才，即所懂得的领域不止一个，并能够开始将各种专业知识结合在一起，发挥更大的作用。有人表示全世界只有四个人懂得一台 iPhone 手机的所有零部件。这些人的价值非同一般。广告代理机构内部了解全局的“横向”专家们同样如此。

成功的网络协调组织者

在组建成功的团队时，公司高管层必须善于发现人才特定的优势和经验。我们曾与光辉国际（Korn Ferry）公司首席营销官、光辉国际研究所所长迈克尔·迪斯特法诺（Michael Distefano）合作，对光辉国际庞大的数据进行分析，找出成功的网络协调组织者应具备的特征。网络协调组织者通常都是企业高管，他们能够从容应对当今要求苛刻且快速变化的环境（我们将在下一章中就网络协调组织者做更详细的探讨）。

光辉国际公司在 10 年的时间里对 250 余万专业人士进行了评估。通过评估，他们发现在成功的高管层身上有着一些特定的特征。他们将这些特征归纳为领导力和才能的四个维度。

- **能力**。成功所必需的、能被他人观察到的技能和行为，例如决策质量、战略思维、全球视野和业务洞察力。
- **经验**。能帮助个人迎接未来角色的任务或岗位，例如职能部门经验、国际工作任务、企业转型等。
- **性格**。个人爱好和天生倾向，其中包括个性，例如自信、冒险性和魄力。
- **驱动力**。会影响个人职业道路、动机和参与程度的价值观和兴趣点，例如权力、地位、自主权和挑战等。

光辉国际公司的分析发现，多数成功的网络协调组织者在以上四个维度上都相当出色，所以他们能强过级别相对较低的经理人。

光辉国际公司在成功的网络协调组织者身上发现了他们称之为“一流人才”的特点：

- **能力**：勇气、适应能力、顾客为本、结果导向、全球视角。
- **经验**：危机管理、战略制定、业务发展、财务管理。
- **性格**：
  - 社会领导力：同理心、沉着冷静、影响力、社交能力、亲和力；
  - 敏捷力：适应力、容忍力、乐于冒险；
  - 活力：追求成就、坚毅、魄力。
- **驱动力**：协作、权力、挑战、独立。

这一分析告诉我们，“一流的”网络协调组织者之所以能脱颖而出，关键在于其性格中的差异。图 8–2 证实了第一、第二和第三层次高管层之间的差别。

尽管总监和副总裁这两个层级的性格特征实际上是一样的，但首席执行官明显表现出了不一样的特点。很显然，最大的差别在于“社会领导力”范畴。该范畴所包括的性格特点有同理心、沉着冷静、社交能力和影响力。成功的网络协调组织者在活力范畴也表现更为出色，其中包括追求成就、坚毅和魄力。最强大的性格特点就是坚毅和对成就的追求，而相对较弱的性格特点是在敏捷力范畴，其中包括好奇心、关注力和适应力。

一流的网络协调组织者

第一层次：总监级别

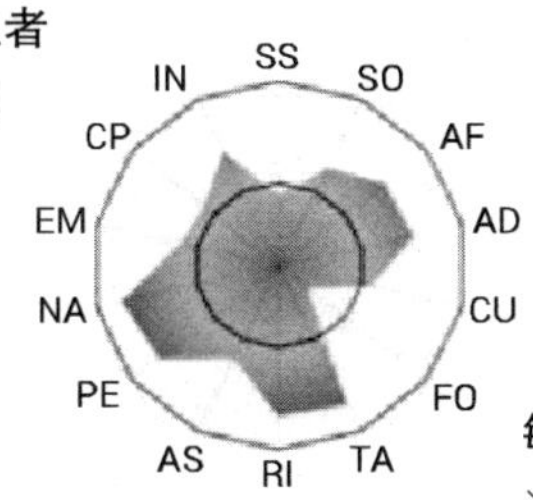

社会领导力

同理心（EM）

沉着冷静（CP）

影响力（IN）

自我意识（SS）

社交能力（SO）

亲和力（AF）

活力

追求成就（NA）

坚毅（PE）

魄力（AS）

敏捷力

适应力（AD）

好奇心（CU）

关注力（FO）

容忍力（TA）

乐于冒险（RI）

一流的网络协调组织者

第二层次：副总裁级别

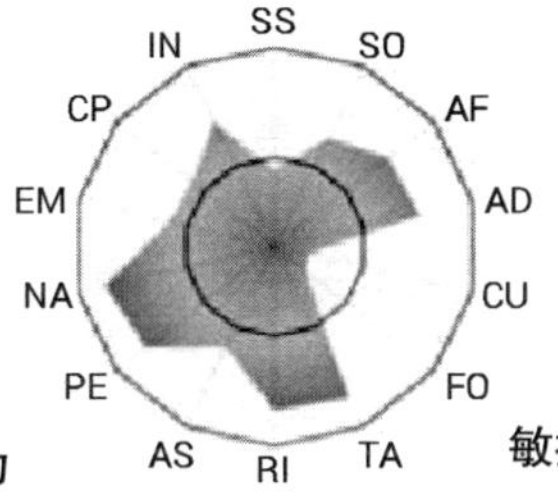

社会领导力

同理心（EM）

沉着冷静（CP）

影响力（IN）

自我意识（SS）

社交能力（SO）

亲和力（AF）

活力

追求成就（NA）

坚毅（PE）

魄力（AS）

敏捷力

适应力（AD）

好奇心（CU）

关注力（FO）

一流的网络协调组织者

第三层次：执行高管级别

（首席执行官）

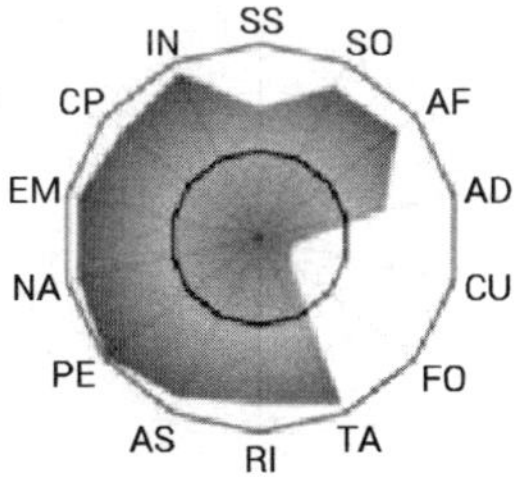

社会领导力

同理心（EM）

沉着冷静（CP）

影响力（IN）

自我意识（SS）

社交能力（SO）

亲和力（AF）

活力

追求成就（NA）

坚毅（PE）

魄力（AS）

敏捷力

适应力（AD）

好奇心（CU）

关注力（FO）

容忍力（TA）

乐于冒险（RI）

图 8–2　一流的网络协调组织者的特征

这三个层级所必需的特定性格特点有些是相同的。在敏捷度范畴，所有执行高管层的人在适应力、好奇心和专注力方面水平相对较弱，而在容忍力和冒险能力方面相对较强。在从第一层级往第三层级爬升时，魄力是变化幅度最大的特征之一，但同理心、沉着冷静、影响力和社交能力的变化幅度相对更大。

正如大家所预计的那样，在一流的网络协调组织者中，首席执行官们的性格特点彰显了与他人建立联系、通过他人进行领导，以及大力追求掌控权和超越他人的能力。

展望未来

我们认为全接触点价值创造模型的全局性以及支持该模型的实施路线图，都将吸引那些希望能影响这个世界的人。他们将会为产品和服务及其背后的品牌创造一个更具创造力、也更受人敬重的未来。

创意人员、游戏玩家、娱乐人士、活动家、市场营销人员、开发人员、科技人员、社会学家和其他种种角色之间的壁垒将逐渐变得模糊，追求三赢的商业模式将会逐渐扩散，拥有才华、活力和应变能力的个人将会被吸引，希望通过自身努力来创造巨大的影响。

这些新概念将会如何让你和你理想的团队成员们重焕活力呢？哪个概念会成为真正吸引人的“北极星”，让整个网络中的所有人团结在一起呢？

杠杆 6：实体和虚拟设施

> 为了迎接 2020 年的挑战，广告界必须开始敏捷的创意开发，与创意团队、合作伙伴、承包商和客户等进行密切的合作。
>
> 克里斯·叶
>
> PBworks 公司市场营销副总裁

全接触点价值创造模型本质上强调的是协作，由此让组织架构中的设施被分成了两个部分，即实体空间和虚拟空间，而且两者的重要程度相当。不管是实体空间还是虚拟空间，组织的设施都应该鼓励创造力、赋权、联合创造和自由沟通，从而强化公司的文化和价值观。很多公司对自身工作空间进行了特别的设计，以推行和鼓励这些价值观，并且实现克里斯·叶所倡导的那种密切合作关系。

如何鼓励和推动协作和沟通呢？ SEI 金融服务（SEI Financial Services）公司总部的开放式空间设计就相当著名（特此说明，SEI 公司是沃顿广告业的未来项目的重要支持者）。他们取消了个人办公室和格子间，避免了个人和部门之间的人为隔离，推动了自然的接触和合作。**硅谷公司也主要采用这类开放式空间设计，例如，Facebook 和谷歌公司。这种设计是否能提高工作效率呢？关于这点，大家众说纷纭。但不管怎样都值得去尝试，而且有证据清楚地显示，组织的架构通过直观有形的方式体现了公司的文化和价值观。**

但鉴于全球团队和跨学科团队的出现，虚拟办公室日渐变得与实体空间一样重要。我们沃顿广告业的未来项目的团队成员分散在全球各地，共同合作撰写了这本书。如果没有在线平台，这支团队可能就无法生存或发展壮大。我们会在校园里聚在一起进行面对面的交流，那是无比珍贵的时刻。除此之外，在线平台是我们进行沟通和对话的命脉。

实体空间和虚拟空间能在何种程度上体现贵公司全接触点价值创造模型中统一且强大的品牌主题呢？虚拟和实体世界的变化能在多大程度上体现贵公司的价值创造社区？

杠杆 7：资源和资源分配

懂得如何在传统广告渠道中进行合理的资源分配，力争最佳的结果，这是市场营销人员长年以来面临的挑战。造成更为复杂的挑战不仅是媒体版图的剧烈动荡，还有全接触点价值创造模型的核心概念。该模型强调对现有和潜在顾客的所有接触点进行协调组织，从而必须对资源进行合理分配，让各接触点能够产生最大的协同效应。

事实上，这意味着要突破传统的市场营销预算框架，把其他关键接触点都放在一起进行重新考量，其中包括产品开发、包装以及客户服务等。

传立媒体公司管理合伙人、分析、洞察和归因负责人乔治·穆西（George Musi）是如此来定义该挑战的：

> 市场营销版图正日渐复杂、四分五裂，且是多面的，消费者穿梭在大量数字媒体、在线媒体、线下媒体、付费媒体、自有媒体和免费媒体渠道等之间。消费者始终在线，始终是联网的，如何来跟上他们的脚步，如何跟上不断发展变化的消费者期望，如何优化多渠道的消费者决策旅程（这个旅程不像过去那样简单直接），借此提升销量和整体品牌体验呢？这个问题将会变得极其棘手。

他接着介绍了怎样来推进影响分析。宽泛来说，影响分析也就是了解在消费者决策旅程中各接触点所发挥的作用和价值。消费者决策旅程会同时影响到短期和长期的理想结果。

> 有一点很明确。鉴于与消费者进行沟通和建立联系的方式多种多样，市场营销归因、投资回报分析、优化和预测等工作方式必须进行改变。最终的目标就是拥有全面的市场营销归因，即观察和收集所有可能会影响业务或市场营销的数据点或变量。这就要求将营销组合建模（由上至下、全市场环境）和数字归因建模（由下至上、数字粒度）整合在一起，去了解和应对复杂且不断变化的市场营销版图：

- 确保“一个信息源”，从而不论线上线下，市场营销人员都会对自身所处的市场营销世界有着同样的理解和认识。
- 对市场营销绩效（效率、效力、最优化和投资回报率）进行真实而全面的评估，而不是将它们作为线下和线上渠道的线性结果来分别加以处理。
- 懂得如何让媒体生态系统里的所有市场营销工作相互配合。

- 准确且可靠地评估每个渠道、策略和接触点对客户转化的真实贡献和影响力（相同或不成比例）。
- 媒体扮演的不同角色：
  - 介绍人——哪些媒体元素会培养和捕捉到消费者的兴趣？
  - 影响者（或宣传者）——哪个媒体渠道可以频繁地进行宣传，并且一再对信息加以强调？
  - 交易达成者——哪个媒体渠道和网络争取来的顾客最多？
- 同时分析转化和不转化路径以确定市场接触点的价值。
- 微调战略和策略来改善结果（即如何来综合使用和匹配客户体验旅程中的各种市场营销活动；如何在各渠道中分配接下来的资金）。
- 建立一个持续的、可反复的循环，从而让市场营销人员始终拥有最新的分析和见解，能帮助他们改善计划，对决策进行优化。

不管采用何种归因方法，最重要的是：

- 各渠道、设备和接触点的所有可用的数据都得到采集。
- 该方法纳入了其他因素和方面（例如广告商无法追踪的市场营销活动以及不确定性因素）。
- 该方法考虑到了公司的商业模式、当前的市场营销宣传活动、市场营销目标、销售周期、顾客活动、季节性 / 一年中的时间段、产品范畴、顾客的忠诚度、第一个和最后一个接触点渠道、转化路径的长度等。
- 该方法长期不断得到测试、校准和验证。

在进行营销归因时要考虑到所有的接触点，而不仅仅是付费媒体、免费媒体和自有媒体。除此之外，还必须通过适应性实验来确保不断地去了解各接触点之间是如何相互影响的，以争取最大的长期影响。适应性实验要考虑所有相关的变量、资源和资源分配。通常大家会要求更多的资源，但我们认为如果将适应性实验当作自己信奉的管理哲学，将会从要求更多的资源转变为突破传统的组织界限，更为有效和高效地在组织内外分配资源（更多开放式创新请参见第 9 章）。随着科技的发展，尤其是智能化程度、敏感程度和自动化程度的日渐提高，我们将以更高质量、更快速且更有效的方式开展工作。传统观念曾经认为我们必须在速度、质量和效率之间进行权衡，但这种情况将不复存在。

你们可以设计哪种新的资源分配模型，更全面地利用组织生态系统中的各接触点，发挥受影响的个人的潜在价值创造能力？

杠杆 8：科技基础设施

> 公司需要新的专业知识，提升自身的敏捷度，也要找到新方法来推动组织内外的合作。首席科技官和首席营销官必须达成“攻守同盟”。
>
> 沙德·托巴科瓦拉
>
> 阳狮集团首席战略官

正如我们在前文中所强调的，科技所带来的洞察力从根本上影响了品牌的市场营销能力，而且这种影响将会继续存在。随着科技的发展，我们深入了解顾客的方法也必须进行改变。

组织必须根据这些方法来建立更智能、更实时且更连贯的决策支持系统和绩效指标仪表盘。正如 MDC Partners 公司首席营销和市场拓展官鲍勃·坎特所写的：“**如果科技及其所带来的数据深度正在推动广告产业发生这么深刻的改变，那么我们就必须学习如何将这种能力整合到各个部门中去，而不是将科技部门视作组织内一个独立的、与其他部门隔绝的成员。**”在为《快公司》所撰写的《Zara、宝洁和贝立兹如何看待敏捷度》（*What Zara, P&G, and Berlitz Know about Agility*）一文中，费萨尔·霍克（Faisal Hoque）写道：

> 为了应对环境的变化，组织必须从内部不同领域的各种流程中加强学习。科技可以支持大家进行学习：（1）收集、分布、分析和诠释与业务流程相关的数据；（2）生成可加以选择的多个响应方案，就合适的行动进行决策，并执行所选的响应方案。

科技基础设施是组织进行变革最重要的手段，也决定了组织未来是否能取得成功。企业在建设科技基础设施时就应该以此为目标。这不是什么事后诸葛亮。R/GA 公司移动社交平台全球执行创意总监、执行副总裁理查德 · 廷写道：

……品牌现在必须快速开展工作，统一其客户数据集。现在，这些客户数据存在于不同的环境中，例如社交客户关系管理、客户的社交图谱，以及客户的交易历史等。在这些数据得到统一后，品牌将能够从同一个角度去看待顾客，只有这样，它们才能提供相关性和个性化程度更高的品牌体验。

在展望 2020 年时，洛伦 · 格罗斯曼反复强调了遵循 M.A.D.E.^{S} 和 R.A.V.E.S. 原则为人们提供体验的重要性。或者套用他的话来说：“**创造丰富、亲密、高度个性化并且能在文化上让人产生共鸣的体验**。”我们的很多参与者都探讨了个性化在品牌与人们之间建立真诚深厚的关系过程中所发挥的巨大作用，而且这种重要性还在不断增长。**他们同时强调，当前存在一些障碍，阻碍了个性化体验的广泛性，例如如何能够将大量可用的数据变为有用的信息，以及由谁来负责这项工作。**

格罗斯曼是这样来介绍这一挑战的：

正如最近所宣传的那样，大数据需要强大的科技解决方案和大数据科学家。大数据科学家必须懂得如何读取、合成和使用数据来提升体验，而且通常都是实时进行的。此外，如果这些数据科学家仅仅依靠现有的机器，并将其视为可能的新组件，那就无法取得成功。他们必须完全无缝地融入广告世界，他们制定的解决方案不是为了科技而科技，而是一段有机的、能推动品牌建设的、革命性的体验的不可分割的一部分。这点对大数据科学家们而言并非易事。但他们更喜欢为 IBM 和惠普这样的公司工作。这点对广告商们而言也不容易。相对于严谨而言，广告商们更喜欢天马行空，但这点是它们取得成功所必需的。所以如果你的员工队伍中还没有大数据科学家，我建议你们现在就去找几个。马上。

数据基础设施必须能够从所有主要和次级信息中获得一定的见解，但仅仅这样还是远远不够的。这个过程必须有自动化、编程、人工智能和认知计算领域的人来进行指导，而且还必须有更多其他专业的人员来指导。他们能够提出正确的问题，过滤出答案，提供合适的背景，诠释发现，并且不断地反馈所有这些内容，创建更加强大的支持系统。

个性化的基础设施

很多项目参与者提到了建设此类基础设施的重要性。TBWA 伦敦公司首席战略官阿米莉亚·托罗德写道：

> 到 2020 年，我们将经历一场巨大的改变，从社交科技向真正的智能科技转变。这个新的智能互联网基础设施将成为催化剂，带来新的智能广告时代。我们将见证更个性化的“数据 / 时间 / 地点”驱动广告的发展，更美好的体验、相关性更强的产品服务，以及更独特的客户选择。为了做好准备，广告代理机构应该从现在就开始思考如何能够在自身业务中纳入并提高数据采集和规划。广告界的下一波浪潮应该不是开心的客户友好化，而是残忍的数字友好化。组织应该更加注重数据收集者、数据分析者，以及那些可以从数字中创造出精彩故事的人。

这些“从数字中创造出的精彩故事”将让品牌可以通过 M.A.D.E.[s] 方式来提供个性化的 R.A.V.E.S. 体验。

Econsultancy 公司和 Adobe 公司最近针对个性化在全球进行了研究。这份名为《为什么市场营销应该个性化》的研究报告的观点和我们在此讨论的观点非常类似。Adobe 公司 EMEA 营销副总裁马克·菲布斯（Mark Phibbs）在研究报告的前言中写道：

> 如果公司希望为所有人（从第一次过来的参观者到忠实的顾客）改进其顾客体验，就需要制定个性化战略以及明确的行动计划。个性化框架应该包括所有相关的顾客接触点和设备，而不是单独的一两个渠道。正如本研究在

下文中所介绍的，“人和机器”的合理配合是实现这点的关键所在。

该研究发现，有大量数据统计证实了个性化的重要性，其中包括进行个性化的组织获得了14%的销量提升。当然，我们的模型是一种理想化的设计，目前尚未真实存在，但有可靠的研究指明了方向。想要改善各接触点的顾客体验，就要在个性化平台上建设组织基础设施。

Econsultancy 公司和 Adobe 公司对被调查者提出的个性化存在的主要障碍进行了分析。它们发现：当被问到使用（或更好地使用）个性化的主要障碍时，半数（52%）以上的被调查者并没有实时提供个性化内容，并表示他们对“科技没有得到整合”的现状感到很头疼。很多公司在投资科技时甚至都没有考虑过顾客希望什么，又需要什么。它们也没有制定个性化战略。这样通常会导致体验不连贯，而科技更多地变成了问题，而不是解决方案。

哪种倾听、处理和主动行动/被动响应的基础设施，能够让组织的战略和策略的制定者们团结在一起，并为他们提供信息呢？这类基础设施得到了多少优先考虑？这又如何与组织的战略使命来进行平衡呢？这种做法又如何来优先保护和维护生态系统内的每个个体的愿望呢？

杠杆9：量化指标/绩效指标仪表盘、激励政策

从测量的角度来说，投入的测量难度通常低于产出，后者会受到很多因素的影响。所以多数人会屈服于此，选择根据投入来制作绩效指标仪表盘。尽管那样也可以提供一定的跟踪能力，可以直观地看到一定的情况，但永远无法替代最重要的绩效指标仪表盘，即定期测量行为或态度产出的仪表盘。市场营销人员必须永远以产出为导向，然后再据此去思考如何来创造该产出。

克里斯·博格瑞（Chris Burggraeve）

Vicomte LLC 公司创始人

量化指标决定了组织的优先对象是什么。进行测量的应该都是重要的内容，所以当我们展望未来时，就必须仔细考虑什么是成功，而成功又如何来加以测量。在全接触点价值创造模型的世界里，绩效测量应该是“以产出为本”，而且要着眼于三重底线，即对品牌的影响、对个人的影响以及对社会的影响。

为了能与全接触点价值创造模型相匹配，我们必须开发新的测量手段和分析能力。这三重底线要如何来进行测量呢？如何实现目标？所有接触点会如何将 R.A.V.E.S 内容作为标准？我们该如何不断改进 M.A.D.E.^{s} 原则的效力？正如尼尔森公司媒体研究和数据专家皮特·多伊（Pete Doe）所警示的那样：**“引导人们轻松购物的闭环系统在很大程度上可能仍然是一种幻想。现实世界是一个更为杂乱的地方。”**

有一种快速涌现的方法来自客户分析领域。我们的兄弟组织沃顿客户分析项目（Wharton Customer Analytics Initiative，WCAI）由沃顿商学院教授埃里克·布拉德洛（Eric Bradlow）和皮特·法德（Pete Fader）领导，着重研究公司对其客户行为的精细数据的收集、管理、分析和战略利用。他们认为客户分析的特征应该是注重行为的、纵向的，本质上是非常精细的、具有前瞻性的，而且是多平台的。他们与众多组织合作，通过预测模型来挖掘客户数据并将其变现。最近，他们联合沃顿在线学习（Wharton Online Learning）共同在该在线学习平台 Coursera 上推出了一个新的商业分析专业课程。该专业课程有望成为第一个旨在探索如何使用数据来提升商业决策质量的综合性课程。

对全接触点价值创造模型而言，另一个关键的要素是针对组织众多参与者提供的激励和奖励举措。货币奖励并不是唯一的激励方式。例如，认可也极为重要。爱德曼公司全球信任度晴雨表调查显示，“组织与其员工之间良好的关系是特定品牌维持信任的第三大核心要素”。排在前面的两大要素分别是消费者数据的保护和产品质量的控制。

让我们来看看美国佛罗里达州的大众连锁超市（Publix）。该超市已悄然成为美国第七大私营企业，2012年的销售额为275亿美元，2013年的纯利润率为5.7%，位居行业首位。对于一家80%的股份由16万余名员工共同持有的公司而言，这是令人称奇的业绩。该公司注重内部提拔政策，员工流失率低，满意度高。在大众连锁超市的员工当中，有3.4万名员工在公司工作年限超过10年，这样的员工保留率在食品行业内算得上闻所未闻了。这些团队成员的薪酬包括了薪水和股权，他们是大众连锁超市经营所在社区里热情的品牌代言人。大众连锁超市的成功让沃尔玛公司心生担忧，后者最近也开始重点关注员工的发展机会。

除了传统的测量指标外，包括广告代理公司在内，组织将如何在自身绩效指标仪表盘中增加新的量化指标，充分体现三赢的目标和影响呢？Xaxis公司董事长、WPP集团数字业务投资部门总裁大卫·摩尔写道：“**数据对媒体的意义就类似于地理位置对房地产的意义……与市场营销宣传活动相关的因素数量不断增加，而不同设备上对成功的测量方法又存在种种分歧，因此必须有最先进的算法和分析来定义成功**。”更不用说需要新的社交量化指标来体现不断变化的优先顺序了。正如TBWA伦敦公司首席战略官阿米莉亚·托罗德所说的：“**它们的环境记录如何？它们如何对待海外的员工？它们致力于给所在社区带来何种积极的影响？**”

关于量化指标和测量方法，杰瑞建议设计一个简单的绩效指标仪表盘，用不着设计像波音747那样复杂的仪表盘。简单一点，尽可能多地包括实时量化指标，并且着重强调企业的成功和理念。因此，短期的、狭隘的且孤立的目标是无法掩盖全接触点价值创造模型内部相互关联的本质的。

实践案例

充分借助组织架构

花旗自行车——花旗银行（CITIBANK）

广告代理公司：阳狮凯普勒公司（Publicis Kaplan Thaler）

WARC **公司年度** 100 **佳广告宣传活动：**2014 **年排名第** 16 **名**

目标 / 待解决的问题

自 2008 年全球金融危机到 2012 年，花旗银行的品牌健康度大幅下滑，而其纽约分公司的状况更是堪忧。当时该市希望能推行自行车共享项目，借此对现有公共交通方式进行补充，并且鼓励居民积极运动。

方法

2012 年，纽约市找到花旗银行，为自行车共享项目争取种子资金（五年共 4100 万美元）。面对大量的抵制情绪和负面反馈意见，花旗银行将自行车骑行宣传为“体验纽约市的新方式”。花旗自行车在 2013 年夏季推出：大家可以在线注册，同时有一个与《纽约时报》合作的移动应用，可以向用户提供可用的自行车信息、适合骑自行车的路线以及推荐的美食。这款应用界面向纽约人开放，可以针对该应用开发各种插件。

结果

2013 年 5 ~ 7 月，这场广告宣传活动取得了极大的成功。《纽约客》的封面刊登了名人们使用自行车的特别报道。社交媒体上针对这些自行车的帖子数量超过了 12.5 万，其中超过 95% 的社交媒体对话持中立或肯定的态度。会员数超出预期 13 倍，而且该应用的下载量高达 15 万次。花旗银行的品牌健康度达到了自 2008 年以来的最高水平，83% 的使用者将自行车共享服务与该银行联系在一起。到 2014 年，纽约人已经通过骑自行车共同燃烧了 2.8 亿卡路里。

经验总结

接受大挑战必须有毅力和勇气，有高管层的全力支持、积极计划和行动，而不是被动应对，还要在项目发展过程中允许进行各种调整。如果在广告中采用这种模式，将必然可以实现“完全毫无争议”的目标。

引自：WARC 公司年度 100 佳广告宣传活动

关键点

Beyond Advertising

Creating Value Through All Customer Touchpoints

变革永远不易。它让熟悉的东西发生改变，将我们推出了舒适区，并要求我们具备自己所没有的能力。但变革同样会带来奖励和权力。关键在于让变革流程获得支持、拥有出色的领导者，而且具有一定的包容性。

在推行变革之前先做好准备。力争得到组织上下的支持，鼓励对话和探讨（不仅仅是在执行高管层），并且确定最佳实施方案。是继续发展变化好，还是试图进行完全颠覆呢？

价值不是产出，更不是可以用个黑盒就能生产和导出的东西。价值创造必须渗透到企业的架构中，必须成为公司文化的基础，必须能指导招聘决定，而且必须能为团队设计提供信息。只有将价值视为一个多面的、相互存在关联的项目，大变革才能有意义。

变革和价值可以、也应该得到测量。量化指标和数字是其中重要的一部分。实验创造了多少收入至关重要，但同样重要的还有体验。问问组织内外的人员，他们对变革有何感受。在对组织进行重新设计时，人们的观点和见解是无价的。

Beyond Advertising

AD

第9章

打破种种壁垒和障碍

> 我们收集到的消费者数据越多，似乎越不了解他们究竟在乎什么。这在一定程度上是因为我们人为地制造出了种种壁垒，比如，分为广告代理公司端与客户端，又或者分为社交数据、电子商务数据和客户关系数据。消费者并不会去想它们有什么区别，那些区别都是人为制造的。品牌如果想要取得成功，就不仅要在娱乐、信息、工具、服务和对话过程中传递价值，还要在任何地理位置、任何时间点和任何互动点都始终如一地传递价值。
>
> **弗雷德里克·波恩**
>
> 米瑞姆公司北美区首席创意官

品牌希望在人们心中树立其统一连贯的形象，但现实恰恰相反。传统媒体、自有媒体、许可媒体、免费媒体、共享媒体、付费媒体、借用媒体，以及用户自己创造的媒体等似乎都是独立的、各自为政的部门，通常利益相互冲突。从客户/顾客的角度来看，这种情况常常会导致各接触点的战略的不统一，让人迷惑难懂，而且缺乏我们在介绍 M.A.D.E.[s] 原则时所强调的协同效应。遗憾的是，尽管很多人看到这个问题而且希望能改变这种情况，但他们要面对的不仅仅有过时的思维模式，还有过时的组织内部各自为政的问题和人为的协作障碍。

2015 年，弗吉尼亚大学商学院市场营销学副教授金伯利 · A. 慧特勒（Kimberly A. Whitler）在联合 CMO.com 网站进行了“首席营销官影响力”研究。该研究发现，最为成功的公司会在公司内部更大范围地充分利用市场营销人员和市场营销方面的深刻见解。公司不仅仅认识到市场营销领域可以提供宝贵的视角和见解，同时还让市场营销领域更大程度地融入整个公司，而不是让它成为一个独自为政的部门。只有这样，整个公司才能从中获得强大的推动力。该研究报告称：

> ……本研究调查了 564 位企业执行高管，其中包括 223 名首席营销官或相同职位的高管，多数来自美国企业。研究发现，公司的成功与首席营销官是否拥有较高地位以及更多地参与公司整体战略存在直接关系。平均来看，市场营销工作更出色的公司，其市场份额要高出三分之二。

该报告同时发现，要取得更出色的经营结果，不仅仅要优先对待市场营销战略，同时组织的首席营销官还必须参与到战略会议中去。科技企业 Cvent 公司高级营销副总裁埃里克 · 伊登（Eric Eden）提出，鉴于执行高管团队的成员们各有不同的视角，“从这些不同的视角进行健康的辩论，寻找交集，也就可以带来成功”。

2011 年 10 月，沃顿广告业的未来项目针对协调和组织举办了圆桌会议。会上，co:collective 公司首席执行官泰 · 蒙塔古（Ty Montague）这样说道：“科技正在发生着改变，但人们并没有在改变。我们的挑战在于，要克服客户组织内部组织架构导致的各自为政问题。一切都必须从内部开始，然后再向外部发展。”

在本章中，我们指出了 12 个顽固的壁垒，并且提出了四种强大的方法来消除这些表面上看来相当棘手的挑战。从根本上来说，我们必须扩展自己对组织目标和界限的理解。首先，如果人们可以找到共同的利益点，那么界限和壁垒就会消失。这正是我们在第 3 章中所讨论的**共同目标**。其次，要想快速获得竞争和创新所必需的专业技术和能力，就要进行**开放式创新**。该方法在最近数年已经从实验方法发展成为各规模企业广泛采用的、必备的工具。再次，在商业模式中增加**网络激活**，从而充分挖掘潜力，更充分地利用顾客、员工、经销商、合作伙伴、投资人和其他人组成的网络价值，交换潜能。最后，**网络的协调组织**可以确保众多变动因素和“相互关联的合作伙伴”更好地发挥作用，即打破各自为政的世界。

致命的 12 大壁垒

到目前为止，大家已经知道，我们和“2020 广告项目”的参与者们都希望能消除“与……相对”的概念。在未来的广告业中，“和”将成为主流：体验和全新的视角，全球效力和地方敏感度，销售产品 / 服务和在此过程中不乱丢垃圾等。在设想了这个更为理想的“和”未来后，“2020 广告项目”的参与者们开始根据自己身为先驱者的个人经历畅所欲言，分析哪些壁垒和障碍让变革和转型变得那么艰巨、看似相当棘手。所以让我们先用表格列出这些壁垒和障碍，看看它们会让你产生何种程度的共鸣。我们之所以称呼它们为“致命的 12 大壁垒”，是因为它们导致全接触点价值创造模型的实施相当困难，所以不管是什么行动计划，都必须将克服这些壁垒视作必要的内容。

我们在表 9–1 中列举了这些壁垒，并介绍了我们“2020 广告项目”参与者对它们的定义。你当前正面临哪种壁垒？哪种壁垒应该优先得到处理？哪种潜在问题正有可能成为你的第 12 大隐藏壁垒或界限？

表 9–1　　致命的 12 大壁垒

1	**目标壁垒** 消费和利润 VS 积极的社会和文化影响
2	**解决方案壁垒** “我们需要一个移动应用” VS “我们可以解决什么问题”
3	**组织壁垒** 我们 VS 他们

续前表

4	**年龄壁垒** 丰富的经验 VS 新鲜的视角
5	**运营壁垒** 产品管理 VS 销售 VS 客户服务 VS 公共关系 VS 市场营销和广告
6	**专业知识壁垒** 创意人员 VS 分析师 VS 战略人员
7	**责任和可问责性壁垒** 产品 / 服务销售目标 VS 预期影响和非预期影响的责任和可问责性
8	**智能化壁垒** 人员 VS 计算机
9	**国家壁垒** 全球效率 VS 地方敏感度
10	**文化壁垒** 什么让我们与众不同 VS 什么将我们团结在一起
11	**媒体 / 渠道 / 接触点壁垒** 归因赢家和输家 VS 组合和协力效应
12	**隐藏壁垒** 我们目前尚未看到的边界

致命性壁垒 1：目标壁垒

我认为未来的商业模式就是共享价值，外加共同行动，这也就是共享利润，包括社会利润和经济利润。

辛迪 · 盖洛普

MakeLoveNotPorn 公司、IfWeRanTheWorld 公司、Behance 公司创始人兼首席执行官

（未来的广告代理机构）……在这里不仅仅可以提高自我，更重要的是一份社会使命感。这家机构会将自己的大部分精力投入到使用广告技巧、行为学和进化论来解决社会问题，包括住房、福利、经济和环境等方面的问题。这将让该广告代理机构名声大噪，而它们可以充分利用

这种声誉来创造收入。它们可以通过演说和咨询顾问，来为那些精心挑选的私营企业客户提供服务，而且每日收取很高的费用……

它们的这种工作方式将有别于理性劝说的传统概念，将重点放在设计环境和选择架构上，从而通过潜意识的影响创造理想的社会效应。

罗里·萨瑟兰

奥美互动伦敦公司副董事长兼执行创意总监

致命性壁垒 2：解决方案壁垒

我们必须无条件地接受一个概念，即生产人们需要的东西，而不是让人们去需要我们生产的东西。这不仅仅是因为人口的变化，还是源于新的思维模式和行为。

迈克尔·雅各布斯

Our True North 管理合伙人兼执行创意总监、iRGONOMIC 首席创意官

变革（和机会）将不会来自怎么打广告，而是来自广告到底在做什么。到 2020 年，该行业将不会是帮助客户销售实实在在的东西，而是协助他们创造和销售消费者解决方案。事实上，广告行业所做的还不只那些，它还将帮助客户（和自身的消费者一起）联合制定那些消费者方案。

盖伊·钱普尼斯（Guy Champniss）

Enervee 公司营销和消费者行为副总裁、雷丁大学亨利商学院副教授

致命性壁垒 3：组织壁垒

就广告代理机构的问题而言，一个显而易见的解决方案就是将各个新学科分解成规模较小的创意单位，就像是我们拥有设计事务所、品牌事务所和创意数字商店一样。这样我们就可以沿用现有的广告代理机构组织方式，那些仅仅关注下一个财务季度业绩数字的业务部门会特别喜

欢这种方式。不过这种各自为政的方式也存在缺点，即无法让各个团队创造协同效应，去为他人的思考和发展过程添砖加瓦。

另一种解决方案就是反思我们如何来管理自己的广告代理机构。我们明白传统的团队架构有利于市场营销信息的传递，但并不利于编辑或设计导向的研发工作。

成功的关键在于广告代理机构的领导人选择采用哪种方式来领导新的多种创意能力，因为它们已经融入了企业转型、产品创造和客户交流中。

弗雷德里克·安德森

Vice 媒体集团旗下 VIRTUE Worldwide 首席运营官

按照传统的做法，广告代理机构和广告商的组织架构是根据能力和渠道来进行划分（即各个渠道各自为政）的。最近几年，面对消费者的巨大变化和媒体世界的四分五裂，广告代理机构对其组织进行了重组，成为平台和渠道专家（例如展示团队、广播团队、实时竞价、在线视频、移动、社交等），而并非消费者专家。当然，尽管现在有些广告宣传主题的范围比较广，但单个渠道在很大程度还是相互独立的。而全渠道则要求有一个跨职能团队的组织架构。

广告代理机构和广告商必将改变它们的范式、模型和传统做法，打破和克服那些实际或象征意义的（内外部）单渠道广告壁垒，采用 360 度全方位覆盖，不管消费者身处何处、不管消费者偏爱什么，在他们需要的时候与他们进行联系，提供全面的对话、连贯统一的信息，以及（相关的、统一的、定制化的和有用的）体验。

乔治·穆西

传立媒体公司管理合伙人、分析、洞察和归因负责人

致命性壁垒 4：年龄壁垒

我们将最终发现，在 2020 年及其后 10 年，只有拥有更成熟的头脑才能领导广告业。与医疗、法律、工程和建筑领域一样，年龄将意味着权威。你或许会想，事情不一定是那样的。是的，市场已经变得迫切需要年轻的人才。Y 一代人拥有酷炫的特征。但很坦率地说，那是因为这个市场一直在希望降低人力成本。广告业的基础就是头脑。所以成熟的头脑必然是这个让我们激情四溢的行业的一部分。所以每天不仅仅要思考应该如何来培养那些刚入行的专业人士，同时还要思考如何让年长者跟上时代脉搏，利用他们的经验、成熟和智慧来抓住新潮流和每日的发展变化。

维尼修斯・雷斯

CP+B 巴西公司合伙人、首席运营官

指导和培养各年龄段的专业人士不仅能给人带来满足感，还能为我们的行业创造长期和短期的价值。保留创意技术人员最重要的一点就是，为他们提供一种环境和文化，让他们可以不断地去学习、提升自己的技能，并接受挑战，去思考如何能以全新的方式赋予概念新的生命。

南希・希尔（Nancy Hill）

美国广告代理协会会长、首席执行官

致命性壁垒 5：运营壁垒

如果说科技及其带来的数据深度正推动广告业发生深刻的改变，那么我们就必须学习如何将这种能力整合到各个部门中去，而不是将科技部门视作组织内一个独立的、与其他部门隔绝的成员。

鲍勃・坎特

MDC Partners 公司首席营销和市场拓展官

在接下来的几年里，组织应该去重新校准市场营销和 IT 之间的关系，建立更多由市场营销和 IT 专家组成的、跨学科团队，或许还应该设立新的 CMO（首席测量指标官）。

丽莎·科兰图诺

AAR 合伙人公司联合总裁

我几乎已经看到一个由媒体、创意人员、策划人员、科技人员和制作人员组成的新部门，我们就叫它制造部。这些人员的大部分时间都用来对广告宣传活动进行实时的小调整，而不是在活动启动之前早早地就对活动进行大幅修改。

卡列·肖奈尔

Lowe Brindfors 广告公司首席执行官

策划和购买之间的那堵人造的墙正在慢慢倒塌，现有的运营循环也正在慢慢垮掉。

斯科特·哈格多恩（Scott Hagedorn）

Annalect 公司首席执行官

致命性壁垒 6：专业知识壁垒

专业知识壁垒比比皆是。这个行业没有分类法，因此也就没有了分类法所带来的通用语言和术语，因此市场传播的商业情报、战略策划、人才 / 供应商的寻找，以及资料归档等生产力就会大受影响。这个行业没有去考虑市场传播的整体性，以及不同学科和实践方法之间的相互关系，所以那些影响生产力的专业知识壁垒就会永久存在。到 2020 年，这个问题将得到纠正。广告业将会被重新定义，以包括整个市场传播领域，而广告业的重新定义将有助于打破既有的壁垒，避免它们去影响生产力和广告项目的整合。

亚瑟·托德

雷行公司创始合伙人

数字化不会是一个壁垒或一种媒介。它将是我们生活方式的协调者，让我们的生活方式更加丰富多彩。此后，它将推动传播战略出现前所未有的整合。人们对科技的拥护正推动着媒体、创意和品牌整合为一体。而这一切的推进将由谁来领导呢？由此，我们必定会看到媒体代理机构在发挥自身优势之外，还在招募创意人才，反之亦然。广告代理机构多年来一直在树立各种专业品牌，但它们将在一场“大爆炸”中再次开始合并。

马修·戈弗雷

扬罗必凯广告公司亚洲分公司总裁

广告代理公司里充斥着很多非常自我的人。我们不再需要更多的这类人。但统计学家、业务分析师，以及使用数字来进行表达的人，能够真正提升普通广告代理机构的技能。我们之所以没有招募他们，不是因为他们不能赚钱，而是因为他们难以融入进来。但可能真正需要的是我们去融入他们。

迈克·福利特（Mike Follett）

卢门研究所（Lumen Research）董事总经理

致命性壁垒 7：责任和可问责性壁垒

到 2020 年，持各种信念的组织都将会意识到它们无处隐藏，尽管其中有些组织要认识到这一点还颇为艰难。它们生活在毫无隐私的状态之中，它们的行动通常会比语言的影响更大。科技的发展脚步无人可抵挡，它将不断地提供大量可供分析的数据，而这些数据也将会被朋友和敌人所使用。全球的研究人员将会通过调研发现，如果企业能思考自己为什么要从事该行业，要比仅仅思考他们在行业内的角色，更能带来出色的财务增长和价值增长，宝洁公司前品牌最高管理者吉姆·斯坦格尔（Jim Stengel）曾经就此情况发表了一篇题为《发展：理想如何推动全球最伟大的公司获得增长和盈利》的文章。

马克·卡托

卡托咨询集团董事长

致命性壁垒 8：智能化壁垒

通过数字化手段来收集消费者数据的可能性让广告商可以从大众媒体广告一跃成为精准投放。遗憾的是，不同的数据存储在不同的数字媒体巨头那里，并没有进行跨领域分享。在针对特定领域投放广告时，广告商通常只能从该领域检索消费者数据，也就因此在投放广告时所使用的信息并不能完整地对目标消费者加以描述。因此广告实际的相关性和个性化并不强。

那么这种情况意味着什么呢？事实上，云端的消费者数据呈现出爆炸式增长，可以随时随地进行访问和获取。但此类数据的存储也是隔离开的，等待着被统一组织成完整且更具说服力的故事。我们现在可能善于收集数据，但在分析和利用数据上却稍逊一筹。

但如果这些数据的壁垒被打破呢？如果可以跨领域来获取和分析数据，由此对每个人有一个动态的、全面且完整的了解呢？如果信息得到汇集和整合，在云端构成另一个我们呢？我觉得新广告时代的潜能是无限的。

伊夫林·李（Everlyn Lee）

麦肯健康传播公司大中华区数字策划师

致命性壁垒 9：国家壁垒

自 2015 年起，广告业似乎就一直处于亢奋状态中。就算是国界也已经消失了，在印度也不是所有人都能够接入互联网中，但既然所有广告牌都是联网的，那这一点就变得没那么重要了。如今，品牌的覆盖并不意味着在某个国家或其他国家找大型的媒体投放广告，而关键在于不管人们来自哪个国家，年龄如何，甚至是性别为何，为他们提供他们所需的东西！

过去的广告模式是建立在西方数十年前的理想和野心基础之上的。去年，非洲成了牙膏、洗发水和家用清洁用品增速最快的市场。这并不让人感到意外：（“西方”）经济的增速为零，而一些非洲国家的增速达到了10%以上。品牌必须快速进行调整，让自己保持活跃，跟上发展潮流，继续令人兴奋。品牌领导者不再来自欧洲或北美，而是来自地球。

伊莎贝尔·奎维利

Brilliant Noise 英国公司品牌服务总监

致命性壁垒10：文化壁垒

到2020年，我们应该看到多元文化广告代理机构模式的灭亡。就算是现在，也不是非得靠这些设置重重壁垒的业务模式，才能覆盖所有的客户群。我想说，Wieden+Kennedy公司目前可能是美国最出色的黑人广告代理机构之一。很显然，Wieden+Kennedy从未自称为一家美国黑人广告代理机构，但它们一直以来为耐克和乔丹等品牌制作了一些开创性的广告作品，这些作品让那些标志性的产品打上了年轻都市青少年的文化烙印，其中比较著名的就是飞人乔丹（Air Jordan）的特许运动鞋。是的，乔丹品牌的特色就是代表了一系列黑人运动员的形象，但这一情况并不是强调最具创意和最具说服力的产品宣传活动不能来自非裔美国人的专长。一家整合非裔美国人的视角的广告代理机构，能够扮演好驱动企业取得更大成功的重要角色。我预计专门针对某种文化的广告代理机构将会逐渐丧失其重要地位，而全文化主义的到来将会让它们独立存在的理由不复存在。

为此，所有的广告代理机构应跨越文化界限来进行思考。广告代理机构应该拥有生活中各个方面的思想领袖，而且这些思想领袖在一些罕见案例中要拥有特定的专业知识，比如当种族可能成为最重要的战略考量（例如，针对特定皮肤和特定发色生产的个人护理产品），或者在战略策划过程中，在“列举重要见解”时，不得不揭露那些长期存在的文化歧视时。当客户可以通过其他更为广泛且具有一定包容性的方法来更有效地针对目标人群时，他们就不会投入足够的资金与这些多元文化的广告代理机构合作。那些机构擅长对简单的人性稍加调整，就能够从特定的种族人群处赢得市场份额。

史蒂夫·斯图特

Translation 公司创始人兼首席执行官

从执行高管层到实习生……女性将会在传播领域占据至少半边天。为什么？“文化融合型”广告代理机构将会建立在科技的基础之上，适合于远程办公，所以在家带小孩的女性将完全能够成为机构成员。此外，未来五年里，将会有更多的女性出现在科技领域里，而创新科技将会取代模拟科技。

麦克·多纳休（Mike Donahue）

Connect the Dots 公司创始人

致命性壁垒 11：媒体 / 渠道 / 接触点壁垒

尽管解决方案看上去似乎很简单，但遗憾的是，障碍常常来源于组织内部，即心态和政治“壁垒”。其关键在于，要在各部门之间提供无缝体验，此外还要对创意加以管理，从而确保有高质量的工作成果和创造性的表述。在这个世界里，数字化体验的作用不可低估，而且很显然，利用数字化手段去增强、延伸和创造全新的整体互动能力，将继续成为决定公司成败的因素。

杰兹·弗兰普顿

Interbrand 公司全球首席执行官

致命性壁垒 12：隐藏壁垒

我们的参与者之所以能看到这些壁垒，是因为他们在创新和超越的过程中都曾遭遇过这些壁垒，而且其中众多参与者指出，随着世界的发展变化，新壁垒必然也会出现，从而让我们开始思考：有哪些部门不再为我们提供服务？还有哪些壁垒正在阻碍我们去获取和利用未知的技能、见解和突破？我们希望大家能稍停片刻，思考一下哪些壁垒和边界可能正在阻碍你逐步采用全接触点价值创造模型。在考虑如何跨越那些壁垒时，一定要牢记所有这些挑战。

打破壁垒和边界

要想获得发展，就必须克服壁垒所带来的局部优化和边界的限制。以下我们推荐的一些方法，能够帮助组织通过反思自身内部的边界来改善各环节脱节的情况。这些方法包括有树立共同的目标、开放式创新，以及网络激活和协调组织。

树立共同的目标

我们相信要克服壁垒所带来的种种问题，最有效的方法就是树立共同的目标，消除参与各方之间的边界，创造多赢的结果。我们在第 3 章中着重讨论了这个话题。为了再次提醒大家，我们再次借用“2020 广告项目”参与者的深刻见解来强调共同目标和理念的重要性。

> 这意味着我们必须根据广告从何而来以及向何而去来重新定义标准。尽管从历史来看，企业是广告的核心，但我们应该将重点调整为广告行为的表现。未来，广告应该加大功效，不让企业唱主角，而是融入人们和当代世界的核心文化空间中。这不仅仅意味着要让人们参与到整个流程中来，同时要让这个流程走入人们中间。
>
> 广告学应该成为一门社会科学，从消费和其对人们生活的影响来分

析现实。

韦森特 · 瓦哈洛 · 德 · 拉蒙（Vicente Valjalo de Ramón）
智威汤逊智利公司首席执行官

看到西蒙 · 斯涅克（Simon Sinek）就黄金圈发表演说，并提到创新扩散定律（Law of Diffusion of Innovation），我的世界在那一天彻底被颠覆了。他介绍了（作为一家公司）要做什么、如何来做那些事情，以及最终为什么要做那些事情。斯涅克甚至搬出我们的大脑及其反射出的内心来证实那个理论。这个思想虽然简单，但事实上相当杰出。充分发挥我们的信念吧。

海亚姆 · 瓦基勒（Khayyam Wakil）
Thynk Taynk 公司首席信念官

每当思考未来时，我就止不住去想将来我们会给自己的孩子们留下一个什么样的世界。地球上的每个人都可以去想一想，我们留给孩子们的这个世界不仅仅要热情友好，还要可以持续、更加美好。现在，我们所做的一切并不是这样的……而我们可以更大程度借用的就是信念。如果广告商在处理业务时采用这种方法，那么我们的广告行业以及我们的世界将会变得更加美好。

马克斯 · 卡勒夫
SocialCode 公司首席营销官

要想迎接未来，跨壁垒和跨边界的新原则必须能体现共同的目标。如果有一场测试来查看我们对未来所做的准备情况，你和你的组织会得多少分？你觉得最大的潜力在哪个方面？

开放式创新

实体 – 数字服务可以在众多联网的平台之间提供宝贵且难忘的品牌

体验。设计实体–数字整合服务，单靠一个部门是无法实现的，不管该部门拥有多么出色的专业知识。单靠不断提升内部能力，也无法去对这种设计进行有效管理。真正一站式的想法成本变得越来越高，而且可信度也在不断降低，因为这个世界正在变得日渐复杂和相互交织。

所有这些让我们得出一个结论，即不管未来是什么样的，我们都必须让关联合作伙伴加入进来，为我们提供技能、创新、深刻见解和必要的速度，帮助我们在市场上进行竞争。联通性不仅仅是某个方面的口号。

莎莉·威廉斯

宏盟媒体集团多元代理服务系统全球业务拓展和客户关系总裁

“关联合作伙伴”是开放式创新的另一种说法，而开放式创新可以让各个商业领域不论规模大小都享受到外包的好处。正如威廉斯在上文中提到的那样，没有哪家公司可以认为自己拥有未来所需的各种资源。幸运的是，我们现在有着前所未有的各种选择，可以去充分利用全球庞大的问题解决者和供应商。

2001 年，一家名叫 InnoCentive 的问题解决公司发现了开创式创新的巨大力量。当时它们发现，在面对某个学科的问题时，如果问题解决者在该学科领域的知识越丰富、深入，则成功的可能性就越大。InnoCentive 公司指出：“全球经济的发展正迫使企业去召集其内外部所有可以利用的人才来解决问题。”这可能是尝试和采用开放式创新最强有力的理由。从那以后，开放式创新便成了主流，而且无数家公司已经涌现，来帮助各企业在问题和问题解决者之间牵线搭桥，例如，IdeaConnection 和 NineSigma 公司。为了能满足专业知识多样化的需求，每家公司应该着重建立内部人才库，发现、招募、培养和保留自己的人才，同时还应该通过开放式创新来建立外部人才库。

如何来进行开放式创新呢？第一种方法是，**有些公司已经建立并激活自身的开放式创新人才网络，可以借助他们来进行开放式创新**，例如，InnoCentive、 co:collective 和 Shout 等公司都是独立创意人员的网络。与这些网络建立联系，可以帮助企业立即提升专业知识和资源的宽度、深度。

第二种进行开放式创新的方法就是组织**公开竞赛**。当前成功的案例有 X 大奖基金会（X Prize Foundation，旨在奖励科技突破），以及许许多多的黑客马拉松。这些黑客马拉松将计算机程序员和其他开发人员汇集在一起，针对项目共同开展工作。

第三种方法就是通过**内部活动**来发挥员工们的专业知识。在IBM公司的“即兴演出”活动中，公司的研究人员、普通员工和外部专家们会共同参与到虚拟的头脑风暴中去。

第四种方法就是**建立专门的社区**，例如，苹果公司的开发人员社区。苹果公司或其他任何公司需要多长时间才能在 iTunes 平台上制作出成千上万的应用呢？当前 iTunes 平台上有大量的应用，而单靠苹果公司的话，恐怕连其中的一小部分都开发不出来。但它建立了一个开发者平台，便于开发者参与其中，由此充分利用了更广阔的创造力和创新世界。

第五种方法就是通过**客户自创内容**进行开放式创新。正如克里斯·叶所写的：

> 相对于从头来创造话题，广告创作者必须先勾起受众的兴趣。方法之一就是让受众参与进来，就像著名的众包活动那样（比如多力多滋超级碗宣传活动）。即使“2020 广告项目”不一定总是需要受众直接提出意见和建议，但其创造力将不可能仅仅局限于创意总监和文案——对任何广告而言，可以对其发挥影响的人的数量将会持续增加。

现在，拒绝开放式创新就是在冒险，就是让自己在资源和专业知识方面处于劣势，因为对速度和敏捷度的需求将会持续加速。还没有被说服？IdeaConnection.com 网站上有大量全球各地的公司取得成功的故事，

openinnovation.eu 和 innocentive.com 网站上则有大量当前针对开放式创新所进行的研究。

网络的激活和协调组织

2014 年，杰瑞与其合作者巴里·李伯特（Barry Libert）和梅根·贝克·芬勒（Megan Beck Fenley）完成了一项研究，（根据组织投入资金来创造价值的主要方式）对商业模式的有效性进行了评估。下面详细介绍了他们研究的四种商业模式。在这四种模式中，他们发现建立了网络的企业是最为成功的，也是利润最高的。他们将自己的初步发现发表在 2014 年 11 月的《哈佛商业评论》上。这篇论文名为《爱彼迎、优步和阿里巴巴的共同点》（*What Airbnb, Uber, and Alibaba Have in Common*）。以下是他们研究的四种商业模式。

1. **资产建设者**。这些公司建设、开发和租赁实物资产来生产、宣传、配送和销售实体商品，例如福特公司、沃尔玛和联邦快递等公司。
2. **服务提供者**。这些公司招聘员工来为顾客提供服务，或者是按小时收取费用来提供服务，其中包括美国联合医疗保险（United Healthcare）公司、埃森哲公司和摩根大通集团（JP Morgan）。
3. **科技创造者**。这些公司开发和销售知识产权，例如软件、分析方法、医药和生物学等。这些公司中有微软、甲骨文和安进（Amgen）等公司。
4. **网络协调组织者**。这些公司创造了同僚网络，网络中的参与者们进行互动，共同进行价值创造。它们可能销售产品或服务、搭建关系、共享设备、进行评论、合作和联合创造，等等。eBay、红帽（Red Hat）、维萨 、优步、Tripadvisor 和阿里巴巴等都属于此类公司。

他们分析发现，网络协调组织者的表现在多个关键维度上都优于其他商业模式。其中最显著的优势表现在营收更高、发展速度更快以及利润空间更大。他们发现在 2013 年，网络协调组织者的市值平均要比其他公司高出二到四倍。此外，过去 10 年的发展趋势数据显示，这种估值差距正在加大。商业模式带来的营收和估值之间的差距大小被他们称为“乘数效应”，如图 9–1 所示。

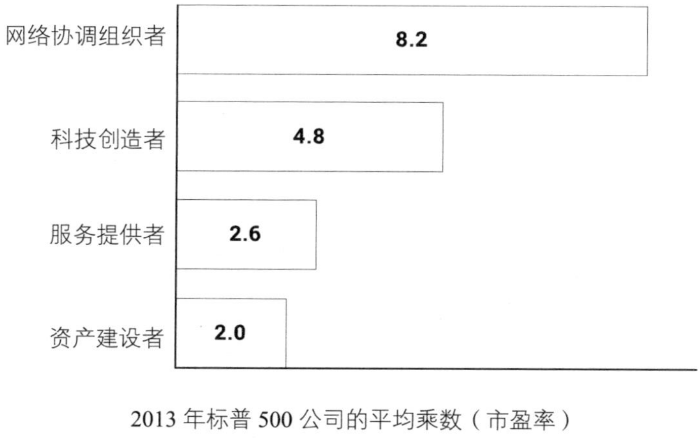

图 9–1　网络协调组织者在市盈率上出类拔萃

乘数最高的公司在营收增速、利润率和资产回报率上都要超出市值低的公司，两者之间有 10 余年的差距。

即便剔除该商业模式对市盈率的影响，研究也发现，网络协调组织者在复合年增长率和利润率上要优于其他商业模式。这似乎是因为网络在代表那些组织开展价值创造活动，而这些价值创造活动可以降低组织的边际成本。杰里米 · 里夫金（Jeremy Rifkin）所著的《零边际成本社会：一个物联网、合作共赢的新经济时代》（*The Zero Marginal Cost Society*）一书对此进行过介绍。例如，顾客的评论创造了 TripAdvisor.com，而爱彼迎则是利用了其民宿网络。

网络是信息、能力和资产的来源，而这些信息、能力和资产就位于每家组织的内部和周围。但多数网络都处于休眠状态，未被加以利用。为了成为网络协调组织者，创造更多价值和更出色的绩效，领导人必须建立和激活自己的网络，充分利用有形（例如爱彼迎的民宿网络）和无形（例如苹果公司开发者网络的专业技术）的新价值源。

网络激活的方法

希望采用全接触点价值创造模型的组织该如何充分利用各种网络来增强当前的商业模式，取得网络乘数效应呢？它们可以从以下四点着手。

1. **评估当前的商业模式。**需要了解组织当前存在哪些商业模式，以及领导团队的偏好。正是领导团队通过资本配置创造了这些商业模式。
2. **清点网络资产。**清点休眠的网络资产，例如顾客、员工、合作伙伴、供应商、经销商和投资人等，并且确定哪个网络潜力最大。以 IBM 公司为例，它们拥有 40 余万员工。设想一下，这是一个相当庞大的网络，如果把每个人都当作该网络的一个接触点，那会怎样？想想我们在第 2 章中所探讨的扩大广告的“谁”方面。
3. **为各网络重新配置资本。**将至少 5%~10% 的投资额用来激活网络。采用我们在第 7 章中所介绍的适应性实验方法，先进行资本分配，然后再不断进行调整。这项工作应该通过收购或合作来系统性地完成。
4. **增加网络 KPI（关键绩效指标）。**在标准的财务和运营测量指标中，针对网络增加新的指标，例如参与者数量、他们的情绪以及参与度。这些关键绩效指标将为你的网络发展和调整指明方向。

网络的协调组织

突破市场部门的边界，在公司内部、外部协调和优化各接触点的交流互动，其中包括开放式创新和网络优化。这项工作也带来了如何协调众多组成部分的问题。谁将负责启动和管理所必需的联通性？各部门之间似乎存在分歧，如何在它们中间牵线搭桥？引用弗雷德里克·安德森的话来说就是：**“管理层必须停止将其他学科视为威胁，而应该将它们视为源源不断的创意来源，这不仅能推动产品销售或改变思维方式，同时还能帮助公司定义新的受众体验，以及与品牌之间的关系。”**

网络协调组织的概念旨在从六个关键要素着手，建立统一的方法和思维模式，具体参见表 9–2。

表 9–2 网络协调组织的六大关键要素

1.	选择一个比喻对象
2.	将当前和潜在的顾客纳入协作团队中
3.	在协作团队内建立无边界小组
4.	在协作团队中融入新兴的市场和发展趋势
5.	遵循严格的原则进行协调组织
6.	利用科技来建设和赋权协作团队，开展协调组织工作

要素 1：选择一个比喻对象

打个比方，最恰如其分的比喻对象当属交响乐队。首先，音乐家必须做好准备应对各种各样的状况。每位音乐家都必须在其所演奏的乐器方面达到专家级水平，同时还能和其他乐器密切合作来创造美妙的音乐。与此同时，交响乐队的每一组（弦乐器、木管乐器）都是一支专家团队，其内部也需要进行协调组织，从而与其他组进行配合。

想想看，网络必须去协调组织价值创造过程中的各接触点，就像一群专家和专业人员队伍。要将他们团结在一起，哪种方法最好？你的愿景、目标、战略和独特背景是否需要一名编曲家？一位交响乐队的指挥？一位爵士乐效果总导演？一支由奥尔甫斯（Orpheus）或圣保罗室内乐团（St. Paul Chamber Orchestras）所聘请的、无领导的平等乐队？

你也许觉得其他比喻对象更适合你所处的背景，例如馆长、舞蹈编导、教练，甚至是空管人员。每个比喻对象都意味着网络协调组织者所扮演的角色有所差异，但他们都是所在组织的创造者和领导者。

要素 2：将当前和潜在的顾客纳入协作团队中

“以顾客为中心”的组织强调的是客户关系管理，可能会更容易出现不切实际的假设，认为公司处于受控状态。事实上，正如我们此前所讨论的，消费者已经得到赋权，而且质疑心日盛，他们对品牌的成功与否有着巨大的影响。

让顾客成为联合设计师、联合制作人、联合市场人员、内容创造者和定价者的想法还只是处于初始阶段，但这个领域的发展相当迅猛。真正具有远见卓识的组织必须通过客户关系管理平台，让顾客参与进来，为顾客提供有效且高效的方法来管理他们与公司之间的关系。Saber 系统的客户关系管理平台就是一个经典的例子，旅行社可以通过该系统管理自己与航空公司之间的关系。任何协调组织都必须有顾客和潜在顾客的积极参与，而且这种参与必须得到精心的安排。在网络建立之后，该网络就是一个多向的系统。

Designit 公司战略研究员阿亚尔·莱温和该公司战略研究和商业咨询部负责人大卫·福格尔介绍了将消费者变为合作伙伴的多种方法。

- **产品开发阶段的合作**。与消费者分享创意，征询他们的意见，让他们来推动新产品的开发、测试和生产过程。大众汽车在它们最新的“大众自造”项目中已经证实，与消费者合作设计最新款车型的方式具有无限的潜力，这种合作也存在巨大的需求。
- **产品宣传中的合作**。通过内容和独特的（品牌）体验来打造以顾客为中心的社区，鼓励顾客主动进行品牌宣传。这听起来可能显得很容易或很普通，但事实上，这是最难建立的合作关系，因为它必须在允许社区“运行”与“发展”，以及保持特定的品牌元素之间找到微妙的平衡。Nike+ 就是这样的社区，它让会员们（即跑步爱好者和运动员）来分享自己的体育运动经历，同时又能宣传耐克的品牌。
- **打造品牌形象中的合作**。在保时捷公司决定进军 SUV 市场时，其消费者和车迷们纷纷表示抗议，声称他们所热爱的品牌没有问问自己的意见就改变了其品牌形象。市场营销职能不能再单独决定品牌形象，消费者必须是品牌形象和价值的发展中的一部分。
- **决策过程中的合作**。杰西潘尼（JC Penney）公司前首席执行官罗恩·约翰逊（Ron Johnson）进行的变革让公司营收下滑，导致了消费者的抗议。此后，在公司最近的电视宣传活动中，公司因为改变了门店的定价模式和购物体验而向消费者道歉。众所皆知，品牌和公司的崛起与衰败都是源于其消费者。

- 广告将会发挥至关重要的作用，创建和运行平台，让消费者能够表达自我，真正成为其所热爱的品牌的合作伙伴。

Victors & Spoils 是全球首个建立在众包基础上的广告代理机构，该机构的负责人约翰·温莎是首批将其中众多想法付诸行动的人。他们帮助品牌激活自身的粉丝和追随者网络。在接受《品牌资产杂志》(*Brand Equity Magazine*) 的采访时，他介绍了自己最成功的地方："我们为哈雷戴维森（Harley-Davidson）创造了名为车迷机车（Fan Machine）的技术，让 Facebook 上的车迷们可以参与到我们协助进行的广告创意中来。针对美国服装品牌 Smartwool，我们则使用社交网络来招募粉丝成为产品的现场测试人员。Smartwool 通过这种方法现在已拥有了一个由 1 万名现场测试人员组成的社区，他们会试用样品并给出自己的反馈意见。"

要素 3：在协作团队内建立无边界小组

每位员工本身就是一个网络。朗涛策略设计顾问公司前首席营销官、HA 罗斯咨询公司现任合伙人海耶斯·罗斯举了一个广告代理机构成功协调组织其员工的例子：

> 福特公司首席营销官吉姆·法利（Jim Farley）很早就开始热情地倡议公司的营销传播代理公司建立此类模式。福特公司在美国的营销传播代理公司是 WPP 集团的"底特律团队"。这是一家没有任何边界的代理机构。在公司大厅里，访客们根本摸不清哪里是负责直销的伟门公司、哪里是负责广告的智威汤逊、哪里是负责数字营销的 VML、哪里又是负责公共关系的人等。这完全归功于设计。该公司和客户正在体验"TRAIN"，即人才、资源和见解网络，也就是说他们可以为任何特定项目找到最出色的资源，不管该资源来自底特律团队 /WPP 办公室，还是其外部。底特律团队接下来可以为任何项目或挑战带来它们所需要的、自己精挑细选的"顶级"人才。

这个理论和架构让福特公司（和底特律团队）在与单独的广告代理机构签订合同的同时，又能获得顶级人才，营造高度合作的创意环境。它确保了随时可以获得伟大的创造力，同时又保持了单一广告代理机构的控制和责任担当。因此这个流程推动了创新和合作，让团队去关注如何竭尽所能去创造出最优质的解决方案，而不是像传统广告代理公司那样在可能的解决方案中去寻找最好的那个。

福特公司将员工视为内部相互关联的专家网络，而不是相互竞争、各自为政的部门，由此创造了最出色的解决方案。

要素 4：在协作团队中融入新兴的市场和发展趋势

我们曾在全球联合主持圆桌会议，以了解和庆祝地方创新。在这个过程中，我们逐渐发现，广告和市场营销行业的转变已经在“国际卓越中心”的定义和标准中得到充分体现。2011 年，我们的圆桌会议在印度新德里举行，组织者为沃顿广告业的未来项目全球顾问委员会成员瓦苏·加瓦瑞桑那（Vaasu Gavarasana）。印度方面最具远见卓识的媒体、广告业和品牌高管都参加了圆桌会议。这次圆桌会议对该主题进行了充分的探讨，并有了进一步的认识。印度是一个复杂和多元化的大型市场，在这类市场里，如何将其内在丰富的文化和挑战进行结合，得出一些强有力的创意来克服挑战，通过新广告业来创造更强大的赋权和改善资源呢？圆桌会议对这个问题进行了探讨，这些经验具有广泛的意义。

杰瑞在 2008 年出版了书籍《在平的世界中竞争》（*Competing in a Flat World*）。该书介绍了一个如何融入新兴市场和发展趋势的成功案例。这家公司名为利丰集团（Li & Fung Trading Company），协调组织着全球 40 余个国家的 1.5 万家工厂，但这些工厂并不隶属于利丰集团。集团始终以合适的价格、地点和时间来生产产品。未来，我们所在的世界里，公司不再是单打独斗进行竞争，而是变成了网络之间的竞争。拥有最强大且最敏捷的网络，能够给所有网络协作者、其所在的文化、社会和环境等带来最大的、最积极的影响，从而创造出我们大家都梦想的胜利。

要素 5：遵循严格的原则来进行协调组织

我们邀请了宾夕法尼亚大学作曲系教授杰伊·赖泽（Jay Reise）参加我们关于协调组织的沃顿广告业的未来项目圆桌会议，让我们了解一下广告领域之外的世界，从专家角度就协调组织分享一下他的观点。他认为协调组织的原则和最佳做法如下：

- 精湛的技巧：培养个人专业技能；
- 清晰的背景：了解自己所扮演的角色；
- 强大的适应力：能够接受改变和即兴表演；
- 清楚的意识：充分了解整个“编曲”和其他演奏者的角色；
- 流畅的沟通：与所有相关人员进行沟通；
- 解决方案驱动：针对演奏人员个体的表现给出言简意赅的反馈意见。

如果网络的每位表演者都能遵循上述这些原则，那么最终将能诞生大师级杰作。

要素 6：利用科技来建设和赋权协作团队，开展协调组织工作

我们在此再次强调必须充分尊重和利用科技来切实地应用这些组织协调的原则，因为全接触点价值创造模型本身就是一个相当复杂的网络。正如我们在第 1 章和第 8 章就科技进行探讨时所说的，自动化、可编程、人工智能、认知计算，以及越来越多的工具和服务让我们可以去实时了解人们当下和未来的偏好和文化趋势，并且据此采取行动。

实践案例

探索新商业模式

无处不在项目（THE EVERYWHERE INITIATIVE）——维萨公司

市场营销公司：维萨公司

开放式创新竞赛

目标/待解决的问题

维萨公司希望通过某种方法来采用不断变化的科技技术，在公司内外部推动创新，并且针对部分市场营销问题制订新的解决方案。

方法

维萨公司推出了无处不在项目，借此与初创公司建立新联系，获得市场营销领域的创意。通过与初创公司、创新平台 Kite 的合作，该社区拿到了三份创意摘要，主要是关于电子商务、千禧一代和成员奖励举措。最终的入选方案被提交给了维萨公司总部，以争夺五万美元奖金，并可以在维萨公司进行方案试行。

结果

维萨全球数字营销高级总监克劳迪娅·拉古纳介绍，该项目让维萨公司建立了创新环境，并实现了特定的市场营销目标。公司收到了近 400 份申请，其中 30 份方案已经可以“立即使用”。

经验总结

过去的成功并不能保证未来继续取得成功。所有公司都必须树立创新文化，不断地适应快速变化的营销环境和新的商业模式。

引自：维萨公司，2015 年

关键点

Beyond Advertising

Creating Value Through All Customer Touchpoints

组织内的壁垒持续存在，这是一种无处不在的障碍，会影响变革和协作。商业世界长期以来存在阶层分化、等级制度和封地现象。此类僵硬的制度已经不再具有任何意义。

为了适应全球化和数字化的世界，组织必须接受这个世界本质上的流动性。通过协调组织的、网络化的方法，这种流动性可以被整合到组织架构中，让个人、团队和创意更加自由地流动。

组织不应该将壁垒较少的空间阻挡在大门之外：劳动力的

架构正在发生根本性的改变，组织可以通过令人兴奋的新方法来获得人才。组织引入其他人才的难度前所未有地低，而这种能力的重要性也是前所未有的。

我们在本章列举了现代工作场所中发现的 11 种壁垒。第 12 大壁垒是我们尚未发现的那些边界，它们的阴险狡猾程度可能会是最大的。明确的愿景和勇敢的实验将有助于揭露和击破这些障碍物。

Beyond Advertising

AD

第10章

奔向理想未来的全球运动

> 人们为什么要发起和加入各种运动……是他们不满足于身边正在发生的一些事情，有兴趣去助力改变这些情况（尽管他们并不是非常确信应该采用何种方法）。
>
> **斯科特·古德森**
>
> StrawberryFrog 公司创始人兼首席执行官

在 2012 年出版的书籍《起义》（*Uprising*）一书中，斯科特·古德森向读者重点介绍了众多睿智人士。我们从这些睿智人士和斯科特·古德森处了解到，人们不会因为你的要求而加入某项运动。他们会感到“坐立不安”，他们看到了解决方案，这些促使他们采取行动，加入运动。我们也正是希望读者在阅读本书后，能了解到“2020 广告项目”参与者的真知灼见，从中受到激励，从而选择加入这场运动。

在整本书中，我们所使用的“我们”一词是指所有希望能创造更美好的广告业未来的、并乐于为了这个目标集体采取行动的人。**首先，作为初始者，要分析考虑是否可以充分利用全球广告和市场营销行业的创造力、想象力、同理心、深刻见解、战略、策划、设计、科技，以及分析人才与预算来共同汇聚成一股变革**

的力量，让美好的未来变为现实。我们还介绍了五大变革力量和建议采用的模型，它们的本质决定了在传统的广告和市场营销范围之外，还有很多人也清楚这种方法的价值所在。如果我们为他们提供一个出色的平台，或者如果我们愿意与他们那些出色的平台携手，他们或许会愿意接受我们的领导和我们开创性的工作，与我们共同创造。众所周知，这种情况正在发生，而你们早已是变革中的一部分。我们只是希望能陪伴大家共同发展，并且给予大家更多的鼓励。

在本书即将交付印刷之际，我们感受到全球正在经历一场海啸。Insights2020 是一个全球市场营销领导力项目，杰瑞是该项目的顾问团成员。该项目由华通明略公司牵头，由欧洲市场研究学会（ESOMAR）、广告研究基金会、光辉国际公司、领英公司和凯度集团（Kantar）一起合作，旨在“发现以顾客为中心的增长的推动因素”。该项目接触了全球数千名市场营销人员，获得了众多发现。这些发现与我们的发现基本一致，也有一些完全相同的地方，其中包括品牌使命的重要性、数据驱动的定制化，以及接触点的一致性。

在全球重要的行业大会上，讨论的主题已不限于“移动”“社交”“地方”“大数据”和“物联网”，还进行了开放式的讨论，探讨品牌及其协作方、它们希望建立联系并提供服务的对象、文化、社会，以及拥有未知机会的世界之间的关系是什么样的，而且会变成什么样的。这些未知的机会并非降低千人成本这么短视。当然，此前正是因为“移动”“社交”“地方”“大数据”和“物联网”等主题，才让我们拥有了现在。

我们希望这本书能激励曾参与沃顿广告业的未来项目或与该项目建立联系的人，以及那些从本书和我们的参与者处获得启发的人。希望他们能够受到激励，努力将广告业提升到更高层级，利用个人、职业和组织资源创造更加深远的影响。

我们希望大家将这本书作为起点，进行更加全面的思考，超越传统的广告和市场营销行业的局限，从企业和互联网更加全面的视角，从当前和潜在顾客、同事，以及我们的选择、投入和行动将影响到的所有人的角度去进行思考。我们的研究也已经告诉大家，要想协调组织所有关系，就要让相关各方都能从中获益。对我们当前关于“广告”的思维模式进行质疑，由此就可以让我们拥有更宽阔的视野，去思考广告业可以也应该变成什么样。

大家在一起畅想了未来。我们希望在此基础上，能够充分利用各自的时间、才能、经验、智慧和资源将梦想变为现实。我们联合设计了模型，以充分借鉴过去的成功经验，同时激励其他人满腔热情地选择这条道路来实现其愿望和梦想。这个模型也将帮助我们走向未来。罗伯·坎贝尔（Rob Campbell）是 Wieden + Kennedy 公司上海地区策划负责人，也是我们“2020 广告项目”的第一位参与者。就让我们听听他的建议：“**自我推动、激励、督促、创造和证明，然后一遍又一遍不断重复**。”

我们相当清楚，也很遗憾，等到这本书交付印刷时，其中的案例有可能会显得跟不上时代，因为我们这个世界正在不断快速地发展变化。但我们关注的是理想化的未来，所以希望其基本原则、概念和灵感仍然能够发挥作用，指引我们走向 2020 年，走向未来的 10 年。因此，对所有投入时间和精力来联合创作本书的人而言，这本书也是一种有力的证明。就算这个世界在不断地发展变化，我们希望这本书依然是宝贵的路线图。它诞生在一个关键的时间点。它赞颂和激励着那些先驱者们。那些先驱者们感觉传统做法让人如芒在背，所以不惧他人的反对而坚决地往前走。

沃顿广告业的未来项目旗下的“2020 广告项目”就是在站过去的肩膀上，尽可能地往前看，去设想我们这个行业可以、也应该能创造怎样更加美好的未来。

我们衷心希望你能加入我们，加入这场运动，共同创造更加美好的未来。从不同的角度去思考和行动，充分拓展自己的思维模式，尝试使用新的词汇。采取行动并不断重复，进行实验。然后分享自己的成果和经验，针对他人的经验教训给予建议和意见，并且通过我们的网站 wfoa.wharton.upenn.edu，随时跟进最新的进展。

我们希望广告业的革命正在酝酿中，它一定会让我们的生活更加美好。

Beyond Advertising

AD

附录 1

沃顿广告业的未来项目和“2020 广告项目”的背景介绍

如果我们不是真正地想进行重塑，而只是稍加调整的话，我们根本就不用操心。

里沙德·托巴科瓦拉

阳狮集团首席战略官

2011 年，沃顿广告业的未来项目正处在十字路口。该项目的使命是汇聚全球广告行业内具有远见卓识的学术人士和实践者，重塑广告行业的版图、实践和价值观。到 2011 年时，我们已经朝着实现这个使命奋斗了整整四年。我们已经组织了两场全球研究大会，大会的探讨结果在最近已经得到验证，而这些研究就其本质而言，都是基于历史数据的，但这个世界正在不断地发生着改变。我们想知道，随着事情的不断发展演变，那些研究发现是否依然能站得住脚。我们在全球组织了无数的圆桌会议和研讨会（伦敦、纽约、巴黎、新德里和北京），讨论的主题包括创意人员在数字化时代的角色变化、新兴的商业模式和营收模式，以及颠覆性科技和媒体驱动因素的影响等。在这个行业里，越来越多的人希望我们能给予他们引导，告知他们那些真知灼见，而我们也发现，我们必须改变自己的观点，将目光更加坚定地锁定未来，并且开始在新模型上身体力行。于是我们决定创立自己的“开放式创新”项目。

杰瑞对开放式创新和思维模式的质疑进行过大量的研究，在这方面拥有丰富的经验。在他的支持下，我们提炼出那些可以得到人们关注和思考的内容，而这些内容也能提供全新的方法去思考和应对我们这个行业正在经历的巨大改变。我们决定利用我们日渐壮大的创新思想者网络的集体智慧。我们请他们设想未来可能实现的、最美好的场景，然后再进一步思考哪些行动可以让那一幕变为现实。常言道，预测未来的最佳方式就是去创造未来。我们希望通过启发和收集来自全球的、各学科的各种各样的新鲜观点来创造未来。改变我们认为可能发生的事情，也就有了机会去共同创造美好的未来，一个对企业、对人类，以及对整个社会而言更加美好的未来。

我们决定：

1. 汇聚全球愿意参与项目的杰出人士；
2. 确保所有观点中既包括传统的（通常是知名的）和非传统的（通常是颠覆性的）；
3. 不要指责，不要预测，而是去启发和激励；
4. 确认现在该干什么；
5. 分享和提炼深刻见解，赋权商业领导人，激励下一代。

汇聚全球愿意参与项目的杰出人士

第一，我们清楚自己不是要象牙塔式的练习或者一次性的活动，而是希望能充分利用全球远见者、创新者和高管们的集体智慧。他们乐于通过我们的圆桌会议、大会和演讲会等参与到沃顿广告业的未来项目中来。我们首先是找到了我们的全球顾问委员会（在当时有来自顶级广告代理机构和广告商的 80 余位思想领袖）和我们巨大的网络，请他们向我们推荐和引荐自身网络中的其他人，他们认为这些人的观点有助于我们去了解最具创新的思想。我们最终找到了 18 个国家的 200 余位思想领袖，而且我们会继续请我们不断壮大的社区提出他们的意见和建议。

确保所有观点中既包括传统（通常是知名的）和非传统的（通常是突破性的）

第二，我们希望能了解那些传统的广告和市场营销领域的观点，并能找到那些新兴领域的人。就如我们在最初的邀请函中所说的：

> 在理想的状况下，我们还应该从全球邀请哪些人参与本项目（虽然并非必须，但如有推荐，请列明）？他们可以是：广告商、首席执行官、首席营销官、首席信息官和首席财务官；传统的、新的以及新兴的广告代理机构；传统的、新的以及新兴的媒体；可以来自科技领域、娱乐行业、游戏行业或政府；广告研究人员；市场营销、传播、心理学、文化人类学、社会学和行为经济学领域的学术人士；等等。

在收到大家的意见和建议后，我们会根据地理位置、年龄、职务和才能等方面去跟进哪个观点未得到充分的表达，并且尽最大可能去解决该问题。

不要指责，不要预测，而是启发和激励

第三，这可能是我们做出的最重要的决定。以下是我们在为项目拟定问题时所遵循的原则。

问题 1：广告业到 2020 年可能 / 应该是什么样的？

我们没有想着去预测未来，而是请所有人更大胆地去思考：广告业可能会是什么样的？它应该是什么样的？从本质上来说，如果未来能如我们所愿，那我们会希望它是什么样子？我们要如何发挥广告业好的或出色的一面，将那些不理想的、存在问题的或者说完全让人烦恼的一面留在过去？如果我们看到的那些新兴力量最终能创造出最理想的结果，那么广告业会变成什么样？

我们同样也不想花太多精力去分析其他行业内的企业存在哪些错误行为。

“广告代理机构都深陷过去走不出来。”

“品牌经理都太过短视，不想尝试新东西。”

“最出色的人才都正在被硅谷抢走。”

“传统媒体不肯面对当下的情况。”

“分析学与创造力是死对头。”

而我们所希望的是能够去了解，如果所有人都做“对”的话，这个行业会是什么样子呢？

这种方法采用的是理想化设计（Idealized Design）。理想化设计概念是经由沃顿商学院教授、传奇人物拉斯·阿科夫（Russ Ackoff）而得到普及的。通过理想化设计，表面看起来棘手的问题可以从“未来理想的状态”着手，然后再倒推，找到一条前进的道路，从而解决问题。这种方法不会因当前的状态而被困，导致停滞不前。

2012 年初，我们启动该项目，请人们展望八年后的 2020 年。快速回顾过去的八年让我们明白，预测未来八年将要发生的变革的幅度和深度是多么艰巨的任务。为此，我们在 2012 年 4 月邀请最初的项目参与者时曾试图为大家设置一定的背景。

想想看，自 2004 年开始（八年内）：

- 全球互联网的使用人数从占全球总人口的 11% 增长至 33%；
- Facebook 创建并启用，现在每月活跃用户达 8.45 亿人；
- DVR 的使用者已经增加了六倍，从 700 万达到了 4400 万；
- Twitter 创建并启用，现在每天的推文达到了 1.77 亿条；
- iPhone 和 iPad 推出，现在的应用量超过了 50 万个。

这个清单之所以让人觉得惊奇，主要有两方面的原因。首先，这些数字在三年里已经出现了质的飞跃。下面是最新的统计数据：

- 自 2012 年开始，全球互联网的渗透率在激增，互联网使用者占全球总人口的比例在 2015 年 1 月达到了 42%，相比 2012 年的 33% 有大幅增加。
- 2014 年底，Facebook 的用户数量已经达到了整个中国的居民数，高达惊人的 13.5 亿人。
- DVR 的使用量仍然在增长，美国拥有电视的家庭中 47% 都使用 DVR；
- 现在，每天的推文量为 5 亿条。如果 Twitter 用户组成一个国家，那么它将成为全球第 12 大的国家。
- iPhone 和 iPad 仍然引领竞争，尽管市场已经多元化，而且智能手机的市场竞争相当激烈。到 2014 年 7 月，安卓系统的使用者可以使用的手机应用为 130 万个，苹果系统用户的手机应用为 120 万个。

但当我们在 2015 年着手撰写本书时，那些统计数据要更加让人惊叹。

- 2012 年 4 月，DVR 可以说是大卖点。但到 2015 年，事情发生了翻天覆地的变化。相对于视频点播服务和订阅服务［例如奈飞、Hulu 和亚马逊即时视频（Amazon Instant Video）］，DVR 已经变成了旧闻。“62% 的数字有线电视订户和 57% 的电信运营商电视订户在上个月使用了视频点播服务。29% 的奈飞公司订户每天收看流媒体视频，70% 的订户每周收看流媒体视频。相对于 2010 年的每日 10% 和每周 43% 都有大幅提升。”“切断束缚”正在变成更加重要的发展趋势。
- 2012 年 4 月，Instagram 刚刚推出 18 个月。现在，Instagram 自豪地表示，全球 16 到 64 岁的互联网使用者中，有 20% 为 Instagram 用户。这相当于每天的使用者达到了 7500 万人。
- 尽管 iPhone 6 和 iPhone 6 Plus 引起了轰动，但关于未来更迫切需要考虑的应该是可穿戴技术和物联网：苹果手表、Fitbits 和自动驾驶汽车。虽然目前只有 0.06% 的物体是联网的，也就是在 1.5 万亿东西中只有 100 亿是联网的，但思科公司估计，到 2020 年，联网的物体数量将超过 2000 亿。
- 原生广告在 2012 年开始发展，而且每年在原生广告上的投入增长迅猛。2012 年为 15 亿美元，2013 年为 22 亿美元，2014 年为 32 亿美元，2015 年则为 43 亿美元，2018 年，该数字则膨胀到了 88 亿美元。

- 程序化广告领域在 2012 年 4 月尚且算是个新领域。现在，它已经成了标准做法。美国是最大的代表，2013 年在广告领域的投入占到了全球广告投入的 60%。不过据盟诺公司（Magna Global）预测，到 2017 年，美国在全球广告投入中所占份额将会缩小到 50%。其广告投入将达到 326 亿美元，相比 2014 年的 166 亿美元有较大的增长。

简单而言，我们并不知道“下一代伟大的事物”将会是什么。那也不是我们的目标。我们也不想组织一场竞赛，看看究竟谁最善于预测未来。相反，我们更感兴趣的是充分发挥这个极具创意的行业里最出色的创造才华。我们的参与者非常珍惜这次机会，充分发挥他们的创造力，从真正与众不同的角度去进行思考。

确认现在该干什么

最后，我们请大家撰写一段 1000 字以内的小短文来回答该项目的第二个问题：

问题 2：我们现在要怎么做才能做好迎接那种未来的准备？

我们希望这个项目是务实的，所以请参与者们以自己对未来的设想为基础，提出具体的实现方法，也是创造理想未来的路线图。

这种立足于行动的方法最终被证实是相当有效的。我们偶然也会发现第二个问题有一个重要的方面是我们当初未曾预见到的。在第一批回答逐渐涌入时，我们知道自己已经有了更大的发现。在接到大家的反馈信息后，我们会给企业高管们寄去感谢信，感谢他们花时间和精力来表述自己的看法。而人们的回复让我们颇感惊讶：“**不用谢，真的，应该是我谢谢你们。我特地放慢日常的工作脚步，花时间认真思考了这两个问题。我早已开始召集团队开会，改变我们前行的方式。**”

我们发现参与者都非常希望能参与到这个练习中来，并且开始思考如何积极地做好准备去面对颠覆性的变革。

分享和提炼深刻见解，赋权商业领导人，激励下一代

我们针对“2020 广告项目”收集了 200 余份反馈意见，这些资料都存储在沃顿广告业的未来项目的网站，毫无删节。首先，我们要确保大家能访问这些完整的资料。其次，我们希望能充分利用杰瑞数十年的研究、教学和与众多高管合作的经验。为此凯瑟琳带队负责将这些思想进行提炼，归纳成一个框架（模型），同时分享那些参与者的观点，以此为证来激励组织内的商业领导者们采用新的方法。为此，在该项目启动三年后，我们开始构思本书来实现那三个目标。

本书的读者们也都深知，信息流如同打开的水龙头是源源不断的。我们无法在本书中汇聚所有不断涌现的新兴的研究、案例、统计数据、预测、解释、观点和创新。我们和项目参与者们选择退后一步，介绍我们心目中未来的样子，并将它作为真正的北极星，指引我们前进。不管短期内风向会如何频繁地不断改变方向，那都不会影响到我们。

等到 2020 年，我们希望能与全球所有那些曾畅想美好未来的个人、团队和网络共同庆祝他们的成功，不论这成功是大是小。他们曾经明确地指出实现美好未来的方法，曾经做出选择和进行资源配置来共同创造让我们真正引以为豪的未来，这一未来吸引了跨学科、跨文化和跨年龄的同道中人，组成了令人惊叹的队伍。

我们已经迫不及待，请一定要记得告知我们前方的旅程经历。

附录 2
适应性实验的计划和实施

我们曾在第 7 章中探讨过适应性实验，并介绍了确保实验取得成功的十个步骤。在此附录中，我们将就此做更详细的探讨。切记，“成功”并不意味着取得积极的结果，它是指实验结果可以让我们从中加以学习，去进行重复实验。我们希望这些详细介绍可以帮助大家认真思考自己的问题，为组织制定最有效且最令人激动的实验。

我们也建议大家参与免费的在线课程 Coursera.org 来提升自己对实验的理解和体验，例如商业创新设计思维（由美国弗吉尼亚大学提供），或者是互动设计（由美国加利福尼亚大学提供）。

1. **确定实验的目标**。当今的广告商们面临着无数非常复杂的问题。不论是想确定最佳的预算分配、通过改进产品设计来获得竞争优势，还是决定是否要尝试新的市场营销渠道、提升客户服务的效率，都请遵循适应性实验的原则。

2. **选择创新型的实验变量**。使用全接触点价值创造模型来确定要进行实验的变量（如全接触点、R.A.V.E.S. 指南，M.A.D.E.[s] 指南等）。首先，根据公司独有的特征对模型进行修改：哪些接触点常常被用到？哪些接触点一直让人难以把握？你通常会忽视哪些接触点？根据公司当前的工作来评估修改后的模型，查找“理想”模式和当前交付模式之间的差距。在明确差距之后，对差距进行评估，确定哪些方面的改进可以创造最大的效益，并将之作为实验的变量。我们建议立即使用多实验变量。

3. **选择对照组**。拥有对照物是明确因果关系的关键所在。有效的实验设计会拿对照组与一个或多个实验组进行对比。对照物的选择是随机的。随机性是为了确保对照组类似于实验组。实验对象的样本一定要足够多，从而才能让两个组的绩效差别与两者实验条件的区别建立起因果联系。通常，对照组处于日常状态，而实验组则处于不同的状态。优秀的实验会有并发的对照组，也就是说会同时对对照组和实验组进行测试。如果在对比时选择的是对照组和实验组在不同时间里的结果，那么可能会导致结果不准确。

4. **确定分析单位**。实验可以在任何一个层面展开，比如不同国家或不同州、不同城市、各门店，或者是在个人层面展开。例如，如果你是测试多个城市的创意执行情况，也许会发现特定形式的创意在某个地区能得到成功执行，而在某些地区又会以失败告终。那么在实验的下一个阶段，你就可以将更多的预算分配给那些前景看上去更加可观的方面。

5. **确定绩效测量方法和实验时间长度**。你想要测量什么？是采用传统的 AIDI（关注程度、兴趣程度、愿望和行动）测量指标，还是采用参与度、行动、购买意图、真实的购买量，以及口碑宣传等测量指标？你打算只在实验启动后进行测量，还是会测量实验设计前后的变量变化？是根据实验的时间长度，还是根据产品或服务的购买周期——一周、数周、一个月、一年，甚至几年来运行实验？

6. **明确实验设计（包括测试的执行）并控制推动因素**。就像第 7 章中所示的图表那样，用图表来阐述实验设计非常重要。直观地来阐述实验可以确保我们拥有真正创新型的选项和正确的衡量方法。这是关键所在。

7. **设计实验的实施**。确定所有细节，包括由谁来进行设计和控制推动因素、选择分析单位、全接触点价值创造模型的创造性实施、预算和时间期限。简言之，也就是这里所讨论的 10 个步骤。

8. **分析实验结果（ANCOVA）**。对结果进行统计分析。从统计学角度来说，实验组和对照组之间的差异是否很大？对协方差进行分析，了解意外事件（罢工、暴风雪等）的影响。如果公司正在同时进行多个实验，或者是知晓其他正在进行的实验，那么进行元分析，评估所有可用研究中的影响。

9. **以生动精彩的叙述来展示实验结果，并将其作为绩效指标仪表盘中不可分割的一部分**。为了将结果整合到商业流程中，应该将结果作为管理层使用的绩效指标仪表盘的一部分。理想的绩效指标仪表盘应该包括“如果……那么……”的功能，并易懂易用。网上有许多此类绩效指标仪表盘的模板。围绕实验结果撰写精彩生动的叙述，更有效地向相关的决策者展示实验结果。

10. **确定必要的行动，制定下一轮的实验**。实验结果将能让企业懂得自身需要怎么做（扩大规模、终止，或其他行动），它们将决定下一步将要针对哪些变量进行实验。继续实验是至关重要的。

Beyond Advertising: Creating Value Through All Customer Touchpoints

ISBN:978-1-119-07422-9